精品课程新形态教材
21世纪应用型人才培养“十四五”教材
“双创”型人才培养优秀教材

商品流通企业会计

王　伟　刘泽汀　主　编
刘　芬　赵丽娟　周　航　杨惠玲　董坤景　副主编
黄海燕　农海兰　宋宏丹　黄慧丹

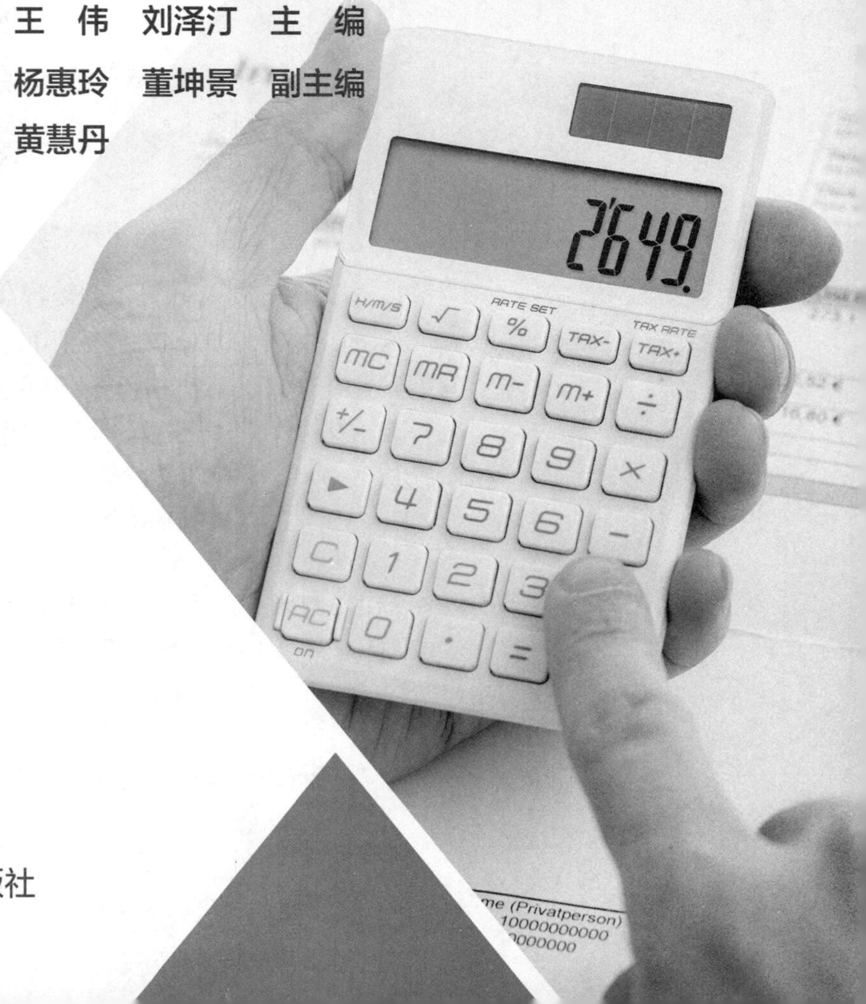

中国商业出版社

图书在版编目(CIP)数据

商品流通企业会计 / 王伟，刘泽汀主编 .—北京：
中国商业出版社，2023. 8

ISBN 978-7-5208-2456-9

Ⅰ. ①商… Ⅱ. ①王… ②刘… Ⅲ. ①商业会计
Ⅳ. ①F715. 51

中国国家版本馆 CIP 数据核字（2023）第 113792 号

责任编辑：聂立芳
策划编辑：张 盈

中国商业出版社出版发行
（www. zgsycb. com 100053 北京广安门内报国寺 1 号）
总编室：010-63180647 编辑室：010-63033100
发行部：010-83120835/8286
新华书店经销
涿州汇美亿浓印刷

* * * * *

787 毫米×1092 毫米 16 开 19. 5 印张 458 千字
2023 年 8 月第 1 版 2023 年 8 月第 1 次印刷
定价：49. 60 元

* * * *

前 言

随着经济社会的发展和产业结构的升级，商品流通企业在经济社会中扮演着越来越重要的角色。2022 年 4 月 10 日，《中共中央国务院关于加快建设全国统一大市场的意见》发布。党的二十大报告进一步指出“构建全国统一大市场，深化要素市场化改革，建设高标准市场体系”。在“以中国式现代化推进中华民族伟大复兴”的历史征程中、在“以国内大循环为主体、国内国际双循环相互促进”的新发展格局背景下，在新发展格局的大背景下，作为现代经济体系重要组成部分的商品流通企业发挥着日益重要的作用。因此，编写高质量的《商品流通企业会计》教材，既是满足新形势下商业会计人才培养的需要，也是服务国家建设全国统一大市场战略的需要。

本书按照《企业会计准则——基本准则》、38 项具体会计准则、《企业会计准则应用指南》编写，在吸收借鉴以往教材的基础上，充分结合商品流通企业经济业务的实际、会计要素的全维度、会计核算的全过程，力求全面、系统、简洁、清晰地反映商业流通企业会计核算和财务报告的全貌。全书共 11 章，大体可以分为五个部分。第一部分是商业企业会计基础理论，涵盖第一章，主要介绍商业企业会计的内涵、基本假设与信息质量要求、要素与会计科目、核算方法与复式记账法等相关内容；第二部分是资产视角下商业企业的会计处理，涵盖第二章到第七章，主要介绍商业企业货币资金与债权、库存商品（购销、批发、零售、其他）、固定资产、无形资产、其他资产的会计核算与账务处理；第三部分是权益视角下商业企业的会计处理，涵盖第八章到第九章，主要介绍商业企业负债和所有者权益的会计核算与账务处理；第四部分是经营成果视角下商业企业的会计处理，涵盖第十章，主要介绍商业企业收入、费用和利润的会计核算与账务处理；第五部分是商业企业财务报告与应用，涵盖第十一章，主要介绍商业企业资产负债表、利润表、现金流量表、所有者权益变动表以及财务报告附注的相关理论与应用。

本书可以作为财经类专业课程的教材，也适合在商品流通领域从事财务相关工作的人员学习和参考。

本书所涉的知识面较宽，在编写的过程中，编者参考了国内外相关文献和资料。因编者学识、经验、时间等多方面的原因，本书还存在诸多不足之处，敬请各位专家、同行和广大读者批评指正。

编 者

目录

CONTENTS

第一章　商业企业会计概述

知识与能力目标

1. 了解商业企业会计的内涵，商品流通的内容、核算环节、核算方法；
2. 理解商业企业会计的基本假设、会计要素计量属性；
3. 掌握会计要素、借贷记账法及其运用。

思政目标

1. 培养学生数字经济时代下的商业素养和契约精神；
2. 了解新发展格局下加快建设全国统一大市场的重要意义。

第一节　商业企业会计的内涵

商业企业是以营利为目的的企业组织，主要通过组织商品购销活动赚取一定的差价。专门针对商业企业核算和监督的会计属于商业会计。商业会计的对象就是商业企业在商品购销活动过程中的资金运动，包括资金的取得、占用、耗费、回收、补偿和分配。

一、商业企业会计的对象

商品的购销活动，既可以表现为各种商品的买入和卖出（商品流通的两阶段），又可以表现为资金运动（货币资金→商品资金→货币资金）。在实务中，随着商品购销活动交替进行，形成周而复始的循环过程，同时，这两种循环又是交叉进行的，即当一部分货币资金转化为商品资金的同时，另一部分商品资金转化为货币资金；这两种资金在购销两个阶段上的循环周转，在时间上是连续的，在空间上是并列存在的。商业企业的资金周转过程，不仅表现为资金形态的交替转化，同时，还发生各项收入和各项支出，前者称为经营收入，主要是销售商品所获得的收入；后者称为经营支出，如销售商品的购进价、商品流通费支出等。商业企业已实现的商品销售收入扣除销售商品进价后的剩余部分为销售毛利，销售毛利扣除商品流通费、销售税金以及其他支出后的余额，就是商业企业的利润。

二、商业企业会计的特点

与工业企业会计相比，商业企业会计主要有以下两个方面的特点。

（一）不需要计算商品生产成本

商业企业主要进行商品购销活动，商品来源主要是外购，商业企业会计只需要进行采购商品的购入成本核算。由于商业企业一般不从事生产活动，没有商品生产环节，所以不存在商品生产成本核算的问题。

（二）商业企业会计存货核算的特殊性

1. 存货类别单一

商业企业的存货主要是商品存货，类别比较单一，不像工业企业的存货包括了原材料、在产品、半成品和产成品等。在核算中，商业会计比工业会计更容易掌握。

2. 存货入账价值的特殊性

工业企业外购存货的成本一般要包括购买价款、相关税费、运输费、装卸费、保险费、入库前的挑选整理费等。商业企业存货成本一般只包括购买价款和相关税费、运输费、装卸费、保险费、入库前的挑选整理费等，可以直接计入相关商品成本或分摊计入商品成本；但是，由于商品品种规格繁多，周转速度较快，对难以合理、正确分配到某一批商品成本的运输费、装卸费、保险费、入库前的挑选整理费，在实务中一般作为当期损益处理。

3. 存货日常核算的特殊性

商业企业一般在购进商品时就要确定商品的销售价格，商品的日常核算可以采用“售价金额核算法”，即商品验收入库时按售价借记“库存商品”账户，按实际采购成本贷记“银行存款”等账户，将售价与进价的差额，贷记“商品进销差价”账户。期末再把进销差价在已销商品与期末结存商品之间分配，以确定本期销售商品成本与期末结存商品的成本。

三、商品流通的内容

商品流通是指商业企业通过日常购销活动把商品从生产领域向消费领域转移的过程。商品流通具有两个明显特征：一是商品流通的前提是商品实物已经转移，二是商品实物的转移通过货币支付。没有通过货币收付的实物转移，或只有货币收付而没有实物转移的，都不属于商品流通。

（一）商品流通业务的环节

商业会计的商品流通环节主要包括商品购进、商品销售和商品存储三个方面。

1. 商品购进

商品购进是指商业企业为了销售或加工后销售，通过货币结算而取得商品所有权的交易行为。凡是不通过货币结算而取得的商品，或不是为了销售目的购进的商品，都不属于商品购进的范围，如收回加工的商品、收回购货单位拒收的商品、接受其他单位赠送的样品等，都不属于商品购进的范围。商品购进是商品流通的起点。

2. 商品销售

商品销售是指商业企业把商品销售给其他企业或个人的交易行为，它是商品流通的终点。

3. 商品存储

商品存储是指商业企业购进商品至销售商品过程中，持有商品所有权的时间段，它是购进和销售的中间环节。

（二）交接商品的方式

在商品购销活动中，商品交接的方式一般根据商品的特点和运输要求由购销双方协商决定。在实务中，商品交接的方式主要包括送货制、发货制和提货制三种。

1. 送货制

送货制是指商品销售方把商品直接送到购买方的仓库或指定地点的交接方式，在送货过程中产生的费用以及商品的损耗等，一般均由商品销售方承担。

2. 发货制

发货制是指商品销售方按照购销合同或协议规定的商品种类、规格、数量等条件，在规定的时间内把商品委托给运输单位，由运输单位直接运送到购买方所在地的码头、车站、仓库等地的一种交接商品的方式。交接前发生的费用以及商品的损耗一般由商品销售方承担，交接后发生的费用以及商品的损耗等一般由购买方承担。

3. 提货制

提货制是指购买方委托专人到商品销售方的仓库或指定地点提取货物的交接方式，费用及损耗一般由购买方承担。

第二节 商业企业会计的基本假设与信息质量要求

一、商业企业会计基本假设

商业企业会计基本假设是商业企业处理会计业务的基础，即对会计核算所处的时间、空间环境作出的合理假定。会计基本假设包括会计主体、持续经营、会计分期和货币计量。

（一）会计主体

会计主体是指企业会计确认、计量和报告的空间范围，是会计核算的特定组织或单位。在会计主体假设下，特定主体应当对其发生的交易或事项进行会计确认、计量和报告，反映特定主体本身交易或事项，不能越界处理业务，反映其他主体的会计信息。如 A 商业公司只能反映 A 商业公司的会计信息，不能反映其他公司的会计信息。

1. 明确会计主体对会计主体的确认、计量和报告有着重要的作用

明确会计主体，才能明确会计主体所核算交易或事项的范围。会计人员在工作中，首先要明确核算的交易或事项范围，会计人员只对影响主体本身的各项交易或事项进行确认、计量和报告；不影响主体本身的交易或事项不需要确认、计量和报告。

明确会计主体，才能将不同会计主体的交易或者事项区分开来。明确会计主体，应当将会计主体与会计主体的所有者以及其他会计主体区分开来。公司所有者与公司无关的交易或者事项是属于公司所有者私人的交易或事项，不应纳入公司会计核算的范围。

2. 会计主体与法律主体的关系

会计主体是会计独立核算的主体，包括法律主体和非法律主体。法律主体是指法律认可的法人组织，属于会计主体的范畴。一般来说，一个法律主体必然是一个会计主体，但会计主体不一定是法律主体。一个公司作为一个独立的法律主体，应当建立独立财务系统，进行独立核算，反映公司本身的财务状况、经营成果和现金流量等会计信息。但是，会计主体不一定是法律主体，如在多个具有控股关系的集团里面，一个母公司拥有若干子公司，母子公司虽然是不同的法律主体，但是母公司对于子公司拥有控制权，为了全面反映集团整体的财务状况、经营成果和现金流量等会计信息，就有必要将集团作为一个会计主体，编制合并财务报告；另外，像个人独资企业、合伙企业等也属于会计主体，但其不具备法律主体资格，不属于法律主体。

（二）持续经营

持续经营是指在可预见的将来，企业按照当前的规模和状态继续经营下去，不会停业，也不会大规模削减业务。在持续经营的假设下，企业的债权可以按时收回，债务可以按时清偿，因此，企业的确认、计量和报告是围绕持续经营展开的。会计一系列的核算方法、计量原则的使用均在持续经营基本假设下进行的，企业能否持续经营下去，对企业会计原则、会计方法的选择有很大影响。明确这个基本假设，就意味着会计主体将按照既定用途使用资产，按照既定的合约条件清偿债务，会计人员就可以在此基础上选择会计原则和会计方法。如果判断企业会持续经营，就可以假定企业的固定资产在持续经营的生产经营过程中长期发挥作用，并服务于生产经营过程，固定资产就可以根据历史成本进行记录，并采用一定的折旧方法，将历史成本分摊到各个会计期间或相关产品的成本中。如果判断企业不会持续经营，固定资产就不应采用历史成本进行记录并按期计提折旧。

（三）会计分期

会计分期是指将企业持续经营的生产经营活动划分为一个个连续的、长短相同的期间。会计分期的目的，在于通过会计期间的划分，将持续经营的生产经营活动划分成连续、相等的期间，据以结算盈亏，按期编制财务报告，从而及时向财务报告使用者提供有关企业财务状况、经营成果和现金流量的信息。

在会计分期假设下，企业应当划分会计期间，分期结算账目和编制财务报告。会计期间通常分为年度和中期。中期，是指短于一个完整的会计年度的报告期间。由于会计分期，才产生了当期与以前期间、以后期间的差别，才使不同类型的会计主体有了记账的基准，进而孕育出折旧、摊销等会计处理方法。

（四）货币计量

货币计量是指会计主体在会计确认、计量和报告时以货币计量，反映会计主体的生产经营活动。在会计的确认、计量和报告过程中之所以选择货币为基础进行计量，是由货币的本身属性决定的。货币是商品的一般等价物，是衡量一般商品价值的共同尺度，具有价值尺度、流通手段、贮藏手段和支付手段等特点。其他计量单位，如重量、长度等，只能从一个侧面反映企业的生产经营情况，无法在量上进行汇总和比较，不便于会计计量和经营管理，只有选择货币尺度进行计量，才能充分反映企业的生产经营情况，所以，《企业会计准则——基本准则》规定，会计确认、计量和报告选择货币作为计量单位。

二、商业企业会计信息质量要求

商业企业会计信息质量要求是对商业企业财务所提供会计信息质量作出的基本要求，主要包括可靠性、相关性、可理解性、可比性、实质重于形式、重要性、谨慎性和及时性。

（一）可靠性

可靠性要求商业企业应当以实际发生的交易或者事项为依据进行确认、计量和报告，如实反映企业的真实的财务状况、经营成果和现金流量等信息，保证会计信息真实可靠、内容完整。

为了保证会计信息的质量，可靠性要求商业企业应当以实际发生的交易或事项进行确认、计量和报告，具体要求做到以下三个方面。

1. 要求以实际发生的交易或者事项为依据进行确认、计量

已经发生的交易或事项，并且满足确认条件才可以确认；尚未发生的交易或事项不能进行确认，不符合会计要素概念及其确认条件的交易或事项不能进行确认，商业企业只能将符合会计要素定义及其确认条件的交易或事项如实反映在会计报告中，不得弄虚作假。

2. 要求保证会计信息的全面完整

商业企业在确认、计量和报告中，要求在符合重要性和成本效益的前提下，保证提供信息的全面完整，不得遗漏或者减少应当披露的信息，凡是影响到信息使用者决策的信息都应当充分反映，做到信息披露全面完整。

3. 要求在会计报告中反映的信息应当是客观中立的

商业企业在编制会计报告时，应当是按照实际发生的交易或事项经过加工变成会计信息，不得人为改变。如果在会计报告中为了达到事先设定的结果或效果，通过选择或列示有关会计信息以影响决策和判断的，这样的会计报告信息就不是中立的。

（二）相关性

相关性要求商业企业提供的会计信息应当与信息使用者的经济决策需要相关，有助于信息使用者对其过去、现在和未来的财务状况、经营成果、现金流量等作出评价或者预测。

商业企业提供的会计信息是否有用，关键是看所提供的会计信息与信息使用者的经济决策需要是否相关，是否有助于信息使用者提高决策水平。会计信息的相关性主要表现在以下两个方面。

1. 应当有利于信息使用者评价企业过去的情况

相关性要求企业提供的会计信息能够使信息使用者评价商业企业过去的综合情况，如过去的财务状况、经营成果、现金流量等情况。

2. 应当具有预测价值

相关性要求商业企业提供的会计信息有利于信息使用者根据会计报表所提供的信息预测其未来的财务状况、经营结果和现金流量等情况。

会计信息质量的相关性，要求企业在确认、计量和报告的过程中，充分考虑信息使用者的决策需要。但是，相关性并不代表商业企业提供的信息可以人为篡改，相关性应当以可靠性为基础，两者之间并不矛盾，不应将两者对立起来。也就是说，会计信息在满足可靠性的前提下，尽可能地做到相关，满足不同使用者的决策需要。

（三）可理解性

可理解性要求商业企业提供的会计信息应当清晰明了，便于投资者等会计信息使用者理解和使用。

商业企业提供会计信息的目的在于满足信息使用者的经济决策需要，然而，只有让信息使用者了解会计信息的内涵，理解会计报告反映的信息的内容，才能使信息使用者有效地运用信息，为决策提供依据。这就要求商业企业财务报告提供的信息应当清晰明了，易于理解，提高会计信息的有用性，实现财务报告的目标，满足向信息使用者提供决策有用信息的要求。

在实务中，会计信息作为一种专业性较强的信息，并不是所有人都能理解和掌握的。另外，在强调会计信息的可理解性的同时，还应假定信息使用者具有会计专业知识，并且愿意付出努力去研究这些信息。可理解性要求企业对于某些复杂的信息（如交易本身较为复杂或者会计处理较为复杂），与信息使用者的经济决策相关的，商业企业就应当在会计报告中充分披露，有助于信息使用者理解和使用。

（四）可比性

可比性要求商业企业提供的会计信息应当相互可比，有助于信息使用者将过去、现在的信息进行比较，将同行业的商业企业数据进行比较。可比性主要包括以下两个方面。

1. 纵向可比

纵向可比是指同一商业企业在不同时期发生的相同或相似的业务，应当采用一致的会计政策，不得随意变更。为了方便信息使用者了解商业企业财务状况、经营成果和现金流量等的变动趋势，比较同一商业企业在不同时期的会计信息，全面地评价过去、分析现在、预测未来，为经济决策提供依据，会计信息的纵向可比性要求同一商业企业不同时期发生的相同或相似的经济业务，应当采用一致的会计政策，不得随意变更。

2. 横向可比

横向可比是指不同商业企业在同一会计期间发生的相同或者相似的经济业务，应当采用国家统一规定的会计政策，确保会计信息口径一致、相互可比。为了方便信息使用者评价和比较同一时期不同商业企业的财务状况、经营成果和现金流量等情况，为经济决策提供依据，会计信息的横向可比性要求不同商业企业在同一会计期间发生的相同或者相似的经济业务，应当采用国家统一规定的会计政策，确保会计信息口径一致、相互可比。

但是，满足会计信息可比性要求，并非表明商业企业不得变更会计政策，如果按照规定或者在会计政策变更后可以提供更可靠、更相关的会计信息的，可以变更会计政策。有关会计政策变更的情况，应当在附注中予以说明。

（五）实质重于形式

实质重于形式要求商业企业应当按照交易或者事项的经济实质进行会计确认、计量和报告，不仅仅以交易或者事项的法律形式为依据。

在实务中，商业企业发生的多数交易或者事项的经济实质和法律形式是一致的，但是，也存在经济实质和法律形式不一致的情况。例如，以融资租赁方式租入的资产，虽然从法律形式来讲企业并不拥有其所有权，但是由于租赁合同中规定的租赁期相当长，往往接近于该资产的使用寿命，或租赁期结束时承租商业企业有优先购买该资产的选择权，或在租赁期内承租商业企业有权支配资产并从中受益等，从其经济实质来看，商业企业能够控制融资租入资产所创造的未来经济利益，在会计确认、计量和报告上就应当将以融资租赁方式租入的资产视为企业的资产，列入商业企业的资产负债表。

（六）重要性

重要性要求商业企业提供的会计信息应当反映其财务状况、经营成果和现金流量等有关的所有重要交易或者事项。

在实务中，如果某会计信息的省略或者错报会影响会计信息使用者作出正确的经济决策，该信息就具有重要性。重要性要根据商业企业所处环境和实际情况综合分析，一般要依赖会计职业判断，具有一定的主观性。重要性的判断一般从项目的性质和金额大小两方面加以判断。

（七）谨慎性

谨慎性要求商业企业对交易或者事项进行确认、计量和报告应当保持必要的谨慎，不应高估资产或收益，也不应低估负债或费用。

在市场竞争中，经济环境复杂多变，商业企业的生存、发展面临着许多不确定性，给其带来一定的风险。例如，应收款项是否能收回、固定资产使用寿命的长短、无形资产使用寿命的长短、售出存货可能发生的退货或返修等。谨慎性要求商业企业在面临不确定性因素的情况下作出会计职业判断时，应当保持必要的谨慎，结合商业企业的实际情况综合分析，充分估计面临的各种风险和损失，既不高估资产或收益，也不低估负债或费用。例如，要求商业企业对可能发生的资产减值损失计提资产减值准备、对售出商品可能发生的保修义务等确认预计负债等，就体现了会计信息质量的谨慎性要求。

但是，谨慎性并不等于商业企业可以设置秘密准备或人为性地调整资产、负债、所有者权益、收入、费用和利润。

（八）及时性

及时性要求商业企业对于已经发生的交易或者事项，应当及时进行确认、计量和报告，不得提前或延后。

会计信息具有很强的时效性，过期的会计信息，对信息使用者就没有使用价值。在确认、计量和报告过程中保持及时性，一是要求及时收集会计信息，即在经济交易或者事项发生后，及时收集整理各种原始单据或者凭证；二是要求及时处理会计信息，即按照会计准则的规定，及时对经济交易或者事项进行确认或者计量，并编制会计报告；三是要求及时传递会计信息，即按照国家规定的有关时限，及时地将编制的会计报告传递给信息使用者，有助于其及时使用和决策。

第三节　商业企业会计的要素与会计科目

一、商业企业会计的要素

商业企业会计的要素是按照其反映内容划分为资产、负债、所有者权益、收入、费用和利润六种，简称六要素。其中，资产、负债和所有者权益要素反映商业企业的财务状况，收入、费用和利润要素反映商业企业的经营成果。

（一）资产

资产，是指企业过去的交易或者事项形成的，由企业拥有或者控制的，预期会给企业带来经济利益的资源。

1. 资产的特征

根据资产的定义，资产具有以下三个方面的特征。

（1）资产由企业过去的交易或者事项形成。

（2）资产应当是企业拥有或者控制的资源。

（3）资产预期能给企业带来经济利益。

2. 资产的确认条件

某一项资源确认为资产，除了要符合资产的定义，还应当同时满足以下两个条件。

（1）与该资源有关的经济利益很可能流入企业。

（2）该资源的成本或者价值能够可靠地计量。

3. 资产的分类

（1）资产按其流动性的强弱分为流动资产和非流动资产。其中，流动资产，是指预计在一个正常营业周期中变现、出售或耗用，或者主要为交易目的而持有，或者预计在资产负债表日起一年内（含一年）变现的资产，以及自资产负债表日起一年内交换其他资产或清偿债务的能力不受限制的现金或现金等价物。商业企业常用的流动资产有库存现金、银行存款、其他货币资金、应收票据、应收账款等。非流动资产，是指流动资产以外的各项资产，商业企业常用的非流动资产有固定资产、在建工程、无形资产、长期待摊费用等。

（2）资产按其是否具有实物形态分为有实物形态的资产和无有实物形态的资产。其中，有实物形态的资产，是指具有实物形态、看得见摸得着的资产，主要包括固定资产、原材料、库存商品等。没有实物形态的资产，是指不具有实物形态的资产，主要包括无形资产、商誉。

（二）负债

负债也称债务，是指企业过去的交易或者事项形成的，预期会导致经济利益流出企业的现时义务。

1. 负债的特征

根据负债的定义，负债具有以下三个方面的特征。

（1）负债由企业过去的交易或者事项形成。

（2）负债是企业承担的现时义务。

（3）负债预期会导致经济利益流出企业。

2. 负债的确认条件

某一项现时义务是否确认为负债，除了需要符合负债的定义外，还应当同时满足以下两个条件。

（1）与该义务有关的经济利益很可能流出企业。

（2）未来流出的经济利益的金额能够可靠地计量。

3. 负债的分类

负债按流动性分为流动负债和非流动负债。其中，流动负债，是指预计在一个正常营业周期清偿，或者主要为交易目的而持有，或者自资产负债表日起一年内（含一年）到期应予清偿，或者企业无权自主地将清偿推迟至资产负债表日后一年以上的负债。商业企业常用的流动负债有短期借款、应付账款、应付票据、预收账款、应付职工薪酬、应交税费、应付利息、应付股利、其他应付款等。非流动负债，是指流动负债以外的负债，商业企业常用的非流动负债有长期借款、应付债券、长期应付款等。

（三）所有者权益

所有者权益也称股东权益，是指企业资产减去负债后，由所有者享有的剩余权益。所有者权益实际上是商业企业全部的资产扣除企业的全部负债后，股东对商业企业净资产的所有权。

1. 所有者权益的特征

根据所有者权益的定义，所有者权益有以下三个特征。

（1）除非发生减资、清算或分派现金股利，企业不需要偿还所有者权益。

（2）企业清算时，只有在清偿所有负债后，剩余财产才返还给所有者。

（3）所有者凭借所有者权益能够参与企业利润的分配。

2. 所有者权益的确认条件

所有者权益体现的是所有者在商业企业中的剩余权益，因此，所有者权益的确认主要依赖于资产、负债、收入、费用、利得和损失，尤其是资产和负债的确认；所有者权益金额的确定也主要取决于资产和负债的计量。

3. 所有者权益的分类

所有者权益按来源分为所有者投入的资本、直接计入所有者权益的利得和损失以及留存收益，具体包括实收资本或股本、资本公积、其他综合收益、其他权益工具投资、盈余公积和未分配利润。

其中，所有者投入的资本，是指所有者按投资合同或协议约定投入商业企业的资本，它既包括构成企业注册资本或者股本的金额，也包括投入资本超过注册资本或股本部分的金额。直接计入所有者权益的利得和损失，是指企业在非日常活动中形成的不应直接计入当期损益、会导致所有者权益发生增减变动的、与所有者投入资本或者向所有者分配利润无关的利得或者损失。留存收益是企业历年实现的净利润留存于企业的部分，主要包括盈余公积和未分配利润。

（四）收入

收入是指企业在日常活动中形成的、会导致所有者权益增加的、与所有者投入资本无关的经济利益的总流入。

1. 收入的特征

根据收入的定义，收入具有以下三个方面的特征。

（1）收入是企业在日常活动中形成的。

（2）收入会导致所有者权益的增加。

（3）收入是与所有者投入资本无关的经济利益的总流入。

2. 收入的确认条件

商业企业收入的来源渠道多种多样，不同收入来源的特征有所不同，除了需要符合收入的定义外，还应当同时满足以下三个条件。

（1）与收入相关的经济利益应当很可能流入企业。

（2）经济利益流入企业的结果会导致资产的增加或者负债的减少。

（3）经济利益的流入额能够可靠计量。

3. 收入的分类

（1）收入按经济业务的性质划分为销售商品收入、提供劳务收入、让渡资产使用权收入。其中，销售商品收入，是指企业通过销售商品、材料等获得的收入；提供劳务收入，是指企业通过提供管理咨询、建筑安装、法律咨询、导游服务等业务获得的收入；让渡资产使用权收入，是指企业通过资产出租、资产出借等获得的收入。

（2）收入按重要性划分为主营业务收入和其他业务收入。

（五）费用

费用是指企业在日常活动中发生的、会导致所有者权益减少的、与向所有者分配利润无关的经济利益的总流出。

1. 费用的特征

根据费用的定义，费用具有以下三个方面的特征。

（1）费用是企业在日常活动中形成的。

（2）费用会导致所有者权益的减少。

（3）费用是与向所有者分配利润无关的经济利益的总流出。

2. 费用的确认条件

除了需要符合费用的定义外，还应当同时满足以下三个条件。

（1）与费用相关的经济利益应当很可能流出企业。

（2）经济利益流出企业的结果会导致资产的减少或者负债的增加。

（3）经济利益的流出额能够可靠计量。

3. 费用的分类

商业企业费用可以划分为可直接计入产品成本的费用和期间费用两类。其中，直接计入产品成本的费用包括直接材料、直接人工和制造费用等；期间费用包括管理费用、财务费用和销售费用，期间费用在期末直接转入本年利润。

（六）利润

利润是指企业在一定会计期间的经营成果，主要体现为在一定会计期间内企业通过从事经营活动而实现的盈利或发生的亏损。如果商业企业通过经营活动实现了一定数额的盈利，表明该企业的经营成果好，所有者权益有所增加；如果企业通过生产经营活动发生亏损，表明该企业的经营成果不好，所有者权益有所减少。在实际工作中，利润往往是评价商业企业经营管理活动业绩的一项直观的重要的指标，也是会计信息使用者进行决策时的重要参考依据。

1. 利润的内容

商业企业利润包括收入减去费用后的净额，以及直接计入当期利润的利得和损失等。其中，收入减去费用后的净额反映商业企业日常经营活动的业绩。商业企业应当严格区分收入和利得、费用和损失，以更加全面准确地反映企业的经营业绩。

2. 利润的确认条件

利润反映收入减去费用加上利得减去损失后的净额。因此，利润的确认主要依赖于收入和费用以及利得和损失的确认，其金额的确定也主要取决于收入、费用、利得和损失金额的计量。

二、会计要素计量属性

会计计量是为了将符合确认条件的会计要素登记入账并列报于财务报表而确定其金额的过程。商业企业应当按照确定的计量属性进行确认、计量和报告。会计要素的计量属性主要包括历史成本、重置成本、可变现净值、现值和公允价值。

（一）历史成本

历史成本又称实际成本，是指企业取得或制造某项财产物资时所实际支付的现金或者其他等价物。在历史成本计量下，资产按照其购置时支付的现金或现金等价物的金额，或者按照购置资产时所付出的对价的公允价值计量。负债按照其因承担现时义务而实际收到的款项或者资产的金额，或者承担现时义务的合同金额，或者按照日常活动中为偿还负债预期需要支付的现金或者现金等价物的金额计量。大部分的交易或事项，都可以采用历史成本计量。

（二）重置成本

重置成本又称现行成本，是指按照当前市场条件，重新取得同样一项资产所需支付的现金或现金等价物金额。在重置成本下，资产按照现在购买相同或者相似资产所需支付的现金或者现金等价物的金额计量。负债按照现在偿付该项债务所需支付的现金或者现金等价物的金额计量。重置成本实际上是将现有的资产或负债按照当前的市场行情重新估算其价值的方法，重置成本一般用在盘盈固定资产的核算。

（三）可变现净值

可变现净值是指在生产经营过程中，以预计售价减去进一步加工成本和销售所必需的预计税金、费用后的净值。在可变现净值计量下，资产按照其正常对外销售的所能收到现金或者现金等价物的金额扣减该资产至完工时估计将要发生的成本、估计的销售费用以及相关税金后的金额计量。可变现净值是把企业的存货按照目前的市场售价减去加工环节和销售环节预计发生的各项税费后的净额，是估算企业存货价值的方法，并没有实际出售存货换取资金。

（四）现值

现值是指对未来现金流量以恰当的折现率进行折现后的价值，是考虑货币时间价值因素等的一种计量属性。在现值计量下，资产按照预计从其持续使用和最终处置中所产生的未来现金流入量的折现金额计量。负债按预计期限内需要偿还的未来现金流出量的折现金额计量。现值是和终值相对应的，通过把未来某一时间点上的现金流量按照一定的折现率折算到某一个初始时间点，能够更好地预测未来，反映资产的成本和效益。

（五）公允价值

公允价值是指在有序的市场交易中，参与交易的市场主体自愿进行资产交换或者债务清偿的金额。在公允价值计量下，资产和负债按照有序的市场交易中，参与交易的市场主体自愿进行资产交换或者债务清偿的金额计量。在实务中，如果市场不公开，买卖双方交易中存在欺诈、隐瞒等不公平的行为，成交的价格不属于公允价值。

三、会计科目与账户

（一）会计科目

会计科目是指对会计要素的具体内容按经济特征进行分类核算的项目，是会计层次中的第三个层次，反映详细的会计信息。

为了全面、系统、连续地核算企业各项交易或事项所引起会计要素的增减变动情况，满足信息使用者对会计信息质量的要求，有助于信息使用者使用会计信息，应当对会计科目进行科学分类。在实际工作中，对会计科目的分类主要有以下两种。

1. 按反映经济内容不同分类

会计科目按其反映经济内容不同分为资产类、负债类、共同类、所有者权益类、成本类和损益类科目。其中，资产类科目主要包括库存现金、银行存款、其他货币资金、交易性金融资产、应收票据、应收账款、预付账款、其他应收款、原材料、在途物资、材料采购、库存商品、工程物资、在建工程、长期股权投资、固定资产、无形资产和长期待摊费用等科目。负债类科目主要包括短期借款、交易性金融负债、应付票据、应付账款、预收账款、应付职工薪酬、应交税费、其他应付款、长期借款、应付债券、长期应付款等。共同类科目：省略。所有者权益类科目主要包括实收资本、资本公积、其他综合收益、盈余公积和未分配利润、本年利润等。成本类科目主要包括：生产成本、制造费用、劳务成本、研发支出等。损益类科目主要包括主营业务收入、其他业务收入、投资收益、营业外收入、主营业务成本、其他业务成本、管理费用、财务费用、销售费用、信用减值损失、资产减值损失、税金及附加、所得税费用、营业外支出等。

2. 按提供信息的详细程度及其统驭关系分类

会计科目按其所提供信息的详细程度及其统驭关系分为总分类科目和明细分类科目。其中，总分类科目又称总账科目或一级科目，是指对会计要素具体内容进行总分类核算的科目，如库存现金、银行存款等。为了保证会计科目使用的规范性以及提供会计信息的可比性，总分类科目由国家统一会计制度规定。明细分类科目又称明细科目，是指对会计要素具体内容进行明细分类核算的科目，例如：应收账款——A 公司，应付职工薪酬——工资等。

总分类科目与明细分类科目的关系是：总分类科目对其管辖的明细分类科目具有统驭和控制的作用，提供概括性浓缩性的会计信息；明细分类科目对其总分类科目具有补充和说明的作用，提供更加明细的会计信息。

（二）账户

账户是根据会计科目设置的，具有一定的格式和结构，用以全面、系统、连续地记录交易或事项的发生而引起的会计要素的增减变动及其结果的载体。会计科目是对会计要素的内容进行分类，是分类核算的项目，但是，会计科目没有格式，没有结构，无法独立反映会计要素的增减变动及其结果。因此，为了全面、系统、连续地反映交易或事项发生情况以及会计要素的增减变动的结果，还必须根据会计科目设置账户。设置账户是会计核算的一种专门方法。通过账户记录提供的会计核算数据，既能反映企业一定时期内交易或事项的情况，又是编制会计报表的基础。账户的分类与会计科目的分类是一样的。

第四节　商业企业会计的核算方法与复式记账法

一、会计核算方法

会计核算方法是对已经发生的经济活动进行连续、系统、全面反映和监督的方法。由于会计对象的多样性和复杂性，决定了会计核算方法不能采取单一的形式，而应该形成系统的方法体系，包括设置账户、复式记账、填制和审核凭证、登记会计账簿、成本计算、财产清查和编制会计报表。

（一）设置账户

设置账户是对会计对象进行分类核算的一种专门方法。由于会计对象的具体内容是复杂多样的，要对其进行系统的核算，就必须对交易或事项进行科学分类，有助于分类、连续地反映会计信息，为完成会计核算工作提供基础。

（二）复式记账

复式记账是指对企业发生的每项交易或事项，要以相等的金额，在两个或两个以上相互联系的账户中进行登记的一种记账方法。采用复式记账方法，可以全面反映每一笔经济业务的来龙去脉，便于检查账簿记录的正确性和完整性，是一种比较科学的记账方法。在全球范围内，复式记账法得到全面应用。

（三）填制和审核凭证

会计凭证是记录经济业务，明确经济责任，作为记账依据的书面凭据。正确填制和审核会计凭证，是有效完成核算工作的基础，是做好会计工作的前提。填制和审核会计凭证，是会计人员日常工作的起点。

（四）登记会计账簿

登记会计账簿是以经过审核无误的会计凭证为依据，全面、系统、连续地记录各项交易或事项，为信息使用者提供完整、系统的核算资料。账簿记录是重要的会计工作，是进行会计分析、会计检查的重要依据。账簿记录是否真实、完整，直接关系到会计报表的质量，应当重视账簿的记录工作。

（五）成本计算

成本计算是指按照一定产品或劳务归集和分配生产经营过程中发生的各种耗费，以便确定各项产品或劳务的总成本和单位成本的一种专门方法。产品成本是综合反映企业生产经营活动的一项重要指标。正确地进行成本计算，可以考核生产经营过程的费用支出水平，同时又是确定企业盈亏和制定产品价格的基础。

（六）财产清查

财产清查是指通过对企业的实物资产、往来款项、货币资金等进行盘点或核对，从而查明各项资产实有数额的一种专门方法。通过财产清查，可以提高会计记录的正确性，保证账实相符。同时，还可以查明各项财产物资的保管和使用情况以及各种结算款项的执行情况，以便对积压或损毁的物资和逾期未收到的款项，及时采取措施，进行清理和加强对财产物资的管理。

（七）编制会计报表

编制会计报表是指以特定表格的形式，定期并总括地反映企业的经营活动的一种专门方法。会计报表是根据账簿记录为主要依据，经过专门的方法加工整理而形成的会计信息数据，用来分析企业财务状况、经营成果、现金流量等情况，为决策提供依据。编制会计报表是会计核算工作的最后环节。

会计核算的七种方法是相互联系、相互依存、相互制约的，共同构成完整的会计核算方法体系。在实务中，一般在交易或事项发生后，按规定的手续填制和审核原始凭证，并应用复式记账法编制记账凭证，依据审核无误的会计凭证在有关账簿中进行登记；在期末对生产经营活动产生的耗费进行成本计算和财产清查，确保账簿记录的准确，最后根据审核无误的账簿记录编制会计报表。

二、复式记账法

复式记账法是指企业对发生的每一项交易或事项都要以相等的金额在两个或两个以上相互联系的账户中进行登记的记账方法。复式记账法是经济发展到一定程度的产物，是适应企业的管理需要而诞生的。

目前国际上流行以“借贷”作为符号的复式记账法。所谓借贷记账法是以“借”和“贷”作为记账符号的复式记账法，即企业对发生的每一项交易或事项都要以相等的金额在两个或两个以上相互联系的账户中进行登记的记账方法。

（一）“借贷”符号的作用

与借贷记账法结合起来，“借”和“贷”有三个方面的作用。

（1）表示账户的两个固定部分，即左方为借方，右方为贷方。

（2）表示增加或减少，至于借方表示增加还是贷方表示增加，由账户的性质来决定。如资产类、成本类、费用类增加记在借方，负债类、所有者权益类、收入类增加记在贷方。

（3）表示账户的余额方向。如资产类、成本类账户的余额一般在借方，负债类、所有者权益类账户的余额一般在贷方。

（二）账户结构

在借贷记账法下，账户分为左右两部分，左边称为借方，右边称为贷方，用来反映不同类型的交易或事项所引起的会计要素在数额上的变动。账户的结构像一个 T 字或丁字，因此也称为 T 字账户或丁字账户。账户的左方和右方，一方登记增加数，另一方登记减少数。每一个账户的借方和贷方都要按相反的方向记录其增减变动，一方登记增加额，另一方就登记减少额。至于账户的哪一方登记增加额，哪一方登记减少额，则取决于账户的性质。不同类型不同性质的账户其结构是不同的。

1. 资产类账户的结构

根据借贷记账法的记账要求，一般资产类账户的结构是：借方登记资产的增加数额，贷方登记资产的减少数额。在一定会计期间内，借方登记的增加数额相加称为借方发生额合计，贷方登记的减少数额相加称为贷方发生额合计，在会计期末将借方与贷方发生额相抵，其差额为期末余额。一般资产类账户若有余额在借方，表示期末资产的实有数额。资产类账户的基本结构如图 1-1 所示。

借方	资产类账户		贷方
期初余额	×××		
本期增加额	×××	本期减少额	×××
	……		……
本期借方发生额合计	×××	本期贷方发生额合计	×××
期末余额	×××		

图 1-1　资产类账户的基本结构

资产类账户期末借方余额=期初借方余额+本期借方发生额-本期贷方发生额

注意：资产类的备抵账户（如坏账准备、存货跌价准备、累计折旧等）贷方登记增加数额，借方登记减少数额，期末若有余额在贷方，表示资产类备抵账户的实有数。

2. 负债类账户的结构

负债类账户的结构是：账户的贷方登记负债的增加数额，借方登记负债的减少数额，在一定会计期间内，贷方登记的增加数额相加称为贷方发生额合计，借方登记的减少数额相加称为借方发生额合计，在会计期末将借贷发生额相抵，其差额为期末余额。负债类账户若有期末余额一般在贷方，表示期末负债的实有数。负债类账户的基本结构如图1-2所示。

借方	负债		贷方
		期初余额	×××
本期减少额	×××	本期增加额	×××
	……		……
本期借方发生额合计	×××	本期贷方发生额合计	×××
		期末余额	×××

图 1-2　负债类账户的基本结构

负债类账户期末贷方余额=期初贷方余额+本期贷方发生额-本期借方发生额

3. 所有者权益类账户的结构

所有者权益类账户的结构是：账户的贷方登记所有者权益的增加数额，借方登记所有者权益的减少数额，在一定会计期间内，贷方登记的增加数额相加称为贷方发生额合计，借方登记的减少数额相加称为借方发生额合计，在会计期末将借贷发生额相抵，其差额为期末余额。所有者权益类账户若有期末余额一般在贷方，表示期末所有者权益的实有数。所有者权益类账户的基本结构如图 1-3 所示。

借方	所有者权益		贷方
		期初余额	×××
本期减少额	×××	本期增加额	×××
	……		……
本期借方发生额合计	×××	本期贷方发生额合计	×××
		期末余额	×××

图 1-3　所有者权益类账户的基本结构

所有者权益类账户期末贷方余额=期初贷方余额+本期贷方发生额-本期借方发生额

4. 成本类账户的结构

根据借贷记账法的记账要求，成本类账户的结构是：借方登记成本的增加数额，贷方登记成本的减少数额。在一定会计期间内，借方登记的增加数额相加称为借方发生额合计，贷方登记的减少数额相加称为贷方发生额合计，在会计期末将借方与贷方发生额相抵，其差额为期末余额。成本类账户若有余额在借方，表示期末资产的实有数额。成本类账户的基本结构如图 1-4 所示。

借方	成本类账户		贷方
期初余额	×××		
本期增加额	×××	本期减少额	×××
	……		……
本期借方发生额合计	×××	本期贷方发生额合计	×××
期末余额	×××		

图 1-4　成本类账户的基本结构

成本类账户期末借方余额=期初借方余额+本期借方发生额-本期贷方发生额

5. 收入类账户的结构

收入类账户的结构是：账户的贷方登记收入的增加数额，借方登记收入的减少数额，在一定会计期间内，贷方登记的增加数额相加称为贷方发生额合计，借方登记的减少数额相加称为借方发生额合计，期末将收入的余额转入本年利润，结转后无余额。收入类账户的基本结构如图 1-5 所示。

借方	收入类账户		贷方
本期减少额	××× ……	本期增加额	××× ……
本期借方发生额合计	×××	本期贷方发生额合计	×××

图 1-5 收入类账户的基本结构

6. 费用类账户的结构

费用类账户的结构是：账户的借方登记费用的增加数额，贷方登记收入的减少数额，在一定会计期间内，借方登记的增加数额相加称为借方发生额合计，贷方登记的减少数额相加称为贷方发生额合计，期末将费用的余额转入本年利润，结转后无余额。费用类账户的基本结构如图 1-6 所示。

借方	费用类账户		贷方
本期增加额	××× ……	本期减少额	××× ……
本期借方发生额合计	×××	本期减少额合计	×××

图 1-6 费用类账户的基本结构

为了便于了解所有账户借、贷两方所反映的经济内容，现将上述各类账户的具体结构进行概括，如表 1-1 所示。

表 1-1 各类账户的具体结构

账户类型	借方	贷方	余额
资产类	+	-	借方
负债类	-	+	贷方
所有者权益类	-	+	贷方
成本类	+	-	借方
损益类	（费用类+）（收入类-）	（费用类-）（收入类+）	无
资产类备抵类账户	-	+	贷方

（三）记账规则

根据复式记账法的原理，对任何一项交易或事项都必须以相等的金额，在两个或两个以上相互联系的账户进行登记。在以“借”和“贷”为记账符号的复式记账法，即借贷记账法下，任何一项交易或事项，有借方项目一定会有对应的贷方项目，反之也成立；记录在借方的金额合计与记录在贷方的金额合计一定相等。借贷记账法的记账规则归纳起来就是：有借必有贷，借贷必相等。

本章小结

商业企业是以营利为目的的企业组织，主要通过组织商品购销活动赚取一定的差价。专门针对商业企业核算和监督的会计属于商业会计。

商品流通是指商业企业通过日常购销活动把商品从生产领域向消费领域转移的过程。商品流通具有两个明显特征：一是商品流通的前提是商品实物已经转移，二是商品实物的转移通过货币支付。没有通过货币收付的实物转移，或只有货币收付而没有实物转移的，都不属于商品流通。

商业会计基本假设是商业企业处理会计业务的基础，即对会计核算所处的时间、空间环境作出的合理假定。会计基本假设包括会计主体、持续经营、会计分期和货币计量。

商业企业会计信息质量要求是对商业企业财务所提供会计信息质量作出的基本要求，主要包括可靠性、相关性、可理解性、可比性、实质重于形式、重要性、谨慎性和及时性。

商业企业会计要素按照其反映内容划分为资产、负债、所有者权益、收入、费用和利润六种，简称六要素。其中，资产、负债和所有者权益要素反映商业企业的财务状况，收入、费用和利润要素反映商业企业的经营成果。

商业企业应当按照确定的计量属性进行确认、计量和报告。会计要素的计量属性主要包括历史成本、重置成本、可变现净值、现值和公允价值。

会计核算方法是对已经发生的经济活动进行连续、系统、全面反映和监督的方法，包括设置账户、复式记账、填制和审核凭证、登记会计账簿、成本计算、财产清查和编制会计报表。

复式记账法是指企业对发生的每一项交易或事项都要以相等的金额在两个或两个以上相互联系的账户中进行登记的记账方法。

《 习题与实训 》

一、思考题

1. 什么是商业企业？商业企业主要从事哪些活动？
2. 商业会计的基本假设有哪些？执行的会计基础是什么？
3. 商业会计的基本要素有哪些？遵循哪些信息质量要求？
4. 商业会计的核算方法有哪些？如何开展会计核算？

二、单项选择题

1. 商业企业划分月度、季度和年度是基于（　　）的基本会计假设。

A. 会计主体　B. 货币计量　C. 会计分期　D. 持续经营

2. 商业企业执行权责发生制的会计基础，是基于（　　）的会计基本假设。

A. 货币计量　B. 会计主体　C. 持续经营　D. 会计分期

3. 下列各项说法中，不正确的是（　　）。

A. 会计主体是指会计所核算和监督的特定单位和组织

B. 法律主体必然是会计主体

C. 会计主体必然是法律主体

D. 会计主体界定了从事会计工作和提供会计信息的空间范围

4. 下列各项中，应作为商业企业资产处理的是（　　）。

A. 应付账款　B. 应付职工薪酬　C. 预收款项　D. 预付款项

5. 商业企业对会计要素进行分类所形成的具体项目是（　　）。

A. 会计对象　B. 会计科目　C. 账户　D. 会计主体

6. 下列各项中，属于商业企业本期收入和费用的是（　　）。

A. 支付下个季度的仓库租金

B. 本期已经收款，但商品尚未销售

C. 当期购置商品运输车辆所支付的款项

D. 商品在本期销售，但货款尚未收到

7. 预付供应单位货款属于企业的一项（　　）。

A. 负债　B. 资产　C. 收入　D. 费用

8. 借贷记账法的记账符号“借”对于下列会计要素表示增加的是（　　）。

A. 资产类　B. 负债类　C. 所有者权益类　D. 收入类

9. 下列属于反映企业损益的会计科目是（　　）。

A. 实收资本　B. 本年利润　C. 利润分配　D. 主营业务收入

10. “预收账款”科目按所归属的会计要素分类，属于（　　）类科目。

A. 资产　B. 负债　C. 所有者权益　D. 损益

三、多项选择题

1. 在借贷记账法下，账户借方登记的内容有（　　）。
   A. 资产的增加　　B. 负债及所有者权益的减少
   C. 负债及所有者权益的增加　　D. 费用的增加和收入的减少
2. 下列各项中，应计入商业企业本期收入和费用的有（　　）。
   A. 前期提供劳务未收款，本期收款　　B. 本期销售商品一批，尚未收款
   C. 本期耗用的水电费，尚未支付　　D. 预付下一年的报刊费
3. 下列各项中，属于损益类科目的有（　　）。
   A. 主营业务收入　　B. 长期待摊费用　　C. 制造费用　　D. 管理费用
4. 下列各项中，属于商业企业会计信息质量要求的有（　　）。
   A. 相关性　　B. 真实性　　C. 历史成本计价　　D. 实质重于形式
5. 商业企业设置会计科目时应遵循的原则有（　　）。
   A. 必须全面反映会计要素的内容　　B. 符合对外报告的要求
   C. 适应需要又要保持相对稳定　　D. 统一性与灵活性相结合

四、判断题

1. 借贷记账法中，“借贷”两字的含义就是增加和减少。（　　）

2. 法律主体必然是一个会计主体，但有些会计主体不一定是法律主体。（　　）

3. 权责发生制要求，商业企业在处理与收入和费用有关的经济业务时，凡属于本期实现的收入，不论款项是否收到，都作为本期收入处理；凡属于本期应负担的费用，不论款项是否实际支付，都作为本期费用处理。（　　）

4. 收付实现制确认收入和费用的特点是，不考虑预收款项和预付款项，以及应计收入和应计费用。只要款项已收入或支出，就作为当期收入和费用处理。（　　）

5. 反映商业企业经营成果的会计要素包括收入、费用和利润。（　　）

6. 会计上所称的“资产”仅指过去的交易或事项形成的、由企业拥有、预期会给企业带来经济利益流入的资源。（　　）

7. 我国要求所有商业企业的会计核算都必须以人民币作为记账本位币。（　　）

8. 商业企业应当以权责发生制为基础进行会计确认、计量和报告，工业企业应当以收付实现制为基础进行会计确认、计量和报告。（　　）

第二章　商业企业货币资金、债权与核算

知识与能力目标

1. 了解库存现金、银行存款、其他货币资金、应收及预付款项的内容和特点；

2. 理解库存现金、银行存款、应收款项减值的核算；

3. 掌握库存现金、银行存款、其他货币资金、应收账款、应收票据、其他应收款、预付账款的核算与应用。

思政目标

1. 在核算与管理工作中能遵纪守法，具有合规意识。恪守职业道德，知法、守法、敬法，切实保护企业、社会公众及投资人等的利益；

2. 往来款项核算及其减值处理时能坚持公允原则，不夸大或缩小事实，确切反映企业的经营状况；

3. 形成正确的消费观，不轻易尝试各类消费贷。

第一节　商业企业货币资金与债权

一、商业企业货币资金

货币资金是指商业企业在生产经营活动过程中持有的处于货币形态的流动资产，主要包括库存现金、银行存款和其他货币资金。

（一）库存现金

库存现金是指存放在企业财务部门并由出纳人员经管的货币资金。库存现金是流动性

最强的资产，可以快速购买或置换其他资产。商业企业应当严格遵守国家有关规定，加强对现金的管理，正确地进行现金收支的核算，监督现金使用的合法性与合理性。

1. 现金的使用范围

商业企业对公业务在结算点以下（1 000 元）可以使用现金，对私业务都可以使用现金。根据《现金管理条例》规定，商业企业可以使用现金支付的范围有以下八个方面。

（1）职工工资、奖金、津贴、补贴；

（2）个人劳务报酬；

（3）根据国家规定颁发给个人的科学技术、文化艺术、体育等各种奖金；

（4）各种劳保、福利费用以及国家规定的对个人的其他支出；

（5）向个人收购农副产品和其他物资的款项；

（6）出差人员必须随身携带的差旅费；

（7）结算起点以下的零星支出（1 000 元以下）；

（8）中国人民银行确定需要支付现金的其他支出。

2. 库存现金的限额规定

库存现金的限额是指为了保证企业日常零星开支的需要，允许留存现金的最高限额。库存现金的限额是根据企业的开户银行的管理制度，结合其现金的日常需要量核定，一般按照 3～5 天日常零星开支的额度确定，边远地区和交通不便的企业，可按多于 5 天但最长不得超过 15 天的日常零星开支确定。经开户银行核定后的现金限额，企业必须严格遵守，超过限额规定的现金应于当天下班前存入银行。需要增加或减少现金限额的企业，应向开户银行提出申请，由开户银行核定。

注意：工资薪酬、货款、差旅费等大额开支，不属于现金限额的范围。

3. 现金收支的规定

商业企业现金收支应当依照法律法规处理。

（1）现金收入应当于当日送存开户银行，当日送存确有困难的，由开户银行确定送存时间，但不宜推迟时间过长；

（2）现金支出可以从库存现金中支付或从开户银行提取再支付，不得从现金收入中直接支付，即不得“坐支”现金，因特殊情况需要坐支现金的，应事先报开户银行审查批准，并在核定的范围和限额内进行，同时，收支的现金必须入账；

（3）从开户银行提取现金时，应如实写明提取现金的用途，由财会部门负责人签字盖章，并经开户银行审查批准后予以支付；

（4）因采购地点不确定、交通不便、抢险救灾及其他特殊情况必须使用现金的情况，应向开户银行提出书面申请，由财会部门负责人签字盖章，并经开户银行审查批准后予以支付。

此外，商业企业不得出现“白条抵库”、谎报用途套取现金、用银行账户代其他单位和个人存入或支取现金、收入的现金以个人名义储存、保留账外公款、“小金库”等。

商品流通企业的库存现金，应设置“现金日记账”，由出纳人员进行序时记录。有外币现金的企业，按币别分别设置“现金日记账”进行会计处理。

商品流通企业按规定进行现金的清查，一般采用实地盘点法，对于清查的结果编制现金盘点报告单。如果有挪用现金、白条抵库的情况，应及时予以纠正；对于超限额留存的现金应及时送存银行。如果账款不符，发现有待查明原因的现金短缺或溢余，先通过“待处理财产损溢”账户核算。按管理权限报经批准后，分别以下情况处理。

（1）如为现金短缺，属于应由责任人赔偿或保险公司赔偿的部分，计入其他应收款；属于无法查明的其他原因，计入管理费用。

（2）如为现金溢余，属于应支付给有关人员或单位的，计入其他应付款；属于无法查明原因的，计入营业外收入。根据《小企业会计准则》的规定，商品流通小企业现金短缺，属于无法查明的其他原因，计入营业外支出。

（二）银行存款

银行存款是指企业存放在银行或其他金融机构的货币资金。商业企业应当根据业务需要，在其经营地银行开设基本账户，进行日常业务的收支结算。银行存款的收支业务应严格执行银行结算制度的规定。

银行存款账户主要包括以下四种。

1. 基本存款账户

基本存款账户是企业办理日常转账结算和现金收付的账户。企业的工资、奖金等现金的支取，只能通过基本存款账户办理。一个企业只能开立一个基本存款账户，其他银行结算账户的开立必须以基本存款账户的开立为前提，凭基本存款账户开户登记证办理相关手续，并在基本存款账户开户登记证上进行相应登记。

2. 一般存款账户

一般存款账户是企业因借款或其他结算需要，在基本存款账户开户银行以外的银行等金融机构开立的银行结算账户。一般存款账户不得办理现金支取。

3. 临时存款账户

临时存款账户是企业因临时经营活动需要开立的账户。临时存款账户主要用于临时经营活动发生的资金收付。该账户按规定可以支取现金，最长不得超过两年。

4. 专用存款账户

专用存款账户是企业对特定用途的资金，由企业向开户行出具相应证明而开设的账户。如企业的社保基金账户、住房公积金账户都属于该类账户。

如果商品流通企业有外币业务往来，那么企业的现金和银行存款中，就可能包括外币。外币业务主要涉及货币兑换业务。

外币业务，是指企业以记账本位币以外的货币进行款项收付、往来结算和计价的经济业务。记账本位币是指企业所处的主要经济环境中的货币。商品流通企业的外币业务主要包括外币兑换、外币购销、外币借贷、接受外币投资四种。企业发生的外币业务，涉及人民币和其他币种之间的折算。

商品流通企业发生外币业务，登记外币金额，同时折算为记账本位币来登记外币账户。外币业务发生时的外币交易，在初始确认时，采用交易发生时的即期汇率，或者采用系统合理的方法确定的、和交易发生日即期汇率近似的汇率，将外币金额折算为记账本位币金额。

即期汇率，是指当日央行公布的人民币外汇牌价的中间价。商品流通企业发生的外币兑换业务或涉及外币兑换的交易事项，以交易实际采用的汇率，即银行买入价或卖出价折算。即期汇率近似汇率是“按照系统合理的方法确定的、和交易发生日即期汇率近似的汇率”，通常是指当期平均汇率或加权平均汇率等。通常情况下，商品流通企业采用即期汇率进行折算。汇率波动不大的，也可以采用即期汇率近似汇率折算。

买入价是指银行买入其他货币的价格，卖出价是指银行出售其他货币的价格，中间价是指银行买入价和卖出价的平均价。银行的卖出价一般高于买入价，以获取其中的差价。

汇兑损益的会计处理。汇兑损益，是指发生的外币业务折合为记账本位币时，由于发生的时间不同、采用的汇率不同而产生的记账本位币差额。或者是不同货币兑换，由于两种货币采用的汇率不同而产生的折合为记账本位币的差额。

在资产负债表日，商品流通企业分别计算各外币账户的外币和记账本位币的期末余额，再将外币期末余额按照货币性项目和非货币性项目进行相应的会计处理。

（1）货币性项目。货币性项目是指商品流通企业持有的货币资金和将以固定或可确定的金额收取的资产或者偿付的负债。货币性项目分为货币性资产和货币性负债。货币性资产包括库存现金、银行存款、应收账款、其他应收款、长期应收款等；货币性负债包括应付账款、其他应付款、长期应付款等。

对于货币性项目，采用资产负债表日的即期汇率折算，因汇率波动而产生的汇兑差额作为财务费用，计入当期损益，同时调增或调减外币货币性项目的记账本位币金额。

（2）非货币性项目。非货币性项目是指货币性项目以外的项目，包括存货、长期股权投资、固定资产、无形资产、实收资本、资本公积等。

①对于以历史成本计量的非货币性项目，除其外币价值发生变动外，已在交易发生日按当日即期汇率折算，资产负债表日不改变其原记账本位币金额，不产生汇兑差额。②以公允价值计量的非货币性项目，如交易性金融资产，采用公允价值确定日的即期汇率折算，折算后的记账本位币金额和原记账本位币金额的差额，作为公允价值变动，计入当期损益。

（3）外币投入资本不产生汇兑差额。外币投入资本属于外币非货币性项目，商品流通企业收到投资者以外币投入的资本，采用交易日即期汇率折算，不再采用合同约定汇率折算。外币投入资本和相应的货币性项目的记账本位币金额之间不产生外币资本折算差额。

（三）其他货币资金

其他货币资金是指企业除库存现金、银行存款以外的各项货币资金，主要包括银行汇票存款、银行本票存款、信用卡存款、信用证保证金存款、存出投资款、外埠存款。

1. 银行汇票存款

银行汇票是指由银行签发的，承诺自己在见票时按照实际结算金额无条件支付给收款人或者持票人的票据。银行汇票的出票银行为银行汇票的付款人。单位和个人各种款项的结算，均可使用银行汇票。银行汇票可以用于转账，填明“现金”字样的银行汇票也可以用于支取现金。

2. 银行本票存款

银行本票是指由银行签发的，承诺自己在见票时无条件支付确定的金额给收款人或持票人的票据。单位和个人在同一票据交换区域需要支付的各种款项，均可使用银行本票。银行本票可以用于转账，注明“现金”字样的银行本票可以用于支取现金。

3. 信用卡存款

信用卡存款是指企业为取得信用卡而存入银行信用卡专户的款项。信用卡是银行卡的一种。信用卡按使用对象分为单位卡和个人卡；按信用等级分为金卡和普通卡；按是否向发卡银行交存备用金分为贷记卡和准贷记卡。

4. 信用证保证金存款

信用证保证金存款是指采用信用证结算方式的企业为开具信用证而存入银行信用证保证金专户的款项。企业向银行申请开立信用证，应按规定向银行提交开证申请书、信用证申请人承诺书和购销合同。

5. 存出投资款

存出投资款是指企业已存入证券公司用于购买各种有价证券的货币资金，通常用于企业通过证券公司在二级市场购入的股票、债券、基金等投资。

6. 外埠存款

外埠存款是指企业为了到外地进行临时或零星采购，而汇往采购地银行开立采购专户的款项。该账户的存款不计利息、只付不收、付完清户，除了采购人员可从中提取少量现金外，一律采用转账结算。

二、商业企业债权

债权是指企业有应收款项的权利或取得某项资产的权利，主要体现为应收款项。应收款项主要包括应收账款、应收票据、预付款项、长期应收款、应收股利、应收利息、其他应收款等。

1. 应收账款

应收账款是指企业因销售商品、提供劳务等经营活动应收取的款项。可以通过以下三个方面理解：一是应收账款是企业因销售活动引起的债权；二是应收账款是指流动资产性质的债权，不包括长期性质的债权；三是应收账款是企业应收客户的款项，不包括企业付出的各类存出保证金，如投标保证金和租入包装物保证金。

2. 应收票据

应收票据是指企业因销售商品、产品、提供劳务等而收到商业汇票。商业汇票按其承兑人不同，分为商业承兑汇票和银行承兑汇票两种；商业汇票按其是否计息可分为不带息商业汇票和带息商业汇票两种。不带息商业汇票其票据到期值等于面值。带息商业汇票的到期值等于其面值加上到期应计利息。在我国，一般使用的商业汇票是不带息商业汇票。

3. 预付款项

预付账款是指企业按照购货合同或协议的规定预付给供应单位的款项。

按照权责发生制原则，预付账款虽然款项已经付出，但对方的义务尚未尽到，要求对方履行义务仍是企业的权利，因此，预付账款和应收账款一样，都是企业的短期债权。但是，两者又有所区别。应收账款是企业销货引起的，是应向购货方收取的款项；而预付账款是企业购货引起的，是预先付给供货方的款项。

4. 应收股利

应收股利是指企业因股权投资而应收取的现金股利以及应收其他单位的利润。应收股利包括企业股票实际支付的款项中所包括的已宣告发放但尚未领取的现金股利和企业对外投资应分得的现金股利或利润等，但不包括应收的股票股利。

5. 应收利息

应收利息是指企业因债券投资或贷款而应收取的利息。包括债券的价款中已到付息期但尚未领取的债券利息，和分期付息到期还本的债券或贷款在持有期间产生的利息。不包括企业到期一次还本付息的债券或贷款应收取的利息。

6. 其他应收款

其他应收款是企业除应收票据、应收账款和预付账款等经营活动以外的其他各种应收、暂付款项。通过其他应收款核算的项目主要包括以下几项。

（1）应收的各种赔款、罚款；

（2）应收出租包装物的租金；

（3）应向职工收取的各种垫付款项；

（4）备用金（向企业各职能部门等拨付的备用金）；

（5）存出的保证金，如租入包装物支付的押金；

（6）其他各种的应收、暂付款项。不包括企业拨出用于投资、购买物资的各种款项。

7. 长期应收款

因销售商品、提供劳务等，采用递延方式收取合同或协议价款，实质上具有融资性质的，在“长期应收款”账户进行会计处理。

第二节 商业企业货币资金的核算

商业企业的货币资金的核算，主要包括经营活动中涉及的库存现金、银行存款和其他货币资金。

一、库存现金的核算

为了核算库存现金的收入、支出和余额情况，商业企业应设置“库存现金”科目。该科目属于资产类，借方登记库存现金的增加，贷方登记库存现金的减少，期末余额在借方，表示持有库存现金的余额。

（一）库存现金的核算

1. 从银行提取现金时的会计分录

借：库存现金（根据支票存根所记载的金额）

　　贷：银行存款

将现金存入银行时的会计分录：

借：银行存款（根据从银行取回的进账单）

　　贷：库存现金

2. 因支付职工预借的现金的会计分录

借：其他应收款

　　贷：库存现金

收到职工偿还现金时的会计分录：

借：库存现金

　　销售费用

　　管理费用等

　　贷：其他应收款

3. 因非日常非经营性等其他原因收到的现金的会计分录

借：库存现金

　　贷：营业外收入等

4. 因非日常非经营性等其他原因支付现金的会计分录

借：营业外支出等

　　贷：库存现金

【例题 2-1】202 × 年 1 月 5 日，桂海商业有限公司签发一张现金支票提取现金 6 000 元备用。

提取现金会计分录：

借：库存现金　　6 000

　　贷：银行存款　　6 000

【例题 2-2】202 × 年 1 月 10 日，桂海商业有限公司财务主管王晴云预借差旅费 3 000 元，以现金支付。

预借差旅费时的会计分录：

借：其他应收款——王晴云　　3 000

　　贷：库存现金　　3 000

【例题 2-3】202 × 年 1 月 12 日，桂海商业有限公司以现金支付上月职工工资 35 000 元。

支付职工工资时的会计分录：

借：应付职工薪酬　　35 000

　　贷：库存现金　　35 000

【例题 2-4】202 × 年 1 月 13 日，桂海商业有限公司职工王川报购买办公用品费用共计900元，以现金支付。

支付购买办公用品款时的会计分录：

借：管理费用　　900

　　贷：库存现金　　900

【例题2-5】 202×年1月15日，桂海商业有限公司向贫困户韦大爷捐款9 000元，以现金支付。

捐款时的会计分录：

借：营业外支出　　9 000

　　贷：库存现金　　9 000

（二）库存现金的清查

为了保证库存现金的安全完整，商业企业应当定期或不定期地对库存现金进行清查。在实务中，对库存现金的清查一般由清查人员和出纳人员共同清查并在库存现金盘存表签名或盖章。对于清查的结果应当编制库存现金盘点报告表，交给领导审批。库存现金清查目的主要包括检查账实是否相符、是否有挪用现金、是否有白条抵库、是否有私借公款等情况；在清查中，如果存在账款不符，有待查明原因的现金短缺或溢余，应先通过“待处理财产损溢”科目核算。

如果是现金短缺，应由责任人赔偿或保险公司赔偿的部分，记入“其他应收款”科目；无法查明原因的部分，记入“管理费用”科目。

如果是现金溢余，应偿还给有关人员或单位的，记入“其他应付款”科目；无法查明原因的部分，记入“营业外收入”科目。

1. 库存现金盘亏时的会计分录

审批前

借：待处理财产损溢——待处理流动资产损溢

　　贷：库存现金

审批后

借：其他应收款——××（由责任人赔偿的金额）

　　管理费用（无法查明原因的金额）

　　贷：待处理财产损溢——待处理流动资产损溢

2. 库存现金盘盈时的会计分录

审批前

借：库存现金

　　贷：待处理财产损溢——待处理流动资产损溢

审批后

借：待处理财产损溢——待处理流动资产

　　贷：其他应付款

　　　　营业外收入

【例题 2-6】202 × 年 6 月 30 日，桂海商业有限公司在对库存现金进行清查时发现盘亏 500 元。

盘亏现金时的会计分录：

借：待处理财产损溢——待处理流动资产损溢　　500

　　贷：库存现金　　500

【例题 2-7】承【例题 2-6】上述库存现金盘亏无法查明原因，按规定转入“管理费用”科目。

审批后的会计分录：

借：管理费用　　500

　　贷：待处理财产损溢——待处理流动资产损溢　　500

【例题 2-8】桂海商业有限公司 202 × 年 8 月 31 日，在对现金进行清查时，发生溢余 1 000元。

盘盈现金时的会计分录：

借：库存现金　　1 000

　　贷：待处理财产损溢——待处理流动资产损溢　　1 000

【例题 2-9】承【例题 2-8】库存现金溢余原因不明，经批准计入营业外收入。

审批后的会计分录：

借：待处理财产损溢——待处理流动资产损溢　　1 000

　　贷：营业外收入——盘盈利得　　1 000

二、银行存款的核算

为了核算银行存款的增加、减少和结存情况，商业企业应设置“银行存款”科目。该科目属于资产类，借方登记银行存款的增加，贷方登记银行存款的减少，期末余额在借方，表示持有银行存款的余额。

（一）银行存款的业务处理

1. 从银行提取现金时的会计分录

借：库存现金

　　贷：银行存款（据支票存根记载的提取金额）

2. 将现金存入银行时的会计分录

借：银行存款（据银行退回的进账单）

　　贷：库存现金

3. 支付前欠供应商款项时的会计分录

借：应付账款

　　应付票据

　　贷：银行存款（按支出凭证记载的金额）

4. 收到客户偿还的货款时的会计分录

借：银行存款（按实际收回金额）

贷：应收账款

应收票据

【例题 2-10】202 × 年 1 月 3 日，桂海商业有限公司签发一张现金支票提取现金 18 000 元备用。

提取备用金时的会计分录：

借：库存现金　　18 000

贷：银行存款　　18 000

【例题 2-11】202 × 年 8 月 10 日，桂海商业有限公司签发转账支票支付上月欠供应商的货款，金额为 11 300 元。

支付货款时的会计分录：

借：应付账款　　11 300

贷：银行存款　　11 300

【例题 2-12】202 × 年 7 月 11 日，桂海商业有限公司以银行存款支付商品展览费，金额为 9 000 元，不考虑相关税费。

支付商品展览费时的会计分录：

借：销售费用　　9 000

贷：银行存款　　9 000

（二）银行存款的对账

为了保证银行存款的安全完整，商业企业应当定期或不定期与银行对账。对账的结果如果相符，说明银行存款账务处理一般没有错误；对账的结果如果不相符，说明存在错账或未达账项，应当进一步查找原因。

所谓未达账项，是指银行与企业之间，由于凭证传递上存在时间差，导致一方已登记入账，而另一方尚未登记入账的情况。银行存款的未达账项具体包括四种情况。

（1）银行已收、企业未收；

（2）银行已付、企业未付；

（3）企业已收、银行未收；

（4）企业已付、银行未付。

对于未达账项，企业应该通过编制“银行存款余额调节表”进行调节。调节后，若无记账差错，双方调整后的余额相等；调节后，双方余额如果仍不相符，说明记账有差错，需进一步查找原因，找出错误并更正。

调节后的银行存款余额，表示企业实际的存款余额。需要注意的是，银行存款余额调节表是用来核对企业和银行的记账有无错误，不能作为记账的依据。对于未达账项，无须进行账面调整，待结算凭证收到后再进行账务处理。

【例题 2-13】桂海商业有限公司 202 × 年 8 月 31 日银行存款日记账的余额为 54 000 元，银行转来对账单的余额为 83 000 元。经过核对，属于未达账项导致的差异，具体有以下四个方面。

(1) 桂海商业有限公司送存转账支票 60 000 元，并已登记银行存款增加，但银行尚未记账；

(2) 桂海商业有限公司开出转账支票 45 000 元，但持票单位尚未到银行办理转账，银行尚未记账；

(3) 桂海商业有限公司委托银行代收某公司购货款 48 000 元，银行已收妥并登记入账，但企业尚未收到收款通知，尚未记账；

(4) 银行代企业支付水电费 4 000 元，银行已登记企业银行存款减少，但桂海商业有限公司未收到银行付款通知，尚未记账。

编制银行存款调节表如表 2-1 所示。

表 2-1 银行存款余额调节表

单位：元

项目	金额	项目	金额
企业银行存款日记账余额	54 000	银行对账单余额	83 000
加：银行已收企业未收的款项合计	48 000	加：企业已收银行未收的款项合计	60 000
减：银行已付企业未付的款项合计	4 000	减：企业已付银行未付的款项合计	45 000
调节后余额	98 000	调节后余额	98 000

（三）外币业务的实务处理

1. 外币兑换业务

外币兑换业务，是指企业从银行购入外汇和向银行卖出外汇。商品流通企业购入外汇时，一般采用银行当日挂牌卖出价兑换，记入外汇账户时，按照当日的市场利率中间价折合为记账本位币。同时，兑换所支付的人民币，按照银行的挂牌卖出价折合记账，两者产生的差额，记入“财务费用——汇兑损益”账户。

【例题 2-14】 凯悦公司以 10 000 美元向银行兑换人民币，当日银行美元买入价为 1∶6.24，当日市场汇率中间价为 1∶6.26。

借：银行存款——人民币户　　62 400

　　财务费用——汇兑损益　　200

　　贷：银行存款——美元户（10 000）　　62 600

2. 外币购销业务和外币借款业务

商品流通企业以外币进行款项收付、往来结算时，按照兑换日的市场汇率中间价折合为记账本位币。商品流通企业借入外汇时，按规定的汇率折合为记账本位币，和借入的外币金额同时登记“短期借款”等外币账户。偿还外币借款时，如果根据规定企业保有现汇而以外币银行存款归还借款，则仍按照规定的汇率折合为记账本位币，登记有关外币账户，产生的汇兑损益计入财务费用。如果按规定企业不得保有现汇，不允许设置现汇外币账户，则先做购汇或换汇处理，并反映其汇兑损益。

【例题 2-15】 顺达公司是一家商品流通企业，该公司的账户本位币为人民币，对外币交易采用发生时的汇率进行折算，按月计算汇兑损益。202 × 年 11 月 30 日的即期汇率为 1 美元=6.40 元人民币。11 月末有关账户余额如表 2-2 所示。

表 2-2　顺达公司 202 × 年 11 月末有关账户余额表

项目	外币账户余额（美元）	当日即期汇率	折算为人民币金额（元）
银行存款	5 000	6.40	32 000
短期借款	50 000	6.40	320 000
应付账款	100 000	6.40	640 000

顺达公司 12 月发生以下外币业务（不考虑增值税等相关税费）。

（1）11 日，从国外瑞旺客户进口原材料一批，共计 50 000 美元，货款尚未支付。当日的即期汇率为 1 美元=6.38 元人民币。

（2）21 日，从银行借入短期外币借款 25 000 美元。当日的即期汇率为 1 美元=6.36 元人民币。

（3）26 日，偿还上月欠国外客户的货款 10 000 美元。当日的即期汇率为 1 美元=6.33 元人民币。

本月末，市场汇率为 1 美元=6.30 元人民币。

上述业务的会计处理如下。

（1）借：原材料　　319 000
　　贷：应付账款——瑞旺美元户　　319 000（50 000 × 6.38）

（2）借：银行存款——美元户　　159 000
　　贷：短期借款——美元户　　159 000（25 000 × 6.36）

（3）借：应付账款——瑞旺美元户　　63 300
　　贷：银行存款——美元户　　63 300（10 000 × 6.33）

12 月末，汇兑损益计算如下。

（1）银行存款账户汇兑损益=（5 000+25 000-10 000）× 6.30-（32 000+159 000-63 300）=-1 700（元）

（2）短期借款账户汇兑损益=（50 000+25 000）× 6.30-（320 000+159 000）=-6 500（元）

（3）应付账款账户汇兑损益=（100 000+50 000-10 000）× 6.30-（640 000+319 000-63 300）=-13 700（元）

期末，汇兑损益的会计处理如下。

借：短期借款——瑞旺美元户　　6 500
　　应付账款——瑞旺美元户　　13 700
　贷：银行存款——美元户　　1 700
　　　财务费用——汇兑损益　　18 500

12 月末，有关账户余额如表 2-3 所示。

表 2-3 顺达公司 202×年 12 月末有关账户余额表

项目	外币账户余额（美元）	当日即期汇率	折算为人民币金额（元）
银行存款	2 000	6.30	126 000
短期借款	75 000	6.30	472 500
应付账款	140 000	6.30	882 000

3. 接受外币投资

接受外币投资，借记相关资产账户，贷记“实收资本（或股本）”账户。外币投入资本属于外币非货币性项目，按照交易日即期汇率折算。外币投入资本和相应的货币性项目的记账本位币金额之间不产生外币资本折算差额。

【例题 2-16】美灵达公司是一家外商公司，投资桂星公司，合同规定美灵达公司分次投入外币资本，投资合同中没有约定资本折合汇率。桂星公司第一次收到 1 000 万美元，当日市场汇率为 1∶6.32；第二次收到 800 万美元，当日市场汇率为 1∶6.34。

（1）第一次收到外币投资时：

借：银行存款——美元户（10 000 000）　　63 200 000

　　贷：实收资本——美灵达公司　　63 200 000

（2）第二次收到外币投资时：

借：银行存款——美元户（8 000 000）　　50 720 000

　　贷：实收资本——美灵达公司　　50 720 000

根据《小企业会计准则》的规定，商品流通小企业的外币交易一般采用即期汇率折算外币，在编制报表时，资产负债表、利润表和现金流量表也是按照即期汇率折算的。在进行外币折算时，可能会发生汇兑损益。对于汇兑收益，记入“营业外收入”账户；对于汇兑损失，记入“财务费用”账户。

三、其他货币资金的核算

为了核算除了库存现金、银行存款以外的货币资金，商业企业应设置“其他货币资金”科目。该科目属于资产类，借方登记增加，贷方登记减少，期末余额在借方，表示持有其他货币资金的余额。其他货币资金一般设置外埠存款、银行汇票存款、银行本票存款、信用卡存款、信用证保证金、存出投资款等进行明细科目进行核算。

其他货币资金的业务处理主要包括以下几个方面。

（一）银行汇票存款

银行汇票存款的业务处理一般包括申请银行汇票、消费结账、退回剩余款和收到银行汇票结算四个部分。

1. 填写“银行汇票申请书”将款项交存银行时的会计分录

借：其他货币资金——银行汇票

　　贷：银行存款

2. 持银行汇票购货收到有关发票账单时的会计分录

借：库存商品

　　应交税费——应交增值税（进项税额）（增值税能抵扣的金额）

　　贷：其他货币资金——银行汇票

3. 采购完毕收回剩余款项时的会计分录

借：银行存款

　　贷：其他货币资金——银行汇票

4. 收到银行汇票、填制进账单到开户银行办理款项入账手续时的会计分录

借：银行存款（根据进账单及销货发票等）

　　贷：主营业务收入

　　　　其他业务收入

　　　　应交税费——应交增值税（销项税额）

【例题 2-17】桂海商业有限公司为增值税一般纳税人，202×年8月10日向银行申请办理银行汇票，将款项300 000元交存银行转作银行汇票存款。

申请银行汇票时的会计分录：

	借方	贷方
借：其他货币资金——银行汇票	300 000	
贷：银行存款		300 000

桂海商业有限公司购入一批商品，取得的增值税专用发票上注明的价款为200 000元，增值税税额为26 000元，已用银行汇票办理结算，多余款项74 000元退回开户银行，企业已收到开户银行转来的多余款收账通知。

用银行汇票购商品时的会计分录：

	借方	贷方
借：库存商品	200 000	
应交税费——应交增值税（进项税额）	26 000	
贷：其他货币资金——银行汇票		226 000

剩余款项退回开户银行时的会计分录：

	借方	贷方
借：银行存款	74 000	
贷：其他货币资金——银行汇票		74 000

（二）银行本票存款

银行本票存款的业务处理一般包括申请银行本票、消费结账和收到银行本票结算三个部分。

1. 填写“银行本票申请书”将款项交存银行时的会计分录

借：其他货币资金——银行本票

　　贷：银行存款

2. 持银行本票购货收到有关发票账单时的会计分录

借：库存商品

　　应交税费——应交增值税（进项税额）（增值税能抵扣的金额）

贷：其他货币资金——银行本票

3. 收到银行本票、填制进账单到开户银行办理款项入账手续时的会计分录

借：银行存款（根据进账单及销货发票等）

贷：主营业务收入

其他业务收入

应交税费——应交增值税（销项税额）

【例题 2-18】桂海商业有限公司为取得银行本票，202×年6月10日向银行填交“银行本票申请书”，并将16 000元银行存款转作银行本票存款。

申请银行本票时的会计分录：

借：其他货币资金——银行本票　　16 000

贷：银行存款　　16 000

桂海商业有限公司用银行本票购买办公用品16 000元，取得增值税普通发票。购买办公用品时的会计分录：

借：管理费用——办公用品　　16 000

贷：其他货币资金——银行本票　　16 000

（三）信用卡存款

信用卡存款的业务处理一般包括申请信用卡、消费结账和销卡退回剩余款三个部分。企业应填制“信用卡申请表”，连同支票和有关资料一并送存发卡银行。

1. 申请信用卡或续存资金时的会计分录

借：其他货币资金——信用卡

贷：银行存款

2. 购物或支付有关费用时的会计分录

借：管理费用

销售费用等

应交税费——应交增值税（进项税额）

贷：其他货币资金——信用卡（据收到银行转来的信用卡存款的付款凭证）

3. 商业企业的持卡人如不需要继续使用信用卡，应持信用卡主动到发卡银行办理销户，销卡时，单位卡科目余额转入商业企业的基本存款户，不得提取现金。注销信用卡时的会计分录

借：银行存款

贷：其他货币资金——信用卡

【例题 2-19】桂海商业有限公司于202×年5月5日向银行申请信用卡，向银行交存60 000元，5月10日，该公司用信用卡向某饭店支付招待费12 000元，取得增值税普通发票。

申请信用卡时的会计分录：

借：其他货币资金——信用卡　　60 000

贷：银行存款　　60 000

用信用卡付款时的会计分录：

借：管理费用——招待费　　12 000

　　贷：其他货币资金——信用卡　　12 000

（四）信用证保证金存款

信用证保证金存款的业务处理一般包括申请信用证保证金、消费结账和撤销保证金退回剩余款三个部分。

1. 企业填写“信用证申请书”，将信用证保证金交存银行时的会计分录

借：其他货币资金——信用证保证金（据银行盖章退回的“信用证申请书”回单）

　　贷：银行存款

2. 企业接到开证行付款通知时的会计分录

借：库存商品

　　应交税费——应交增值税（进项税额）（增值税能抵扣的金额）

　　贷：其他货币资金——信用证保证金（根据供货单位信用证结算凭证）

3. 将未用完的信用证保证金存款余额转回开户银行时的会计分录

借：银行存款

　　贷：其他货币资金——信用证保证金

【例题 2-20】 桂海商业有限公司于 202× 年 6 月 1 日向银行交存 700 000 元申请信用证，用来做国际结算。

申请信用证保证金时的会计分录：

借：其他货币资金——信用证保证金　　700 000

　　贷：银行存款　　700 000

6 月 10 日，桂海商业有限公司收到银行转来的境外销货单位信用证结算凭证以及所附发票账单、海关进口增值税专用缴款书等有关凭证，商品价款 600 000 元，增值税税额为 78 000元，商品已验收入库。

用信用证保证金结算时的会计分录：

借：库存商品　　600 000

　　应交税费——应交增值税（进项税额）　　78 000

　　贷：其他货币资金——信用证保证金　　678 000

桂海商业有限公司收到银行收款通知，对该境外销货单位开出的信用证余款 22 000 元已经转回银行账户。退回信用证款项时的会计分录：

借：银行存款　　22 000

　　贷：其他货币资金——信用证保证金　　22 000

（五）存出投资款

存出投资款的业务处理一般包括划拨款项、投资结账和转回剩余款三个部分。

1. 向证券公司划出资金时的会计分录

借：其他货币资金——存出投资款

贷：银行存款

2. 购买股票、债券等时的会计分录

借：交易性金融资产投资收益

应交税费——应交增值税（进项税额）

贷：其他货币资金——存出投资款

3. 投资结束将投资款转回银行账户时的会计分录

借：银行存款

贷：其他货币资金——存出投资款

（六）外埠存款

外埠存款的业务处理一般包括异地汇款开户、消费结账、销户退回款项三个部分。

1. 将款项汇往外地开立采购专用账户时的会计分录

借：其他货币资金——外埠存款（根据汇出款项凭证）

贷：银行存款

2. 收到采购人员转来供应单位发票账单等报销凭证时的会计分录

借：库存商品

应交税费——应交增值税（进项税额）（增值税能抵扣的金额）

贷：其他货币资金——外埠存款

3. 采购完毕收回剩余款项时的会计分录

借：银行存款

贷：其他货币资金——外埠存款

【例题 2-21】 桂海商业有限公司派采购员到异地采购商品，202×年8月10日，公司委托开户银行汇款100 000元到采购地设立采购临时专户。

将款项汇到采购专户时的会计分录：

借：其他货币资金——外埠存款　　100 000

贷：银行存款　　100 000

8月20日，采购员交来从采购专户付款购入商品的有关凭证，增值税专用发票上的原商品价款为80 000元，增值税税额为10 400元。

支付商品款时的会计分录：

借：库存商品　　80 000

应交税费——应交增值税（进项税额）　　10 400

贷：其他货币资金——外埠存款　　90 400

8月25日，收到开户银行的收款通知，该采购专户中的结余款项已经转回。退回多余款项时的会计分录：

借：银行存款　　9 600

贷：其他货币资金——外埠存款　　9 600

四、商品流通企业货币资金内部控制

货币资金收付业务是商品流通企业发生最频繁，也是最易发生错弊的经济业务。因此，必须加强对货币资金的管理，建立和健全货币资金内部控制制度。在实际工作中，商品流通企业货币资金内部控制存在诸多问题。

一是货币资金的筹集、使用不经济，持有量缺乏合理预算。货币资金是变现能力最强的资产，可以用来满足生产经营开支各种需要，也是还本付息和履行纳税义务的保障。因此，筹集和拥有足够的货币资金对于降低企业的风险，增强企业资产的流动性和债务的可清偿性有着重要的意义。但是，货币资金属于非营利性资产，即使银行存款，其利率也非常低。货币资金持有量过多，它所提供的流动性边际效益便会随之下降，进而导致企业的收益水平降低。

二是制度不严，无章可循。有些企业不遵守账、款分管的原则，单位领导、会计人员随意经手现金，且长期不和出纳员结算。出纳员对现金收支情况不明，因而常出现差错。有的企业为了逃避上级或有关部门的审计、检查、监督，采取隐瞒收入的手段，私设“小金库”，搞“账外账”，这样，不仅会造成“账内”资金和“账外”资金相互交错，而且由于这部分资金在收支上存在的不合理性和不合法性，加上长期缺乏正常监管，因此，常常出现乱批、乱支、乱花现象，这也是导致货币资金出现差错的重要原因。

三是手续不全，疏于防范。有的出纳员填写支票、收据等不规范，有的借款无借据或领款不签字、不盖章，时间一长，借款人、领款人遗忘，或有意赖账，或意外身亡，事后清查账务，出纳员又找不出对方借款、领款的其他证据。有的对现金、支票、存折、印鉴等保管不善，一旦遗失或被盗，就会酿成祸患。

四是银行存款余额调节表中暗藏玄机。银行对账单是由开户银行出具的存款方截止日银行存款的收支结存状况的资料。银行对账单来源于企业外部的开户银行，其可靠性和证明力较高。但随着科技的发展，各种造假的手法层出不穷，使用假银行对账单或者编制虚假银行存款余额调节表来应付审计、掩盖违法违纪的问题也时有发生：隐瞒销售，偷漏税款；套取现金，设立小金库；出借银行账户；公款私存。

货币资金内部控制中存在的问题很多，而任何经济业务的发生都离不开货币资金。针对货币资金内部控制存在的问题，企业可以采取的对策主要有：

（1）单位领导重视、提高财会人员素质。领导重视是严格有效执行内控制度的保证。内部控制能否落到实处，最重要的在于企业领导层能否统一思想、力排干扰、敢于碰硬。企业领导层要重视会计核算和会计监督工作，在经营管理的一切过程和环节中，都坚持和督促照章办事，例如，明确财务负责人参与企业的重大决策，参加党政联席会议和行政领导办公会议。

（2）加强货币资金的预算、筹集与使用管理。企业必须合理确定货币资金持有量，使货币资金不但在数量上，而且在时间上相互衔接，以便在保证企业经营活动所需资金的同时，尽量减少企业闲置的资金数量，提高资金收益率。为此，企业应在合理分析并预测实际经营需要的基础上，以日常业务预算和特种决策预算为基础，编制反映货币资金收支结存情况的预算，经审批后严格控制执行。企业在生产经营过程中，需要综合考虑筹资规模、筹资结构、筹资时间、筹资方式、资金成本等因素，筹集多种不同的资金，以满足企业经营的需要。

(3) 健全制度、按章办事。严格执行账、款分管制度，出纳员不登记会计记录，尤其是不得接触销售收入账目、往来账目、坏账核销等相关会计业务；非出纳人员一律不得经手现金。建立健全现金收支和票证管理制度，现金收取使用统一规定的收款凭证，并及时全额入账，严禁收入不上账或截留收入，私设“小金库”。现金开支要由分管财务的领导审批，严禁坐支、挪用、公款私存，库存现金不得超过规定限额。

(4) 规范操作、杜绝漏洞。填写支票、收据等要认真，做到字迹清晰，数码规范，大写前不留空，小写前注明“￥”，避免给人以可乘之机。编制记账凭证，要按原始单据的自然张数填写附件张数，并用胶水粘牢，以防脱落和避免原始单据被抽掉销毁、嫁祸于人。

(5) 加强内部审计。在货币资金内部监督过程中，企业要注重发挥内部审计的作用。内部审计是在组织内部对相关人员、各种经营活动与控制系统的独立评价，以确定相关人员的行为是否合法、合规，既定的政策是否得以贯彻，企业的经营目标是否达到。在企业各个层级人员中，内部审计人员占据极其重要而又特殊的地位。内部审计既是企业内部控制的一部分，也是监督内部控制其他环节的主要力量。

第三节　商业企业债权的核算

债权的核算主要包括应收票据、应收账款、预付账款、其他应收款、长期应收款等项目的核算。

一、应收票据的核算

为了核算因销售商品等而收到的商业汇票，商业企业应设置“应收票据”科目。该科目属资产类，借方登记应收票据的增加，贷方登记应收票据的减少，期末余额在借方，表示持有尚未到期的应收票据的余额。

商业企业应收票据的业务处理一般包括收到应收票据、票据贴现、背书转让、票据到期收回款项四个部分。

（一）收到商业汇票的业务处理

收到商业汇票时的会计分录：

借：应收票据（按商业汇票的票面金额）

　　贷：主营业务收入（按不含税的销售价款）

　　　　其他业务收入

　　　　应交税费——应交增值税（销项税额）

【例题 2-22】 桂海商业有限公司 202×年 6 月 1 日向 F 公司销售 M 商品一批，货款为

100 000 元，增值税销项税额为 13 000 元，同日收到 F 公司签发并承兑的期限为 3 个月，面值为 113 000 元的不带息商业承兑汇票一张。

收到商业汇票时的会计分录：

借：应收票据——F 公司　　113 000

　　贷：主营业务收入　　100 000

　　　　应交税费——应交增值税（销项税额）　　13 000

（二）商业汇票贴现的业务处理

1. 商业汇票贴现的计算

贴现是指企业以未到期票据向银行等金融机构融通资金，银行等金融机构按票据的应收金额扣除一定期间的利息后的余额支付给企业的融资行为。持有汇票的收款人将未到期的商业汇票交给银行，银行将票面金额扣除贴现日至汇票到期前一日的利息以后的款项支付给持票人。实收贴现金额计算公式如下：

贴现利息 = 汇票到期值 × 年贴现利率 × 实际贴现天数/360 天

实收贴现金额 = 汇票到期值 - 贴现利息

2. 商业汇票贴现的业务处理

持未到期的应收票据向银行贴现时的会计分录：

借：银行存款（按实际收到的金额，即减去贴现息后的净额）

　　财务费用（贴现息）

　　贷：应收票据

【例题 2-23】 桂海商业有限公司 202 × 年 3 月 30 日售给 F 公司一批 W 商品，不含税价款为 1 000 000 元，适用增值税税率为 13%。F 公司交来一张出票日为 4 月 1 日、面值 113 000元、期限为 3 个月的商业承兑汇票。该企业 5 月 1 日持票据到银行贴现，贴现率为 12% ，不考虑其他因素。

4 月 1 日收到票据时的会计分录：

借：应收票据　　113 000

　　贷：主营营业收入　　1 000 000

　　　　应交税费——应交增值税（销项税额）　　13 000

5 月 1 日到银行贴现时的会计分录：

票贴现息 = 113 000 × 12% × 2/12 = 2 260（元）

贴现额 = 113 000 - 2 260 = 110 740（元）

借：银行存款　　110 740

　　财务费用　　2 260

　　贷：应收票据　　113 000

3. 商业汇票贴现后的业务处理

已贴现的商业承兑汇票到期，因承兑人的银行存款账户余额不足，申请贴现的商业企业收到银行退回商业承兑汇票时（带追索权），按商业汇票的票面金额入账。

退回贴现款时的会计分录：

借：应收账款

　　贷：银行存款

如果申请贴现的商业企业银行存款账户余额不足，银行作逾期贷款处理。应按商业汇票的票面金额入账。

无力退回贴现款时的会计分录：

借：应收账款

　　贷：短期借款

【例题 2-24】 承接【例题 2-21】假设到 7 月 7 日，桂海商业有限公司已办理贴现的应收票据到期，若 F 公司无力向贴现银行支付商业汇票款。

退回贴现款时的会计分录：

	借方	贷方
借：应收账款——F 公司	113 000	
贷：银行存款		113 000

若桂海商业有限公司银行存款账户余额不足。无力退回贴现款时的会计分录：

	借方	贷方
借：应收账款——F 公司	113 000	
贷：短期借款		113 000

（三）商业汇票背书转让的业务处理

商业企业可以将持有尚未到期的商业汇票背书转让。背书转让时的会计分录：

借：库存商品等

　　应交税费——应交增值税（进项税额）

　　银行存款（借方差额）

　　贷：应收票据（按商业汇票的票面金额）

　　　　银行存款（贷方差额）

（四）商业汇票到期的业务处理

应收的商业汇票到期，商业企业应按以下情况分别处理。

1. 商业汇票到期收回款项时的会计分录

借：银行存款

　　贷：应收票据

2. 因付款人无力支付票款，收到银行退回的商业承兑汇票，按应收票据的票面金额入账

票据到期收不到款项时的会计分录：

借：应收账款

　　贷：应收票据

二、应收账款的核算

为了核算销售商品等应收但尚未收回的款项，商业企业应设置“应收账款”科目。该科目属于资产类，借方登记应收账款的增加，贷方登记应收账款的减少，期末余额一般在借方，表示尚未收回的应收账款；如果期末余额在贷方，表示预收的账款。

商业企业应收账款的业务处理一般包括确认应收账款、收回应收账款、应收账款的融通、计提坏账准备等。

1. 确认收入时的会计分录

借：应收账款（按照应收的金额）
　　贷：主营业务收入
　　　　其他业务收入
　　　　应交税费——应交增值税（销项税额）

2. 收回应收账款时的会计分录

借：银行存款
　　财务费用（涉及现金折扣的金额）
　　贷：应收账款

注意：销货方代垫的运杂费、装卸费等，也通过“应收账款”科目核算。

（1）在没有商业折扣的情况下，应收账款应按应收的全部金额入账

【例题 2-25】桂海商业有限公司 202 × 年 4 月 10 日赊销给 S 公司 W 商品一批，不含税价款为 40 000 元，适用的增值税税率为 13%，代垫运杂费 1 000 元（假设运费不考虑增值税），4 月 15 日收到货款。

确认收入时的会计分录：

借：应收账款　　46 200
　　贷：主营业务收入　　40 000
　　　　应交税费——应交增值税（销项税额）　　5 200
　　　　银行存款　　1 000

收到货款时的会计分录：

借：银行存款　　46 200
　　贷：应收账款　　46 200

（2）在有商业折扣的情况下，应收账款和销售收入按扣除商业折扣后的金额入账

【例题 2-26】202 × 年 5 月 5 日，桂海商业有限公司赊销 W 商品一批，不含税价款为 200 000 元，给买方的商业折扣为 10% ，适用增值税税率为 13%。代垫运杂费 5 000 元（假设运费不考虑增值税），5 月 16 日收到货款。

确认收入时的会计分录：

借：应收账款　　208 400
　　贷：主营业务收入 180 000［200 000 ×（1−10%）］
　　　　应交税费——应交增值税（销项税额）　　23 400（180 000 × 13%）
　　　　银行存款　　5 000

收到货款时的会计分录：

借：银行存款　　208 400

贷：应收账款　　208 400

（3）在有现金折扣的情况下，采用总价法核算

【例题 2-27】 桂海商业有限公司赊销一批商品，货款为 1 000 000 元，适用的增值税税率为 13%，代垫运杂费 40 000 元，规定的付款条件为：2/10、N/30。销售业务发生时，根据有关销货发票金额确认收入。

确认收入时的会计分录：

借：应收账款　　1 170 000

　　贷：主营业务收入　　1 000 000

　　　　应交税费——应交增值税（销项税额）　　130 000

　　　　银行存款　　40 000

假若客户于 10 天内付款时的会计分录：

借：银行存款　　114 600

　　财务费用　　23 400（1 170 000 × 2%）

　　贷：应收账款　　1 170 000

假若客户超过 10 天付款，则不享受现金折扣。收回款项时的会计分录：

借：银行存款　　1 170 000

　　贷：应收账款　　1 170 000

3. 应收账款的融通

应收账款的融通包括应收账款抵押贷款、出售应收账款、应收账款证券化和应收账款保理。本书主要介绍应收账款保理业务。

（1）应收账款保理概念

应收账款保理业务主要是为以赊销方式进行销售的企业设计的一种综合性金融服务，是一种通过收购企业应收账款为企业融资并提供其他相关服务的金融业务或产品。保理的一般做法是：卖方企业（供应商）向保理商出售通常以发票所表示的对债务人（买方企业）的应收账款，同时要求保理商提供与此相关的包括应收账款回收、销售分户账管理、信用销售控制以及坏账担保等单项或多项服务。在实际操作中，保理业务多种多样。卖方企业如果享受到保理商提供的上述所有服务即为全保理，如仅享受到一项或几项服务即为部分保理。

保理商通过承购应收账款向卖方企业提供融资，是以卖方企业的供货合同为基础的。这一融资方式的主要依据是卖方产品在市场上的被接受程度和其盈利情况，而非其资产负债表的状况。

（2）应收账款保理基本流程步骤

保理业务的一般操作流程是：卖方企业首先和保理商签订一份保理协议，一般卖方需将通过赊销（期限一般在 90 天以内，最长可达 180 天）而产生的应收账款出售给保理商。签订协议后，对于无追索权保理，保理商首先要对和卖方有业务往来的买方进行资信评估，并对买方核定一个信用额度，在这一信用额度内的应收账款称为“核准的”应收账款。对这部分应收账款，在买方无能力付款时，保理商对卖方没有追索权。而对有追索权

保理，当买方无力付款时，保理商将向卖方追索，收回向其提供的融资。

保理业务一般可分为以下几个步骤。

①卖方交货或提供有关服务后，按以往的方式向买方开出发票，但这些发票应附带一份转让通知（隐蔽型保理除外），说明发票所代表的债权已转让给保理商，买方必须向保理商付款。

②卖方在开出发票的同时将发票副本送交保理商。

③保理商根据发票金额按事先商定的比例（最高可达90%）向卖方支付预付款，即按销售额的一定比例为卖方提供融资，并从中扣除保理商所收取的手续费。

④此后保理商将负责向买方催收账款，并向卖方提供合同中规定的账务管理。

⑤待买方付款后，保理商向卖方支付余下的款项。

（3）应收账款保理业务的会计处理

保理业务中应收账款的出售方（卖方企业）按无追索权保理和有追索权保理的不同，其会计处理方法也不一样。

A. 无追索权保理。在无追索权保理方式下，保理商承担收取应收账款的风险，即可能发生的坏账损失；应收账款的出售方承担销售折扣、折让和退回等损失。为此，保理商在购买应收账款时，往往要按一定比例预留一部分，备抵出售方应承担的折扣、折让和退回等损失。待实际发生销售折扣、折让或退回时，再予以冲销。

在会计处理上，应收账款的出售方按实际收到的款项做分录：

借：银行存款
　　财务费用（支付的手续费）
　　其他应收款（保理商预留的余款）
　　贷：应收账款（应收账款的账面价值）

B. 有追索权保理。在有追索权保理方式下，保理商对买方无法偿付的应收账款具有追索权。如果应收账款的债务人到期无法偿付，出售方（卖方）应承担向保理商偿付的责任。已出售应收账款上发生的任何坏账损失也由出售方承担。在处理有追索权保理业务时，需要判断其业务的实质是销售还是借款。美国财务会计准则委员会（FASB）在FAS77中规定，只有当以下三个条件同时满足时，才能将出售的应收账款作销售处理，否则，只能视为借款业务：第一，出售方放弃对应收账款未来经济利益的控制；第二，出售方可以合理地估计其对保理商的义务；第三，保理商不能要求出售方重新购回应收账款。

如果按销售业务处理，在出售时注销应收账款，同时将保理商收取的手续费确认为当期费用。如果按借款业务处理，出售时不能注销应收账款，而另设一个账户“已出售应收账款”，待应收账款已全部得到清偿时，和相应的“应收账款”账户同时注销，保理商收取的手续费则作为融资成本，在应收账款持有期内摊销。

三、预付账款的核算

为了核算预付账款的增、减变动及其余额，商业企业应设置“预付账款”科目。该科目属于资产类，借方登记预付账款的增加，贷方登记预付账款的减少，期末余额在借方表示预付的款项，在贷方表示应付的款项。预付账款不多的商业企业，也可以不设“预付账款”科目，将预付账款业务放在“应付账款”科目核算。

预付款项的业务处理一般包括按合同约定预付货款、购买货物结算、补付货款和退回多付款项四个部分。

1. 购买商品预付的款项时的会计分录

借：预付账款

　　贷：银行存款

2. 收到所购商品时的会计分录

借：库存商品

　　应交税费——应交增值税（进项税额）

　　贷：预付账款（按应付金额）

3. 补付的款项时的会计分录

借：预付账款

　　贷：银行存款

4. 退回多付的款项时的会计分录

借：银行存款

　　贷：预付账款

【例题 2-28】 桂海商业有限公司向 H 公司购买 M 商品，合同约定不含税价款为 100 000元，合同签订后，按照合同规定向 H 公司预付商品款的 50%，验收商品后补付剩余款项。

预付 50%货款时的会计分录：

借：预付账款——H 公司　　50 000

　　贷：银行存款　　50 000

收到 H 公司发来的 M 商品验收无误，增值税专用发票记载货款为 100 000 元，增值税税额为 13 000 元。桂海商业有限公司以银行存款补付所欠款项 63 000 元。

收到材料时的会计分录：

借：库存商品——M 商品　　100 000

　　应交税费——应交增值税（进项税额）　　13 000

　　贷：预付账款——H 公司　　113 000

借：预付账款——H 公司　　63 000

　　贷：银行存款　　63 000

四、其他应收款的核算

为了核算其他应收款的增、减变动及其余额情况，商业企业应设置“其他应收款”科目。该科目属于资产类，借方登记其他应收款的增加，贷方登记其他应收款的减少，余额一般在借方，表示应收未收的其他应收款项；如为贷方余额，表示尚未支付的其他应付款。

其他应收款的业务处理一般包括发生其他应收款和结算转销两个部分。

1. 发生其他应收款时的会计分录

借：其他应收款

　　贷：库存现金

　　　　银行存款等

2. 结算转销其他应收款时的会计分录

借：库存现金

　　管理费用/销售费用等

　　贷：其他应收款

【例题 2-29】 桂海商业有限公司 202 × 年 5 月 26 日，管理人员小王预借差旅费 4 000 元，以现金支付，6 月 1 日，小王出差归来，报销差旅费 3 800 元，余款交回财务部。

预借差旅费时的会计分录：

借：其他应收款——小王　　4 000

　　贷：库存现金　　4 000

小王出差回来结算差旅费时的会计分录：

借：管理费用　　3 800

　　　　库存现金　　200

　　贷：其他应收款——小王　　4 000

【例题 2-30】 202 × 年 5 月 25 日，桂海商业有限公司用银行存款支付 P 公司包装物押金 1 600 元。

支付押金时的会计分录：

借：其他应收款——P 公司　　1 600

　　贷：银行存款　　1 600

【例题 2-31】 202 × 年 1 月 15 日，桂海商业有限公司帮职工小王垫付医药费 3 600 元，用现金支付。

代垫医药费时的会计分录：

借：其他应收款——小王　　3 600

　　贷：库存现金　　3 600

五、长期应收款的核算

因销售商品、提供劳务等，采用递延方式收取合同或协议价款，实质上具有融资性质的，在“长期应收款”账户进行会计处理。

采用递延方式具有融资性质的销售商品和提供劳务等产生的应收款项，在商品发出时，按照应收的合同或协议价款，借记“长期应收款”账户；按照公允价值，贷记“主营业务收入”账户；借方和贷方的差额，贷记为“未实现融资收益”账户。同时结转成本，按实际成本（或进价），借记“主营业务成本”账户，贷记“库存商品”账户。

每期销售实现（包括第一次收取货款）时，按本期应收或收取的货款金额，借记

"银行存款"账户，贷记"长期应收款"等账户；同时，将应收的合同或协议价款和存货公允价值的差额在协议期间内，按照应收款项的摊余成本和实际利率计算确定的金额进行摊销，冲减财务费用。

第四节　商业企业应收款项减值的核算

一、应收款项减值的概述

应收款项是企业在日常生产经营过程中发生的各项债权，包括应收票据、应收账款、预付账款、应收股利、应收利息、其他应收款等。商业企业应将不同内容的应收款项分类核算，正确反映各种短期债权的发生及收回情况，保证资产的安全完整，加速资金回笼。

根据《企业会计准则》规定，商业企业应当在资产负债表日对应收款项的账面价值进行检查，有客观证据表明应收款项发生减值的，应当计提坏账准备。

为了核算应收款项减值的情况，商业企业应设置"坏账准备"科目。该科目属于资产类备抵科目，贷方登记坏账准备的增加，借方登记坏账准备的减少，期末余额一般在贷方，表示累计计提的坏账准备金额。

二、应收款项减值的业务处理

应收账款减值的业务处理一般包括三个方面：一是期末按一定方法确定应收款项的减值损失，计提坏账准备的业务处理；二是实际发生坏账时的业务处理；三是已确认的坏账又收回的业务处理。

1. 资产负债表日提计坏账准备时的会计分录

借：信用减值损失

　　贷：坏账准备（按应计提坏账准备的金额）

本期应计提的坏账准备大于其账面余额的，应按其差额计提；应计提的金额小于其账面余额的差额做相反的会计分录。

2. 发生坏账时的会计分录

借：坏账准备（按确实无法收回的金额）

　　贷：应收账款等

3. 已确认并转销的应收款项以后又收回时的会计分录

借：应收账款等

　　贷：坏账准备（按实际收回的金额）

同时：

借：银行存款

　　贷：应收账款等

【例题 2-32】桂海商业有限公司对应收账款采用按年末应收账款余额百分比法计提坏

账准备，预计的计提百分比为3%，对应收账款预计未来产生的现金流量不进行折现。桂海有限责任公司第一年年末应收账款余额为250 000元。第二年应收账款中客户H公司所欠90 000元账款已超过3年，确认为坏账；第二年年末，桂海商业有限公司应收账款余额为300 000元；第三年应收账款中客户W公司破产，所欠20 000元账款有8 500元无法收回，确认为坏账，第三年年末，桂海商业有限公司应收账款余额为260 000元；第四年，H公司所欠90 000元账款又收回，年末应收账款余额为320 000元。桂海商业有限公司各年应收账款发生减值的具体情况编制下列会计分录。

第一年年末，提取坏账准备时的会计分录：

借：信用减值损失　　7 500

　　贷：坏账准备　　7 500

第二年，冲销坏账时的会计分录：

借：坏账准备　　90 000

　　贷：应收账款——H公司　　90 000

第二年年末，计提坏账准备的会计分录：

借：信用减值损失　　10 500（9 000+1 500）

　　贷：坏账准备　　10 500

第三年，冲减坏账时的会计分录：

借：坏账准备　　8 500

　　贷：应收账款　　8 500

第三年年末，计提坏账准备时的会计分录：

借：信用减值损失　　7 300（260 000 × 3%-500）

　　贷：坏账准备　　7 300

第四年，已确认为坏账冲销的应收H公司账款90 000元又收回的会计分录：

借：应收账款——H公司　　90 000

　　贷：坏账准备　　90 000

借：银行存款　　90 000

　　贷：应收账款——H公司　　90 000

第四年年末，计提坏账准备时的会计分录：

借：坏账准备　　7 200（16 800-9 600）

　　贷：信用减值损失　　7 200

本章小结

货币资金是指商业企业在生产经营活动过程中持有的处于货币形态的流动资产，主要包括库存现金、银行存款和其他货币资金。货币资金的管理与核算主要包括对库存现金、银行存款和其他货币资金的管理与核算，属于流动资产核算的重要组成部分。

库存现金是指通常存放于企业财会部门、由出纳人员经管的货币。银行存款是企业存入银行或其他金融机构的各种款项。

其他货币资金是指企业除库存现金、银行存款以外的各项货币资金，主要包括银行汇票存款、银行本票存款、信用卡存款、信用证保证金存款、存出投资款、外埠存款等。

应收款项是指企业拥有的各项债权，即在未来可以获取资金、商品或劳务的权利，主要包括应收账款、应收票据、预付款项、应收股利、应收利息、其他应收款等。应收款项包括的内容属于流动资产的重要组成部分。

应收账款是指企业因销售商品、产品、提供劳务等经营活动应收取的款项。

应收票据是指企业因销售商品、产品、提供劳务等而收到的商业汇票，包括银行承兑汇票和商业承兑汇票。

预付账款是企业按照购货合同规定预付给供应单位的款项。

应收股利是指企业因股权投资而应收取的现金股利以及应收其他单位的利润。应收利息则是指企业因债券投资而应收取的利息。

其他应收款是企业除应收票据、应收账款和预付账款等经营活动以外的其他各种应收、暂付款项。

习题与实训

一、思考题

1. 对库存现金的使用有哪些规定？使用范围有什么规定？
2. 如何进行银行存款对账？如出现账实不符如何处理？
3. 其他货币资金的内容包括哪些？如何进行核算？
4. 如何进行减值判断？如何进行应收款项的减值核算？

二、单项选择题

1. 预付账款不多的企业，可以不设置“预付账款”科目，直接记入（　　）核算。

　A. “应付账款”的借方　　B. “应收账款”的贷方

　C. “应收账款”的借方　　D. “应付账款”的贷方

2. “银行存款”日记账的登记时间是（　　）。

　A. 序时登记　　B. 合并登记　　C. 汇总登记　　D. 定期登记

3. 在库存现金清查过程中，有责任人赔偿的现金短款，经批准应该记入（　　）科目。

　A. 管理费用　　B. 财务费用　　C. 其他应收款　　D. 营业外支出

4. 发现无法查明原因的现金溢余，经批准应该记入（　　）科目。

　A. 待处理财产损溢　　B. 营业外收入

　C. 其他应收款　　D. 管理费用

5. 下列各项中，说法不正确的是（　　）。

A. 现金要实行日清月结
B. 各种现金开支要进行审批
C. 单位库存现金可以个人名义存入银行
D. 库存的纸币和铸币应实行分类保管

6. 根据内部控制制度的要求，出纳人员不可以（ ）。
A. 登记现金和银行存款日记账 B. 保管空白收据、空白支票以及有关印章
C. 保管会计档案 D. 保管库存现金和各种有价证券

7. 下列不属于“其他货币资金”核算的是（ ）。
A. 存出投资款 B. 信用证存款 C. 信用卡存款 D. 备用金

8. 银行汇票存款通过（ ）科目核算。
A. 银行存款 B. 其他货币资金 C. 应付票据 D. 应收票据

9. 企业到外地进行临时或零星采购时，汇往采购地银行开立采购专户的款项是（ ）。
A. 外埠存款 B. 银行汇票 C. 银行本票 D. 在途货币资金

10. 2021 年末应收账款的账面余额为 1 000 万元，由于债务人发生严重财务困难，预计 3 年内只能收回部分货款，经过测算预计未来现金流量的现值为 800 万元，“坏账准备”期初余额为 0。2021 年末应收账款计提坏账准备（ ）万元。
A. 200 B. 0 C. 800 D. 1 000

三、多项选择题

1. 下列各项中，说法正确的有（ ）。
A. 在盘点库存现金时，出纳人员必须在场
B. 库存现金的清查方法采用实地盘点法
C. 库存现金盘点报告表须由盘点人员和出纳人员共同签章方能生效
D. 经领导批准，借条、收据可以抵充现金

2. 下列各项中，属于货币资金项目的有（ ）。
A. 银行本票 B. 银行存款 C. 银行汇票 D. 库存现金

3. 商业企业在库存现金盘盈的账务处理中，可能贷记的科目有（ ）。
A. 管理费用 B. 营业外收入 C. 财务费用 D. 其他应付款

4. 下列各项中，通过“其他应收款”科目核算的有（ ）。
A. 应收出租包装物租金 B. 存出保证金
C. 应收投资利润 D. 应收的各种赔款、罚款

5. 下列各项中，应在“坏账准备”账户贷方反映的有（ ）。
A. 提取的坏账准备 B. 发生的坏账损失
C. 冲销的坏账准备 D. 收回前期已确认为坏账并转销的应收账款

四、判断题

1. 商业企业在银行的实有存款数不一定是银行存款日记账上列明的余额。（ ）
2. 一般而言，对于库存现金，每日终了应由出纳人员进行清点核算。（ ）

3. 预付账款可以在“应付账款”科目核算，因此，预付货款应作为一项负债。 （　）

4. 商业企业和银行对账，如果核对不相符，那么一定是存在错账。 （　）

5. 支付给某职工工资 3 500 元，由于超过了结算起点 1 000 元，因此，不能用库存现金支付，必须通过银行进行转账结算。 （　）

五、实训题

桂海批发商场属于一般纳税人企业，适用增值税税率为 13%，对日常赊销的部分商品给予现金折扣优惠，折扣条件为 2/10、1/20、N/30。桂海商场对应收款项的坏账损失采用应收账款余额百分比法，202 × 年 1 月 1 日“坏账准备”账户贷方金额为 50 000 元，202 × 年发生的部分经济业务如下。

1. 2 月 12 日，赊销给 K 零售公司商品一批，不含税货款为 600 000 元，增值税税额为 78 000元。

2. 2 月 26 日，收到 K 零售商场支付本月 12 日赊购商品的货款和增值税税额，款项已存入银行。

3. 3 月 5 日，销售给 M 商场商品一批，不含税货款为 400 000 元，增值税税额为 52 000 元，代垫运杂费 2 000 元，以银行存款垫付，已经向银行办妥托收手续。

4. 4 月 10 日，员工小王借款 8 000 元，以现金支付。

5. 6 月 20 日，向 W 制造厂定购商品一批，预付货款 550 000 元，款项以银行存款支付。

6. 8 月 5 日，M 商场以该批商品的质量不符合同要求拒付货款。经双方协商一致，对该批商品按 5%的销售折让执行，销售折让后的款项通过银行结算，已经存入银行。

7. 9 月 2 日，应收 L 商场的货款 22 600 元由于该商场已经破产而无法收回，经审批后转入坏账损失。

8. 11 月 20 日，收到 T 商场还来前欠货款 3 000 元，款项已存入银行，该笔款项已经转入坏账损失，现在予以转回。

9. 12 月 31 日，应收账款账户余额为 820 000 元，坏账准备计提率为 3‰。

要求：根据以上经济业务，编制桂海批发商场相关的会计分录。

第三章 商业企业商品购销活动与核算方法

知识与能力目标

1. 了解商品购销活动的范围、商品的确认条件；
2. 理解商品购入的确认时间、商品销售的确认时间；
3. 掌握商品成本的核算、商品流转具体方法的应用。

思政目标

1. 恪守职业道德，知法、守法、敬法，切实保护企业、社会公众及投资人等的利益；
2. 养成谨慎、务实的工作作风，未雨绸缪，提高抗风险能力；
3. 培养终身学习的习惯，不断精进专业能力。

第一节 商业企业商品购销活动与商品确认

一、商品购销活动

商品购销活动是商业企业为了获取一定的利润而从事的商品买卖活动，即商业企业借助信息不对称效应，低价买入各种商品，经过异地区域或群体高价卖出商品的活动，通过卖价与买价之间的差额再扣除相关的运营费用，实现商品营业利润。商品的购销活动主要包括商品的买入、商品的卖出、商品的调拨、商品的储存等。

商品流通过程通常要通过批发和零售两个环节。商品在批发环节的流通活动，称为批发商品流通；商品在零售环节的流通活动，称为零售商品流通。批发商品流通是整个商品流通的起点和中间环节，零售商品流通是商品流通过程的最终环节。商品流通核算是反映和控制商品购、销、调、存的业务活动及其成果的核算方法。它必须适应不同商品购销活动的需要，因为商品购销活动是通过“货币—商品—货币”的形式循环周转进行的，从价值运动角度看，商品流通过程同时也是资金运动过程，它们是同一商品流通过程的两个方面，商品流通决定商品核算，同时，商品核算对商品流通起促进作用，两者紧密结合。

（一）商品购进的范围

商品购进是指商业企业为了销售或加工后销售，通过货币结算而购进商品的交易行为。商品购进必须同时具备两个条件：一是购进商品的目的是销售，即“为卖而买”。如果购进的商品是为企业自用而不是出售就不属商品购进范围。二是通过货币结算取得商品所有权。如果不通过支付货款而收入的商品（如样品、委托加工商品收回、接受捐赠等），均不能属于购进范围。因此，商品购进的范围是：向国内各种所有制的生产企业和其他商品流通企业购进的商品以及从国外进口的商品。

（二）商品销售的范围

商品销售是指商业企业出售本企业所经营的商品，并通过结算收取货款或取得收款权利的交易行为。为此，商品销售也必须同时具备两个条件：一是销售的是本企业所经营的商品。如果销售的商品不属于本企业的经营范围（如包装用品、材料物资等），就不属于商品销售的范围。二是通过货币结算转移商品所有权。如果发出商品不通过货款结算（如商品移库、赠送样品、拨出委托加工等），也不属于商品销售的范围。因此，商品销售的范围是：售给国内生产单位或其他商品流通企业等用于生产和消费的商品，售给集体、个人生活消费的商品，以及供应出口的商品。

（三）商品购销交接货方式

商品购进和销售的交接货方式，应由购销双方协商，根据商品的特点和运输条件确定。通常采用的商品交接方式一般有提货制、送货制和发货制三种。

（1）送货制是指供货单位将商品送到购货单位的仓库或指定地点的交接方式。送货过程中所发生的费用和商品损耗一般由供货单位负担。

（2）提货制是指购货单位到供货单位的仓库或指定地点提货的交接方式。提货过程中所发生的费用和商品损耗一般由购货单位负担。

（3）发货制是指供货单位按照合同规定的发货日期、商品品种、规格、数量等条件，将商品委托运输部门运到购货单位所在地的车站、码头的交接方式。发货过程中，一般规定商品交接以前所发生的费用和商品损耗由供货单位负担，商品交接以后所发生的费用和商品损耗由购货单位负担。

二、库存商品与确认

库存商品是指商业企业外购或委托加工收回并已验收入库、符合标准规格和技术条件，可以按照合同规定的条件送交订货单位，或对外销售的各种商品。商业企业的库存商品主要包括外购商品、存放在门市部准备出售的商品、发出展览的商品和寄存在外的商品等。

库存商品确认是对商业企业为销售而持有的符合资产要素确认条件的商品进行认定的过程，最终将商品纳入商业企业资产负债表商品项目。

具体确认条件包括三个方面。

（1）持有商品的目的是销售；

（2）与商品有关的经济利益很可能流入企业；

（3）与商品有关的成本能够可靠地计量。

第二节 商业企业商品购销入账时间与价格

商业企业的主营业务是购销商品，即在市场上低价买入商品，然后高价卖出商品，从而获得一定的利润。商业企业的商品购销活动需要明确具体的时间和价格，形成关于购买商品的入账时间确定和销售商品确认收入的时间确定。在实务中，商业企业应以商品购销活动的实现，即以商品的所有权转移作为入账时间的依据，如商业企业通过货币结算方式取得商品所有权的时间，就是商品购进的入账时间；向购货方转移商品所有权的时间，就是商品销售确认收入的入账时间。在商业往来中，由于货款结算和商品交接方式不同，商品所有权转移的情况比较复杂，因此，商品购进和销售的具体入账时间，应根据不同的商品交接货方式和结算方式分别处理。

一、商品购销的入账时间

（一）商品购进的入账时间

商品购进的入账时间一般以商品所有权转移的时间作为依据，在先付货款，后到商品的情况下，以支付货款的时间作为商品购进入账时间；在先到商品，后付货款的情况下，收到商品后，符合商品确认条件时作为商品购进入账时间。根据商品交货、接货方式和货款结算方式的不同，商业企业的商品购进入账时间有以下情况。

（1）从本地购进商品，采用库存现金、银行存款、商业汇票等结算方式的情况，在支付货款并取得销货单位开具的发票及发货凭据时作为商品购进入账时间；如果购进商品先到并验收入库，销货单位尚未开具增值税发票、货款尚未明确，月末按暂估价值入账，下月初再用红字冲回。

（2）从外地购进商品，采用托收承付或委托收款结算方式的情况，在结算凭证先到，并承付货款时作为商品购进入账时间；如果商品先到，并符合购销合同规定的，验收入库后，并取得销货单位开具的发票时作为商品购进入账时间；如果购进商品先到并验收入库，销货单位尚未开具增值税发票、货款尚未明确，月末按暂估价值入账，下月初再用红字冲回。

（3）在商品购进业务中采取预付货款方式的情况，不能以预付货款的时间作为商品购进的入账时间，应当在取得销货单位开具的发票及发货凭据时作为商品购进入账时间。

（4）进口商品以支付货款为购进入账时间。

（二）商品销售的入账时间

商品销售的入账时间，一般以发出商品，收到货款或取得收取货款权利的时间作为依据。在商品已经发出，收到货款或者虽未收到货款，但已办妥结算手续或取得购货单位的收货证明即可作为销售入账时间。根据商品交接货方式和货款结算方式的不同，商业企业商品销售入账时间主要有以下七种情况。

（1）采用现金、支票、本票、汇票等结算方式，在收到现金、支票、本票、汇票时，作为商品销售收入的入账时间。

（2）采用异地托收承付结算方式，以办妥委托银行收款手续时，作为商品销售收入的入账时间。

（3）采用汇兑结算方式，以发出商品并取得运输部门的商品发运证明时，作为商品销售收入的入账时间。

（4）采用送货制销售方式，以发出商品并取得购货单位的收货凭证或收到货款时，作为商品销售收入的入账时间。

（5）采用分期收款销售方式，以发出商品后，实际收到货款时，作为商品销售收入的入账时间。

（6）采用预收货款销售方式，以实际发出商品时，作为商品销售收入的入账时间。

（7）商品出口，以收到运输部门有关单据并向银行办理交单时间作为商品销售收入的入账时间。

二、商品成本的确认

《企业会计准则》规定：商业企业应当按照成本对商品进行计量。商品的成本主要包括采购成本如购买价款、相关税费、运输费、装卸费、加工成本和使商品达到目前场所和状态所发生的合理的必要的支出。商业企业取得商品的途径主要有外购和委托加工两种。

（一）外购商品的成本

外购商品的成本即商品的采购成本，是指商业企业商品从采购到入库前所发生的合理的必要的支出，包括购买价款、相关税费、运输费、装卸费、保险费以及其他可归属于商品采购成本的费用。

商业企业在采购商品过程中发生的运输费、装卸费、保险费以及发生的其他可归属于商品采购成本的相关费用，应计入所购入商品的成本。在实务中，商业企业也可以将发生的运输费、装卸费、保险费以及其他可归属于商品采购成本的费用等进货费用先进行归集，期末，按照所购商品的存销情况进行分摊；对于已售商品的进货费用，计入当期损益；对于尚未售商品的进货费用，计入期末商品成本。商业企业采购商品的进货费用金额较少的，可以在发生时直接计入当期损益，计入销售费用。

收购免税农副产品，按购入农业产品的买价扣除按规定计算的进项增值税税额后的数额作为商品购进的入账价格。

外购进口的商品，按进口商品国外进价（到岸价）加上关税、消费税后作为商品购进入账价格。如按离岸价计算，则按离岸价加到岸前运费、保险费计算。从国内其他企业或系统内各企业购入的商品，以实际支付的批发价或调拨价作为商品购进入账价格。

（二）委托加工取得商品的成本

商业企业通过进一步加工取得的商品，其成本由采购成本、加工成本构成。某些商品还包括使商品达到目前场所和状态所发生的其他成本。在实务中，商业企业为了扩大盈利空间或满足客户的需求，对原采购的商品进行加工，获得更多的商品附加值；而商业企业本身的主营业务是销售，因此加工商品的业务就委托给其他单位完成。

（三）其他方式取得商品的成本

商业企业取得商品的其他方式主要包括接受投资者投资、非货币性资产交换、债务重组、企业合并以及商品盘盈等。

1. 投资者投入商品的成本

投资者投入商品的成本，应当按照投资合同或协议约定的价值确定，但投资合同或协议约定的价值不公允除外。在投资合同或协议约定的价值不公允的情况下，则按照该项商品的公允价值作为其入账价值。

2. 通过非货币性资产交换、债务重组、企业合并等方式取得的商品的成本

商业企业通过非货币性资产交换、债务重组、企业合并等方式取得的商品，其成本应当分别按照《企业会计准则第 7 号——非货币性资产交换》《企业会计准则第 12 号——债务重组》和《企业会计准则第 20 号——企业合并》等的规定确定。但是，其后续计量和披露应当执行《企业会计准则第 1 号——商品》的规定。

3. 盘盈商品的成本

盘盈商品应按其成本作为入账价值，并通过“待处理财产损溢”账户进行会计处理，按管理权限报经批准后，冲减当期管理费用。

在确定商品成本的过程中，以下各项费用均不得计入商品成本，在其发生时直接计入当期损益。

（1）非正常损失产生的相关支出，应计入当期损益，不得计入商品成本。

（2）仓储费用，指商业企业在采购商品入库后发生的储存费用，应计入当期损益。

（3）不能归属于使商品达到目前场所和状态的其他支出，不符合商品的定义和确认条件，应在发生时计入当期损益，不得计入商品成本。

（四）采购商品进货费用的业务处理

《企业会计准则应用指南》规定：“企业（商品流通）在采购商品过程中发生的运输费、装卸费、保险费以及其他可归属存货采购成本的费用，计入存货采购成本，也可以先进行归集，期末根据所购商品的存销情况进行分摊。”在实际工作中，对采购商品过程中的采购费用具体如何处理，需要会计人员的职业判断。

大中型商品批发企业购进商品时，可选择一定标准（如重量、体积等）将每批商品的采购费用分配计入每种商品的采购成本。大中型商品批发企业虽然购进次数较频繁，每次购进的商品种类较多，但是每种商品的采购数量较大，采购费用容易分清归属。

一些商品批发小企业购进商品时，由于采购的商品种类较多而每种商品的数量较少，每批采购费分配的工作量较大，每月实际发生的采购费总额也较大。如果直接计入当期损益，会造成库存商品实际成本和账面价值偏差较大。因此，可在平时购进商品时，将采购费先通过“库存商品——采购费”账户进行归集，待月末时，根据本月商品销售额，采用一定方法计算出已销商品应分配的采购费，并将其转入本月“主营业务成本”账户。所以，商业企业采购商品的进货费用的账务处理有以下三种思路。

（1）先归集入“进货费用”，期末根据所购商品的存销情况分别进行分摊，对于已售商品的进货费用，计入当期损益（主营业务成本），留存部分的进货费用计入存货成本；

（2）与非商业企业相同，进货费用计入存货的采购成本；

（3）金额较小的，也可直接计入当期损益（销售费用）。

【例题 3-1】桂海商业有限公司采用进价法核算，202×年8月发生了如下经济业务：购进A商品200件，每件500元，货款为100 000元，增值税税额13 000元，运费2 000元（不考虑增值税），款项均通过银行存款支付。

（1）增设“库存商品——进货费用”明细科目，将进货费用按商品类别进行归集，期末在已销商品和结存商品之间进行分摊。

购入商品时的会计分录：

借：库存商品——A商品　　100 000

　　　　　　——进货费用　　2 000

　　应交税费——应交增值税（进项税额）　　13 000

　　贷：银行存款　　115 000

假设会计期末，库存商品——A商品类账户期初余额为50 000元，本月增加100 000元，期末余额为80 000元，进货费用——A商品类类账户期初余额为1 000元，本月增加2 000元。

按商品存销比例分摊进货费用，计算公式如下：

进货费用分摊率=（该类商品期初结存进货费用+该类商品本期增加进货费用）÷（该类商品期初余额+该类商品本期增加额）

结存商品应分摊的进货费用=该类商品期末余额×分摊率

已销商品应分摊的进货费用=该类商品进货费用合计−结存商品应分摊进货费用

则A商品类的进货费用分摊率=（1 000+2 000）÷（50 000+100 000）×100%=2%

A商品类结存商品应分摊的进货费用=80 000×2%=1 600（元）

A商品类已销商品应分摊的进货费用=1 000+2 000−1 600=1 400（元）

期末调整进货费用时的会计分录：

借：主营业务成本　　1 400
　　库存商品——A 商品　　1 600
　　贷：库存商品——进货费用　　3 000

注意：下月初，将库存商品中包含的进货费用用红字冲回。

通过进货费用分摊后，“主营业务成本”账户所反映的是包含进货费用的商品销售成本，库存商品账户反映的是包含进货费用的商品成本。

（2）将采购商品的进货费用计入采购商品的成本。

购入商品时的会计分录：

借：库存商品——A 商品　　102 000
　　应交税费——应交增值税（进项税额）　　13 000
　　贷：银行存款　　115 000

（3）将采购商品的进货费用计入当期损益。

购入商品时的会计分录：

借：库存商品——A 商品　　100 000
　　应交税费——应交增值税（进项税额）　　13 000
　　销售费用　　2 000
　　贷：银行存款　　115 000

第三节　商业企业商品流转的核算方法

商品流转，是指物质产品通过买卖活动由生产领域向消费领域转移的过程，同时具有物质产品的转移和买卖活动两个方面的特征。商品流转在社会再生产过程中处于中介地位，起着联系生产与消费的纽带作用，是促进生产发展、活跃国民经济、满足消费者需要、实现商品价值的渠道。

一、商品流转的核算方法

商品流转的核算方法，是指商业企业对商品流转过程中的成本进行核算的具体手段，即对商品的销售成本、商品的结存成本进行核算并结转的具体手段。在实务中，商业企业的商品可以从商品数量和商品价格两个方面集中反映，商品价格又可以分为商品进价和商品售价两种。其中，数量金额核算法是同时采用实物计量和货币计量两种量度对商品的增减变动和结存情况进行核算和监督的方法，它既可以提供库存商品的数量指标，又可提供库存商品的金额指标，数量金额核算法又可分为数量进价金额核算和数量售价金额核算两种。金额核算法是仅以货币计量对库存商品的增减变动和结存情况进行反映和监督的核算方法。金额核算法又可分为售价金额核算法和进价金额核算法。

（一）数量进价金额核算法

数量进价金额核算法，是指商业企业在核算商品流转的过程中，同时反映商品流转的数量和进价金额的核算方法。

数量进价金额核算法的主要特点是：

（1）库存商品的总账和明细账都按商品的原购进价格记账。

（2）库存商品明细账按商品品名分户，分别核算各种商品收进、付出及结存数量和金额。

这种方法主要适用于大中型批发企业、农副产品收购企业及经营品种单纯的专业商店和经营贵重商品的商店。其优点是能够同时提供各种商品的数量指标和金额指标，便于加强商品管理。缺点是要按品种逐笔登记商品明细账，核算工作量较大。

（二）数量售价金额核算法

数量售价金额核算法，是指商业企业在核算商品流转的过程中，同时反映商品流转的数量和售价金额的核算方法。

数量售价金额核算法的特点是：

（1）库存商品总账和明细账都按商品销售价格记账。同时核算商品实物数量和售价金额。

（2）对于库存商品购进价与销售价之间的差额需设置“商品进销差价”科目进行调整，以便于计算商品销售成本。

（三）售价金额核算法

售价金额核算法，是指商业企业在建立实物责任制的基础上按售价对商品进行核算的方法。

售价金额核算法的特点是：

（1）建立实物责任制。商业企业将其经营的全部商品按品种、类别及管理的需要划分为若干实物责任小组，确定实物责任人，实行实物责任制度。

（2）售价记账、金额控制。商品总账和明细账都按商品的销售价格记账，商品明细账按实物责任人分户，只记售价金额不记实物数量。

（3）设置“商品进销差价”科目。由于商品是按售价记账，对于商品售价与进价之间的差额应设置“商品进销差价”科目来核算，并在期末计算和分摊已售商品的进销差价。

（4）加强物价管理。商品按售价核算后，如遇售价变动，就会直接影响库存商品总额。因此，必须加强物价管理，明码标价。

（5）健全商品盘点制度。“库存商品”明细分类账按售价记账，没有数量控制，只有通过盘点才能确定实际数量，因此，必须加强商品的实地盘点制度，通过实地盘点，对库存商品的数量及价值进行核算，并对实物和责任人履行经济责任的情况进行检查。

售价金额核算法主要适用于零售企业。这种方法的优点是把大量按各种不同品种开设的库存商品明细账归并为按实物负责人来分户的少量的明细账，从而简化了核算工作。其不足之处是由于只记金额，不记数量，库存商品账不能提供数量指标以控制商品进、销、存情况，一旦发生差错，难以查明原因。

（四）进价金额核算法

进价金额核算法，是指商业企业在建立实物责任制的基础上按进价对商品进行核算的方法。

进价金额核算法的特点是：

（1）建立实物责任制，库存商品明细账都按实物责任人分户。

（2）商品的总账和明细账都按商品进价记账，只记进价金额，不记数量。

（3）商品销售后按实收销货款登记销售收入，平时不计算结转商品销售成本，也不注销库存商品。

（4）对于商品的升溢、损耗和所发生的价格变动，平时不作账务处理。

（5）定期进行实地盘点商品，期末按盘存商品的数量乘最后一次进货单价或原进价求出期末结存商品金额，再用“以存记销”的方法倒计出商品销售成本并据以转账。其计算公式如下：

本期商品销售成本=期初库存商品+本期进货总额-期末库存商品进价金额

这种方法主要适用于经营鲜货商品的零售企业，其优点是平时对商品购销业务的会计处理非常简单，但对于商品损耗或差错事故不能控制，所发生的损溢都计入商品销售成本而平时不予反映，并且这种方法从管理上而言也不够严密，极易出现漏洞。

二、商品流转核算方法的应用

为了核算商品的增减变动及其结存情况，商业企业应设置“库存商品”科目。该科目属于资产类，借方表示验收入库的库存商品成本，贷方表示发出的库存商品成本，期末余额在借方，表示各种库存商品的成本。

（一）进价金额法

商业企业对商品采用进价金额法核算时，购进商品按照所购商品的成本入账。

购入商品时的会计分录：

借：库存商品（实际采购成本）

　　应交税费——应交增值税（进项税额）

　　贷：银行存款等

【例题3-2】桂海商业有限公司采用进价法核算，202×年1月20日购进A商品2 000件，每件5元，货款为10 000元，增值税税额为1 300元，款项均通过银行存款支付，不考虑其他因素。

购入商品时的会计分录：

借：库存商品——A商品　　　　10 000

应交税费——应交增值税（进项税额）　　1 300

贷：银行存款　　11 300

商业企业应当根据管理要求、商品流转方式等具体情况，合理地选择发出商品成本的确认方法。商业企业对商品采用进价金额法核算时，销售商品按销售合同或协议约定的金额入账，对已出售的商品，可以采用先进先出法、加权平均法、移动平均法或者个别计价法等方法结转成本。

1. 先进先出法

先进先出法是假设“先入库的商品先发出，不考虑商品的实际流转方式”，并根据这种假设的成本流转顺序来确认发出商品成本的一种常用方法。采用先进先出法，先购入的商品成本在后购入商品成本之前转出，据此确认发出商品以及期末商品的成本。

先进先出法的优点是可以随时结转发出商品的成本，成本核算比较准确；缺点是成本计算过程比较繁杂，工作量比较大。在持续通货膨胀的环境中，期末商品的成本接近于市场价格，而发出商品的成本偏低，会导致高估商业企业当期利润和期末商品的价值；在持续通货紧缩的环境中，则会低估商业企业商品价值和当期利润。

【例题 3-3】桂海商业有限公司 202 × 年 11 月 T 商品的入库、出库、结存的成本数据资料如表 3-1 所示。

表 3-1　T 商品购销明细（先进先出法）　　单位：元

日期		摘要	收入			发出			结存		
月	日		数量	单价	金额	数量	单价	金额	数量	单价	金额
11	1	期初余额							200	10	2 000
11	4	购入	100	12	1 200				200 100	10 12	2 000 1 200
11	12	销售				200 50	10 12	2 000 600	50	12	600
11	13	购入	200	14	2 800				50 200	12 14	600 2 800
11	18	销售				50 50	12 14	600 700	150	14	2 100
11	20	购入	100	15	1 500				150 100	14 15	2 100 1 500
11	27	销售				100	14	1 400	50 100	14 15	700 1 500
11	30	本期合计	400	—	5 500	450	—	5 300	50 100	14 15	700 1 500

根据表 3-1 可知：12 日发出的 250 件 T 商品，按先进先出法的流转顺序，应先发出期初库存商品 200 × 10 元= 2 000 元，然后再发出 4 日购入的 50 件，即 50 × 12=600 元，其他以此类推。从表中看出，使用先进先出法得出的发出商品成本和期末商品成本分别为 5 300元和 2 200 元。

计算过程如下：

发出商品成本=200 × 10+50 × 12+50 × 12+50 × 14+100 × 14=5 300（元）

期末商品成本=50 × 14+100 × 15=2 200（元）

2. 个别计价法

个别计价法亦称个别认定法、具体辨认法、分批实际法，是指采用假设商品的实物流转与成本流转相同，按照各种商品逐一辨认各次发出商品和期末商品所属的购进批别或生产批别，分别按其购入或生产时所确定的单位成本计算各批发出商品和期末商品成本的方法。在个别计价法下，是把每一种商品的实际成本作为计算发出商品成本和期末商品成本的基础。

个别计价法的优点是成本计算非常准确，符合商品的实际情况；缺点是在商品收发频繁情况下，其发出成本分辨的工作量较大，核算工作比较繁杂。因此，个别计价法适用于数量较少、单位价值较高的商品，如金银、珠宝、专用器具、名贵字画等贵重物品。

【例题 3-4】桂海商业有限公司 202 × 年 11 月 T 商品的入库、出库、结存的成本数据资料如表 3-2 所示。

表 3-2 T 商品购销明细

单位：元

日期		摘要	收入			发出			结存		
月	日		数量	单价	金额	数量	单价	金额	数量	单价	金额
11	1	期初余额							200	10	2 000
11	4	购入	100	12	1 200				300		
11	12	销售				250			50		
11	13	购入	200	14	2 800				250		
11	18	销售				100			150		
11	20	购入	100	15	1 500				250		
11	27	销售				100			150		
11	30	本期合计	400	—	5 500	450	—		150		

假设经过具体辨认，本期发出商品的单位成本下列：11 月 12 日发出的 250 件商品中，150 件是期初结存商品，单位成本为 10 元，100 件是 4 日购入商品，单位成本为 12 元；11 月 18 日发出的 100 件商品系 13 日购入，单位成本为 14 元；11 月 27 日发出的 100 商品中，50 件为期初结存，单位成本为 10 元，50 件为 20 日购入，单位成本为 15 元。则按照个别认定法，桂海商业有限公司 11 月份 T 商品收入、发出与结存情况如表 3-3 所示。

表 3-3　T 商品购销明细账（个别认定法）　　单位：元

日期		摘要	收入			发出			结存		
月	日		数量	单价	金额	数量	单价	金额	数量	单价	金额
11	1	期初余额							200	10	2 000
11	4	购入	100	12	1 200				200 100	10 12	2 000 1 200
11	12	销售				150 100	10 12	1 500 1 200	50	10	500
11	13	购入	200	14	2 800				50 200	10 14	500 2 800
11	18	销售				100	14	1 400	50 100	10 14	500 1 400
11	20	购入	100	15	1 500				50 100 100	10 14 15	500 1 400 1 500
11	27	销售				50 50	10 15	500 750	100 50	14 15	1 400 750
11	30	本期合计	400	—	5 500	450	—	5 350	100 50	14 15	1 400 750

从表中可知，桂海商业有限公司本期发出商品成本及期末结转商品成本计算如下：

本期发出商品成本＝150 × 10+100 × 12+100 × 14+50 × 10+50 × 15＝5 350（元）

期末结存商品成本＝期末结存商品成本+本期购入商品成本−本期发出商品成本

＝200 × 10+100 × 12+200 × 14+100 × 15−5 350 ＝ 2 150（元）

3. 月末一次加权平均法

月末一次加权平均法，是指以本月全部进货数量加上月初结存商品数量作为权数，去除本月全部进货成本加上月初商品成本，计算出商品的加权平均单位成本，以此为基础计算本月发出商品的成本和期末商品的成本的一种方法。

计算公式如下：

商品单位成本＝［月初库存商品的实际成本+∑（本月各批进货的实际单位成本 × 本月各批进货数量）］÷（月初库存商品数量+本月各批进货数量之和）

本月发出商品成本＝本月发出商品数量 × 商品单位成本

本月月末库存商品成本＝月末库存商品的数量 × 商品单位成本

或本月月末库存商品成本＝月初库存商品的实际成本+本月收入商品的实际成本−本月发出商品的实际成本

采用月末一次加权平均法核算的优点是到月末一次性计算商品的加权平均单价，计算比较简单，有利于减少成本计算工作；缺点是只有到月末才能计算平均单价，平时无法从账上反映商品的发出成本和结存商品的成本，不利于商品成本的日常管理与控制。

【例题 3-5】 桂海商业有限公司 202×年 11 月 T 商品的入库、出库、结存的成本数据资料如表 3-4 所示。

表 3-4 T 商品购销明细 单位：元

日期		摘要	收入			发出			结存		
月	日		数量	单价	金额	数量	单价	金额	数量	单价	金额
11	1	期初余额							200	10	2 000
11	4	购入	100	12	1 200				300		
11	12	销售				250			50		
11	13	购入	200	14	2 800				250		
11	18	销售				100			150		
11	20	购入	100	15	1 500				250		
11	27	销售				100			150		
11	30	本期合计	400	—	5 500	450	—		150		

11 月，T 商品平均单位成本 =（期初结存商品成本+本期购入商品成本）÷（期初商品结存数量+本期购入商品数量）=（200 × 10+100 × 12+200 × 14+100 × 15）÷（200+100+200+100）= 125（元）

11 月，T 商品的发出商品成本 = 45 × 125 = 5 625（元）

11 月，T 商品的期末结存成本 = 7 500−5 625 = 1 875（元）

4. 移动加权平均法

移动加权平均法，是指以每次进货的成本加上原有库存商品的成本，除以每次进货数量加上原有库存商品的数量，据以计算加权平均单位成本，作为在下次进货前计算各次商品发出成本的一种方法。计算公式如下：

商品单位成本 =（原有库存商品的实际成本+本次进货的实际成本）÷（原有库存商品数量+本次进货数量）

本次发出商品的成本 = 本次发出商品数量 × 本次发货前商品的单位成本

本月月末库存商品成本 = 月末库存商品的数量 × 本月月末商品单位成本

采用移动平均法的优点是方便商业企业管理层及时掌握商品入库、出库和结存的情况，通过计算确定的平均单位成本以及发出和结存的商品成本比较真实客观；缺点是由于每次商品入库都需要重新计算平均单位成本，计算工作量比较大，核算过程比较繁杂，对收发货较频繁的企业不适用。

【例题 3-6】 桂海商业有限公司 202×年 11 月 T 商品的入库、出库、结存的成本数据资料如表 3-5 所示。

表 3-5　T 商品购销明细　　单位：元

日期		摘要	收入			发出			结存		
月	日		数量	单价	金额	数量	单价	金额	数量	单价	金额
11	1	期初余额							200	10	2 000
11	4	购入	100	12	1 200				300	10.7	3 200
11	12	销售				250	10.7	2 675	50	10.7	535
11	13	购入	200	14	2 800				250	13.3	3 335
11	18	销售				100	13.3	1 330	150	13.3	1 995
11	20	购入	100	15	1 500				250	14	3 498
11	27	销售				100	14	1 400	150	14	2 095
11	30	本期合计	400	—	5 500	450	—		150	尾数调整	2 095

从表 3-5 中看出，T 商品的平均成本从期初的 10 元变为期中的 10.7 元、13.3 元，再变成期末的 14 元。各次平均成本计算过程如下：

11 月 1 日,购入商品后的平均单位成本 = (200 × 10+100 × 12) ÷ (200+100) ≈ 10.7(元)

11 月 13 日,购入商品后的平均单位成本 = (50 × 10.7+200 × 14) ÷ (50+200) ≈ 13.3(元)

11 月 20 日,购入商品后的平均单位成本 = (150 × 13.3+100 × 15) ÷ (150+100) ≈ 14(元)

如表 3-5 所示，采用移动加权平均成本法得出的本期发出 T 商品成本和期末结存 T 商品成本分别为 5 405 元和 2 095 元。

销售商品时，符合收入确认条件的，应当一方面确认收入，另一方面应结转其销售成本。

确认收入时的会计分录：

借：银行存款等

　　贷：主营业务收入

　　　　应交税费——应交增值税（销项税额）

结转商品成本时的会计分录：

借：主营业务成本

　　贷：库存商品

（二）售价金额法

商业企业外购商品采用售价核算的，商品售价和进价的差额，可通过“商品进销差价”科目核算。月末，应分摊已销商品的进销差价，将已销商品的销售成本调整为实际成本。

商品流通企业的库存商品还可以采用销售毛利率法和售价金额法进行日常核算。

1. 销售毛利率法

销售毛利率法是指根据本期销售净额乘上期实际或本期计划的销售毛利率匡算本期的

销售毛利，并据以计算发出商品和期末商品成本的一种专门方法。计算公式如下：

销售毛利率=销售毛利÷销售净额 × 100%

销售净额=商品销售收入-销售退回和销售折让

销售毛利=销售净额 × 销售毛利率

销售成本=销售净额-销售毛利

期末商品成本=期初商品成本+本期购货成本-本期销售成本

这一方法是商品流通企业，尤其是商业批发企业常用的计算本期商品销售成本和期末库存商品成本的方法。

【例题 3-7】桂海商场 202 × 年 11 月初库存 C 商品 40 万元，本月购进 60 万元，本月销售收入 80 万元，上季度该类商品的销售毛利率为 30% ，不考虑其他因素，本月已销商品和库存商品的成本计算如下：

本月销售收入=80（万元）

销售毛利=80 × 30% =24（万元）

本月销售成本=80-24=56（万元）

库存商品成本=40+60-56 =44（万元）

2. 售价金额法

售价金额法是指平时商品的购入、加工收回、销售均按售价记账，售价与进价的差额通过“商品进销差价”科目核算，期末计算进销差价率和本期已销商品应分摊的进销差价，并据以调整本期销售成本的一种方法。售价金额法计算公式如下：

商品进销差价率=（期初库存商品进销差价+本期购入商品进销差价）÷（期初库存商品售价+本期购入商品售价）× 100%

本期销售商品应分摊的商品进销差价=本期商品销售收入 × 商品进销差价率

本期销售商品的成本=本期商品销售收入-本期销售商品应分摊的商品进销差价

期末结存商品成本=期初库存商品进价成本+本期购进商品进价成本-本期销售商品成本

商业企业的商品进销差价率各期之间是比较均衡的，也可以采用上期商品进销差价率计算分摊本期的商品进销差价。年度终了，应对商品进销差价进行核实调整。

【例题 3-8】桂海商场 202 × 年 11 月期初库存 M 商品的进价成本为 100 万元，售价总额为 110 万元，本月购进 M 商品的进价成本为 80 万元，售价总额为 90 万元，本月销售收入为 120 万元，不考虑其他因素。售价金额法下的相关计算如下：

商品进销差价率=（10+10）÷（110+90）× 100%=10%

已销商品应分摊的商品进销差价=120 × 10% =12（万元）

已销售商品的成本= 120-12=108（万元）

期末库存商品的成本=100+80-108=72（万元）

本章小结

商品购销活动是商业企业为了获取一定的利润而从事的商品买卖活动，主要包括商品的买入、商品的卖出、商品的调拨、商品的储存等。

商品购进的入账时间一般以商品所有权转移的时间作为依据。商品销售的入账时间，一般以发出商品、收到货款或取得收取货款权利的时间作为依据。

商品的成本主要包括采购成本（如购买价款、相关税费、运输费、装卸费等）、加工成本和使商品达到目前场所和状态所发生的合理的必要的支出。商业企业取得商品的途径主要有外购和委托加工两种。

商品流转，是指物质产品通过买卖活动由生产领域向消费领域转移的过程，同时具有物质产品的转移和买卖活动两个方面的特征。

商品流转的核算方法，是指商业企业对商品流转过程中的成本进行核算的具体手段，即对商品的销售成本、商品的结存成本进行核算并结转的具体手段。

商业企业对商品采用进价金额法核算时，销售商品按销售合同或协议约定的金额入账，对已出售的商品，可以采用先进先出法、月末一次加权平均法、移动加权平均法或者个别计价法等方法结转成本。

企业外购商品采用售价核算的，商品售价和进价的差额，可通过“商品进销差价”科目核算。月末，应分摊已销商品的进销差价，将已销商品的销售成本调整为实际成本。

习题与实训

一、思考题

1. 什么是商品购销活动？商品购销活动有哪些内容？
2. 如何确定商品购入的时间和销售的时间？
3. 如何确定商品购入的成本？包括哪些内容？
4. 商品流转常用的方法有哪些？如何运用？

二、单项选择题

1. 超市的商品零售活动属于商品流通的（　　）。

A. 最后环节　　B. 中间环节　　C. 生产环节　　D. 起始环节

2. 商业企业从异地购进的商品，一般采用（　　）。

A. 发货制　　B. 提货制　　C. 送货制　　D. 送货或提货制

3. 商业企业的商品流转方式主要有批发和（　　）。

A. 制造　　B. 委托加工　　C. 零售　　D. 代销

4. 桂海商业有限公司于202×年5月20日与供应商签订采购合同，5月22日预付50%的货款，6月10日供应商发货，同时支付货款，6月12日收到该批商品。则该批商品的正确入账时间为（　　）。

A. 5月20日　　B. 5月22日　　C. 6月10日　　D. 6月12日

5. 小型批发流通企业通常采用的商品核算方法是（　　）。

A. 进价金额核算法　　B. 售价金额核算法

C. 数量进价金额核算法　　D. 数量售价金额核算法

6. A 公司购进商品一批，价款为 30 万元，运费 1 万元，增值税税额 3.9 万元，手续费 0.1 万元。则该批商品的采购成本为（　　）万元。

A. 34　　B. 30　　C. 33.9　　D. 31.1

7. 桂海有限责任公司 202×年 7 月 3 日存货结存数量为 200 件，单价为 4 元；7 月 4 日发出存货 150 件；7 月 6 日购进存货 200 件，单价 44 元；7 月 7 日发出存货 100 件。在对存货发出采用移动加权平均法核算的情况下，7 月 7 日结存存货的实际成本为（　　）元。

A. 648　　B. 432　　C. 1 080　　D. 1 032

8. 桂海商贸公司的库存商品采用毛利率法核算，202×年 8 月初，W 类库存商品成本总额为 125 万元，本月购进商品成本为 18 万元，本月销售收入为 25 万元，W 类商品上期毛利率为 20%。不考虑其他因素，该类商品月末库存成本总额为（　　）万元。

A. 148　　B. 132　　C. 123　　D. 103

9. 桂海商场的商品采用售价金额法核算，本月月初库存商品进价成本售价总额 460 万元；本月购进商品进价成本总额 400 万元，售价总额 540 万元；本月销售商品售价总额 800 万元。假设不考虑相关税费，该商场本月销售商品的实际成本为（　　）万元。

A. 460　　B. 450　　C. 700　　D. 800

10. 下列发出存货的计价方法中，不利于对商业企业存货成本进行日常管理与控制的方法是（　　）。

A. 移动加权平均法　　B. 先进先出法

C. 个别计价法　　D. 月末一次加权平均法

三、多项选择题

1. 商品批发企业一般具有的主要特征有（　　）。

A. 一般是大宗买卖　　B. 组织形式多样

C. 商品存储数量大　　D. 商品种类范围广泛

2. 商业企业的商品购进必须同时具备的条件有（　　）。

A. 为卖而买　　B. 取得实物

C. 通过货币结算而取得的商品所有权　　D. 为企业自用

3. 商业企业销售商品时要确认为收入，必须同时符合的条件有（　　）。

A. 商品所有权上的主要风险和报酬已经转移

B. 无继续管理权和控制权

C. 与交易相关的经济利益能够流入企业

D. 相关收入和成本能可靠计量

4. 库存商品销售价格的确认可按不同的销售对象分为（　　）。

A. 批发价　　B. 零售价

C. 协商价　　D. 批发价或零售价

5. 商品流通企业库存商品的核算方法有（　　）。

A. 数量进价金额核算法　　B. 数量售价金额核算法

C. 售价金额核算法　　D. 进价金额核算法。

四、判断题

1. 商品购进的入账时间一般以商品所有权转移的时间作为依据。（　　）

2. 商业企业在采购商品过程中发生的运输费、装卸费、保险费以及发生的其他可归属于商品采购成本的相关费用，应计入所购入商品的成本。（　　）

3. 商业企业可以采用后进先出法核算发出商品的成本。（　　）

4. 大型超市商品的零售活动属于商品流通的中间环节。（　　）

5. 商业批发企业的商品销售活动属于商品流通的中间环节。（　　）

五、实训题

1. 桂海批发公司为增值税一般纳税人企业，主要从事服装的批发业务。202×年11月4日库存男装1 000件，价值100 000元；本月购入男装40 000件，收到的增值税专用发票上注明的价款为440 000元，增值税税额为57 200元，另发生运输费用5 000元（假定运费不考虑增值税），装卸费用500元，途中保险费用800元。上述款项均以银行存款支付。本月销售男装2 500件，不考虑其他因素。

要求：

（1）计算购入男装的入账价值及单位采购成本；

（2）编制购入男装的会计分录；

（3）计算男装的加权平均成本；

（4）编制销售男装结转成本的会计分录。

2. 桂海食品批发公司按先进先出法计算发出商品的成本，202×年1月1日结存白砂糖1 000千克，每千克实际成本5元。本月发生下列有关业务：

（1）2日，购入白砂糖500千克，每千克实际成本5.2元，白砂糖已验收入库。

（2）4日，发出白砂糖800千克。

（3）6日，购入白砂糖700千克，每千克实际成本4.9元，白砂糖已验收入库。

（4）10日，发出白砂糖1 300千克。

（5）20日，购入白砂糖800千克，每千克实际成本5.5元，白砂糖已验收入库。

（6）26日，发出白砂糖300千克。

要求根据上述资料，完成以下各项计算：

（1）4日发出白砂糖的成本；

（2）10日发出白砂糖的成本；

（3）26日发出白砂糖的成本；

（4）期末结存白砂糖的成本。

第四章　商业企业批发商品与核算

知识与能力目标

1. 了解批发商品的流转方式、特点、业务范围；
2. 理解批发商品购进成本的确定、应设置的会计账户及应用；
3. 掌握批发商品购进、销售的账务处理。

思政目标

1. 养成诚信、可靠、谨慎、务实的品格，未雨绸缪，提高抗风险能力；
2. 树立会计职业的自豪感与自信心，形成正确的职业价值观，培养爱国情怀与职业操守。

第一节　商业企业批发商品购进业务的核算

批发随着商品经济的发展而不断发展，是商品经济发展的一种流转方式。商品经济国际化过程中，商品的生产与交换愈加频繁，商品购销量逐步增大，流通范围越来越广，生产者相互之间、生产者与零售商之间直接进行商品交换存在诸多困难，于是产生了专门向生产者直接购进商品，然后再转卖给其他生产者或零售商的批发商业模式，专门从事批发商品的企业成为商品批发企业。商业批发活动，使社会产品从生产领域进入流通领域，起到组织和调动地区之间商品流通的作用。批发商品流通是整个流通过程的起点和中间环节，具有商品进销量大、经营品种复杂、商品储存量多、保管地点分散、商品购销对象面广、购销方式多样等特点。为此在核算上要求有严密的手续制度，从价值上、数量上全面反映商品流通全过程，填制和接收能反映商品品名、数量、金额等内容的各种凭证，以控制和反映商品购销活动。商品批发业务一般由批发企业来经营，每次批售的商品数量较大，并按批发价格出售。商品的批发价格低于零售价格，即存在着批零差价，其差额由零售企业所耗费的流通费用、税金和利润构成。

一、商品批发业务的特点

商品批发企业的商品流转过程主要包括商品购进、商品储存和商品销售三个方面。商品批发在流转过程中具有以下特点。

（1）商品主要来源于生产企业或商业企业（包括进口商品）。

（2）商品买卖主要是大宗商品交易，次数少、金额大。

（3）商品储存量大，需要占用较大的储存场地。

（4）商品购销对象主要是企业（包括同城和异地客户）。

（5）商品流转一般签订商品购销合同或协议，交易中应严格执行合同或协议的规定。

二、批发商品购进的业务程序

（一）本地商品购进

本地商品购进是由商业企业向当地的生产企业或批发企业进货。一般采用送货制和提货制的交接货方式接收商品。货款一般采用支票、本票、商业汇票委托收款结算方式。进货时，由业务部门根据供货单位的专用发票核对所列商品的品名、规格、数量、单价、金额是否与合同规定相符。经核对无误后如由于专用发票联次不足，可填制一式多联收货单。存根联由业务部门留存；收货联由仓库凭以验收商品和登记商品保管账；结算联由财会部门凭以结算货款；记账联经仓库收货加盖“收货”章后转财会部门凭以记账。

（二）异地商品购进

异地商品购进是由商业企业向外地生产企业或批发企业进货，一般采用发货制交接货方式接收商品，货款结算大多采用托收承付、委托收款、商业汇票、银行汇票、汇兑等结算方式。以采用托收承付结算方式而言，其一般业务程序是：商业企业财会部门接到开户银行转来供货单位托收凭证、专用发票和代垫运费单据后，先送业务部门与合同核对，经核对无误后退还财会部门凭以办理承付货款手续，同时由业务部门填制收货单，留存一联外，其余交储运部门提货。商品到达后，仓库根据收货单及供货单位的发货单（随货同行联）办理商品验收入库手续后，留一联据以登记商品保管账，其余连同专用发票送财会部门编制记账凭证。

三、应设置的会计科目

（一）在途物资

为核算已经购进但尚未验收入库商品的成本，商业企业应设置“在途物资”科目。该科目属于资产类，借方登记购入的在途物资的实际成本，贷方登记已经验收入库的在途物资的实际成本，期末余额在借方，表示在途物资的采购成本。

（二）库存商品

为了核算库存商品的成本，商业企业应设置“库存商品”科目。用来核算全部自有的库存各种商品的实际成本，包括存放在仓库、门市部和寄存在外库的商品，委托其他单位代管、代销的商品，陈列展览的商品等。它的借方登记由“在途物资”账户转来购入商品和商品到达验收入库的采购成本及盘盈之数；贷方登记商品销售实际成本及盘亏之数，期末余额表示库存商品的实际成本。该账户可按商品类别、品名、规格、等级、存放地点等设置明细账。

四、批发商品购进业务的核算

（一）商品采购成本的确定

（1）批发商品属于从国内购进（包括用于国内销售和用于出口），以购买价款加上相关税费以及使商品达到预定可使用状态前发生的合理支出作为成本。购进商品所发生的采购费用，一般计入商品采购成本，金额较小的可以直接计入当期损益，通过销售费用反映。

（2）商品批发企业进口商品，以购买价款加上相关税费以及使商品达到预定可使用状态前发生的合理支出作为成本〔包括进口商品的国外进价、应分担的外汇差价和进口环节的各种税金，进口商品的国外进价，一律以到岸价格（CIF）为基础〕。

（3）企业委托其他单位代理进口的商品，其采购成本为实际支付给代理单位的全部价税款，扣除按规定计算的进项税额后的数额。

（4）企业购进免税农业产品，其采购成本为支付的收购价款扣除按规定计算的进项税款后的数额。

（5）小规模纳税企业购进的商品，无论是否取得增值税专用发票，其支付的增值税税额均不计入进项税额，不得从销项税中抵扣而计入商品的采购成本。

（二）购进国内商品业务

1. 同城购进商品业务

商品批发企业同城购进商品，货款支付时间和商品验收入库时间基本一致，直接通过“库存商品”账户核算。

同城购进商品并验收入库时的会计分录：

借：库存商品（购进商品的实际成本）

　　应交税费——应交增值税（进项税额）

　　贷：银行存款等

【例题 4-1】 202×年4月2日，桂海商业有限公司购入H商品一批，增值税专用发票注明价款为3 000元，增值税税额为390元，发票账单已收到，商品已验收入库，全部款项以银行存款支付，不考虑其他因素。

购入 H 商品时的会计分录：

借：库存商品——H 商品　　3 000

　　应交税费——应交增值税（进项税额）　　390

　　贷：银行存款　　3 390

如果是小规模纳税人企业，所支付的不可抵扣的增值税进项税额计入所购商品的成本。

2. 异地购进商品业务

商品批发企业异地购进商品，货款支付时间和商品验收入库时间经常不一致，一般有以下三种情况：支付货款和收到商品并验收入库同时完成；已支付货款或开出、承兑商业汇票，商品后到或商品虽到尚未验收入库；商品先到并验收入库，而未支付货款或开出、承兑商业汇票。

（1）单据已到、商品已入库。商品批发企业购进商品的单据与商品验收入库在同一个时间段完成的，购进商品时直接记入“库存商品”账户。

购进商品入库时的会计分录：

借：库存商品——××商品（进价）

　　应交税费——应交增值税（进项税额）（增值税专用发票上注明的增值税税额）

　　贷：银行存款

　　　　应付票据等

【例题 4-2】202×年 5 月 20 日，桂海商业有限公司购入 A 商品一批，增值税专用发票注明价款为 300 000 元，增值税税额为 39 000 元，发票账单已收到，商品已验收入库，全部款项以银行存款支付，不考虑其他因素。

购入 A 商品时的会计分录：

借：库存商品——A 商品　　300 000

　　应交税费——应交增值税（进项税额）　　39 000

　　贷：银行存款　　339 000

（2）商品已到、单据未到。商品批发企业购进的商品已经验收入库，到月底发票账单尚未收到，应当按暂估价值入账，记入“库存商品”账户。

购入商品发票账单未到时的会计分录：

借：库存商品——××商品（进价）

　　贷：应付账款——暂估应付账款

下个月月初用红字冲回的会计分录：

借：库存商品——××商品（进价）（金额用红字）

　　贷：应付账款——暂估应付账款（金额用红字）

【例题 4-3】202×年 6 月 28 日，桂海商业有限公司购入并验收入库 D 商品一批，发票账单尚未收到，D 商品暂估价值为 500 000 元，6 月 30 日，发票账单尚未到达，不考虑其他因素。

购入 D 商品时的会计分录：

借：库存商品——D 商品　　500 000
　　贷：应付账款——暂估应付账款　　500 000

7 月 1 日用红字金额冲销时的会计分录：

借：库存商品——D 商品　　[500 000]
　　贷：应付账款——暂估应付账款　　[500 000]

7 月 5 日，收到上述购入 D 商品的结算凭证和发票账单，专用发票列明价款 500 000 元，增值税税额 65 000 元，以银行存款支付，不考虑其他素。

收到 D 商品时的会计分录：

借：库存商品—— D 商品　　500 000
　　应交税费——应交增值税（进项税额）　　65 000
　　贷：银行存款　　565 000

（3）单据已到、商品未到。商品批发企业购进的商品尚未到达，结算单据已到达，应当先记入“在途物资”账户，待商品验收入库后转入“库存商品”账户。

发票账单已到商品尚未入库时的会计分录：

借：在途物资
　　应交税费——应交增值税（进项税额）
　　贷：应付票据
　　　　银行存款等

商品验收入库时的会计分录：

借：库存商品—— × × 商品
　　贷：在途物资—— × × 商品

【例题 4-4】202 × 年 1 月 12 日，桂海商业有限公司购入 E 商品一批，增值税专用发票上注明价款为 500 000 元，增值税税额为 65 000 元。双方商定采用商业承兑汇票结算方式支付货款，付款期限为 3 个月，商品尚未到达，不考虑其他因素。

购入 E 商品尚未入库时的会计分录：

借：在途物资——E 商品　　500 000
　　应交税费——应交增值税（进项税额）　　65 000
　　贷：应付票据　　565 000

E 商品到达验收入库时的会计分录：

借：库存商品——E 商品　　500 000
　　贷：在途物资——E 商品　　500 000

如果上述购入 E 商品取得的是增值税普通发票，列明金额为 565 000 元，采用商业承兑汇票结算方式支付货款，付款期限为 3 个月，材料尚未到达。

购入 E 商品尚未入库时的会计分录：

借：在途物资——E 商品　　565 000
　　贷：应付票据　　565 000

（4）款项已付、商品尚未到达。商品批发企业购入商品，如果款项按合同或协议约定已付，商品尚未验收入库，通过“预付账款”账户核算。

预付款购买商品时的会计分录：

借：预付账款

贷：银行存款

借：在途物资

应交税费——应交增值税（进项税额）

贷：预付账款

银行存款等。

【例题 4-5】 202 × 年 8 月 10 日，桂海商业有限公司从 B 公司购入 F 商品一批，增值税专用发票上注明价款为 50 000 元，增值税税额为 6 500 元。双方商定采用预付款方式，8 月 10 日合同签订时预付 30 000 元，B 公司发出 F 商品时补付余款，8 月 16 日 F 商品已发出，8 月 20 日收到 F 商品，不考虑其他因素。

8 月 10 日预付款购买 F 商品时的会计分录：

	借方	贷方
借：预付账款	30 000	
贷：银行存款		30 000

8 月 16 日 B 公司发货时的会计分录：

	借方	贷方
借：在途物资——F 商品	50 000	
应交税费——应交增值税（进项税额）	6 500	
贷：预付账款		30 000
银行存款		26 500

8 月 20 日收到 F 商品时的会计分录：

	借方	贷方
借：库存商品——F 商品	50 000	
贷：在途物质——F 商品		50 000

（三）购进国外商品业务

购进国外商品也称为进口商品，是商业企业从国外购进商品的交易活动，属于国际贸易活动的一个重要组成部分。进口商品通常先签订进口商品合同或协议，然后支付款项履行进口商品合同或协议。在进口商品的结算方式上，通常使用国际信用证结算、托收结算和汇付结算三种。

在实务中，进口商品的采购成本一律以到岸价格（CIF）为基础核算，即由商品到达我国海关港口之前发生的购买价款、相关税费构成。通过海关之后所发生的相关费用（如港杂费、运杂费、保险费等）计入当期损益，通过“销售费用”账户核算。如果进口商品以离岸价格（FOB）为基础核算，采购成本包括离岸价格加上到达我国海关港口之前由我方负担的相关费用；到达我国海关港口之后发生的费用（如港杂费、运杂费、保险费等）计入当期损益，通过“销售费用”账户核算。

1. 进口商品采购成本的计算

（1）以我国海关港口到岸价格（CIF）成交为基础核算，计算公式如下：

进口商品的采购成本=国外进价+外汇差价+进口环节的各种税费

（2）以国外口岸离岸价格（FOB）成交为基础核算，计算公式如下：

进口商品的采购成本=国外进价+报关前相关费用+外汇差价+进口环节各种税费

（3）进口环节各种税费及采购成本的计算公式如下：

进口环节的各种税费=关税+消费税

消费税=（海关完税价格+关税）÷（1−消费税率）× 消费税率

关税=海关完税价格 × 关税税率

增值税=（关税完税价格+关税+消费税）× 增值税税率

进口商品采购成本=关税完税价格+关税+消费税

2. 进口商品的业务的核算

进口商品报关时的会计分录：

借：在途物资——××商品（实际采购成本）

  应交税费——应交增值税（进项税额）

  贷：银行存款

    应付票据等

支付报关前相关费用时的会计分录：

借：在途物资——××商品（报关前产生的相关费用）

  贷：银行存款等

支付报关后相关费用时的会计分录：

借：销售费用（报关后产生的相关费用）

  贷：银行存款等

进口商品验收入库时的会计分录：

借：库存商品——××商品

  贷：在途物资——××商品

【例题 4-6】202×年1月2日，桂海商业有限公司进口K商品买价（离岸价）为100 000欧元，假设当日的汇率为1欧元=10元人民币，进口海运费50 000元人民币，海运保险3 000元人民币，假设关税完税价格等于到岸价，报关后的运杂费为8 000元（不考虑增值税），K商品的关税税率为14%，消费税税率为10%，增值税税率为13%，K商品已验收入库，不考虑其他因素。

计算过程如下：

进口K商品的到岸价（关税完税价格）=100 000 × 10+50 000+3 000=1 053 000（元）

进口货物应交关税=1 053 000 × 14% = 147 420（元）

进口消费税=（1 053 000+147 420）/（1−10%）× 10%=133 380（元）

进口增值税=（1 053 000+147 420）/（1−10%）× 13%=173 394（元）

则这批货物成本=1 053 000+147 420+133 380=1 333 800（元）

进口K商品时的会计分录：

借：在途物资——K 商品　　1 333 800
　　应交税费——增值税（进项税额）　　173 394
　　贷：银行存款　　1 507 194

支付报关后运杂费用时的会计分录：

借：销售费用　　8 000
　　贷：银行存款　　8 000

K 商品验收入库时的会计分录：

借：库存商品——K 商品　　1 333 800
　　贷：在途物资——K 商品　　1 333 800

（四）收购免税农副产品业务

农副产品，是指由农业生产所带来的副产品，包括农、林、牧、副、渔五业产品，具体分为粮食、经济作物、竹木材、工业用油及漆胶、禽畜产品、蚕茧蚕丝、干鲜果、干鲜菜及调味品、药材、土副产品、水产品等。农副产品是经济社会的必需品，农副产品又具有分散性、季节性和易变质性等特点，在实务中不便于统一管理。为了满足现实社会的需要，按照现行税法规定，一般纳税人企业向农业生产者购买免税农副产品或向小规模纳税人企业购买农副产品，准予按购买价款的 9%扣除率计算进项税额，从当期的销项税额中扣除。

1. 农业产品收购一般程序

收购农业产品时，在做好验质、定级、计价、点数、过秤和入库验收等一系列工作后，由收购人员根据收购的大宗农业产品和零星农业产品，分别填制一式多联农业产品收购凭证和农业产品收购计数单，每日或定期按品名汇总编制农业产品收购汇总表办理付款，并报送财会部门。

2. 农副产品收购的核算

（1）农副产品直接收购的核算。农副产品直接收购是指商业企业设置收购站，以自筹资金直接向生产者收购农副产品的业务活动。其核算方法有报账付款、计划拨款、交货补款等，一般采用报账付款方法较多。报账付款是由拨款单位对收购量较为稳定的收购站核拨一定数量的备用金，收购站按期编制农副产品收付存报告表送拨款单位财会部门报账，经审核后，补充备用金。

收购站领用的备用金，应实行钱货分管。收购企业应加强对备用金的管理，建立定期的对账报账制度，保证账账相符，防止拖欠挪用。

（2）预购农业产品的核算。收购农业产品企业除直接收购农业产品外，还可以对某些农业产品进行预购，由收购企业通过预付定金的办法，与农业生产者签订合同，规定预购的品种、数量、质量和交售时间，待收货后进行结算，多退少补。预购定金的款项来源由收购企业按照政策规定，直接向银行办理预购定金借款。预购定金借款是专用借款，只能用作发放预购定金，不能挪作他用。反映预购定金的账户是“预付账款”账户，属资产类账户，用来核算企业按购货合同规定预付给供应单位的货款。它的借方登记支付预付款数，贷方登记收购商品时应付的价款，借方余额表示尚未结算的预付款项。

收购农副产品时的会计分录：

借：在途物资—— ×× 商品

应交税费——应交增值税（进项税额）（根据收购农副产品的价格 × 9%直接抵扣）

贷：银行存款等

农副产品验收入库时的会计分录：

借：库存商品—— ×× 商品

贷：在途物资—— ×× 商品

【例题 4–7】202 × 年 9 月 10 日，桂海商业有限公司从农户手中购入农副产品 F 商品一批，收购价款为 40 000 元，9 月 16 日收到 F 商品并验收入库，款项以银行存款支付，不考虑其他因素。

收购农副产品 F 商品时的会计分录：

借：在途物资——F 商品　　36 400

应交税费——应交增值税（进项税额）　　3 600（40 000 × 9%）

贷：银行存款　　40 000

农副产品 F 商品验收入库时的会计分录：

借：库存商品——F 商品　　36 400

贷：在途物资——F 商品　　36 400

五、购进商品发生溢余或短缺业务的核算

商品批发企业购进商品，应当按照销货单位发来的销售清单逐项验收，确保账实相符。在商品的实际验收过程中，如果发现账实不相符，一方面要按照实际验收数额入库，另一方面需要反映溢余或短缺商品的数额并查明原因进行账务处理，确保账实相符。在实务中，商品批发企业购进商品发生溢余或短缺，未查明原因前或未经批准前，先通过“待处理财产损溢”账户核算，待查明原因或经批准后，转入相关账户。

（一）购进商品溢余业务

商品批发企业购进商品发生溢余，应当查明溢余的原因和性质，并在权限范围内进行账务处理。购进商品发生溢余和短缺的原因很多，有的是由于商品本身性能和自然条件的变化而造成的商品升溢或损耗；有的是由于供货单位的工作差错，多发或少发；也有的是运输单位的失职而造成的丢失、破坏等。购进商品发生溢余和短缺情况，应由验收部门会同运输单位作出详细记录和鉴定证明，并填制“商品溢余（短缺）报告单”报有关部门作为清查和处理的依据。在实务中，购进商品发生溢余，在未查明原因以前，先通过“待处理财产损溢”账户的贷方核算，查明原因后进行转销处理。经检查商品溢余的原因属于自然升溢的情况，冲减当期销售费用，记入“销售费用”账户的贷方；如果商品溢余的原因属于销货单位发货错误，并且商品批发企业同意购进多发货的部分，按购进商品处理，转销“待处理财产损溢”账户，并根据销货方补开的增值税发票记入“应交税费——应交增值税（进项税额）”账户借方抵扣，同时增加应付款项或减少银行存款。如果商品

批发货企业不同意购进多发商品，冲减“待处理财产损溢”账户，同时冲减“库存商品”账户。

购进商品溢余时的会计分录：

借：库存商品——××商品

　　贷：待处理财产损溢——待处理流动资产损溢

　　　　在途物资——××商品

审批后属于自然溢余时的会计分录：

借：待处理财产损溢——待处理流动资产损溢

　　贷：销售费用——××商品

审批后同意做购进商品处理时的会计分录：

借：待处理财产损溢——待处理流动资产损溢

　　应交税费——应交增值税（进项税额）

　　贷：银行存款等

审批后不同意做购进商品处理时的会计分录：

借：待处理财产损溢——待处理流动资产损溢

　　贷：库存商品——××商品

【例题 4-8】202×年9月18日，桂海商业有限公司从外地购进一批白糖，购销合同显示购买数量为5 000千克，每千克8元，增值税税率为13%，9月28日收到白糖并验收入库，入库数量为5 500千克，经核对发现其中的100千克属于自然升溢，另外400千克属于销货方多发，经协商，桂海商业有限公司同意把多发的400千克白糖作为补充购进商品，款项通过银行存款支付，不考虑其他因素。

购进白糖时的会计分录：

借：在途物资——白糖　　40 000

　　应交税费——应交增值税（进项税额）　　5 200

　　贷：银行存款　　45 200

购进商品溢余时的会计分录：

借：库存商品——白糖　　44 000

　　贷：待处理财产损溢——待处理流动资产损溢　　4 000

　　　　在途物资——白糖　　40 000

审批后属于自然溢余时的会计分录：

借：待处理财产损溢——待处理流动资产损溢　　800

　　贷：销售费用　　800

审批后同意做购进商品处理时的会计分录：

借：待处理财产损溢　　3 200

　　应交税费——应交增值税（进项税额）　　416

　　贷：银行存款　　3 616

（二）购进商品短缺业务

在实务中，购进商品发生短缺，先通过“待处理财产损溢”账户的借方核算，查明原因后进行转销处理。购进商品发生短缺，由保险公司或过失人赔偿的部分，应通过“应付账款”“其他应收款”等账户核算；属于自然灾害原因产生的损失，应通过“营业外支出”账户核算；属于其他原因产生的损失，应通过“销售费用”账户核算。

购进商品发生短缺时的会计分录：

借：待处理财产损溢——待处理流动资产损溢

　　库存商品——××商品

　　贷：在途物资——××商品

　　　　应交税费——应交增值税(进项税额转出)(管理不善等非正常原因造成的损失)

审批后应由赔偿损失时的会计分录：

借：应付账款——××公司（销货单位等承担的损失）

　　其他应收款——××(保险公司、其他责任人承担的损失)

　　贷：待处理财产损溢——待处理流动资产损溢

审批后由自然灾害等造成损失时的会计分录：

借：营业外支出——非常损失

　　贷：待处理财产损溢——待处理流动资产损溢

审批后属于其他原因造成损失时的会计分录：

借：销售费用

　　贷：待处理财产损溢——待处理流动资产损溢

【例题 4-9】202×年 8 月 18 日，桂海商业有限公司购进彩电 50 台，取得对方开具增值税专用发票上注明的价款为 100 000 元，增值税税额为 13 000 元，对方代垫运费 1 000 元(金额小，不计入成本，不考虑增值税)，款项已由银行存款支付。8 月 26 日彩电验收入库时发现电视机毁损 2 台，经查属于运输部门的责任，运输部门承诺赔偿，不考虑其他因素。

购进彩电时的会计分录：

	借方	贷方
借：在途物资——彩电	100 000	
销售费用	1 000	
应交税费——应交增值税（进项税额）	13 000	
贷：银行存款		114 000

彩电验收入库时的会计分录：

	借方	贷方
借：库存商品——彩电	96 000	
待处理财产损溢——待处理流动资产损溢	4 520	
贷：在途物资——彩电		100 000
应交税费——应交增值税（进项税额转出）		520

审批后由运输公司承担损失时的会计分录：

	借方	贷方
借：其他应收款	4 520	

贷：待处理财产损溢——待处理流动资产损溢　　4 520

六、购进商品退回业务的核算

商品批发企业购进商品，在验收环节或者后续销售过程中发现供货方提供商品的质量、规格等与合同或协议不相符，要求退货的情况。

购入商品时的会计分录：

借：库存商品——××商品

　　应交税费——应交增值税（进项税额）

　　贷：银行存款等

购进商品发生退回时的会计分录：

借：应收账款——××公司

　　贷：库存商品——××商品

　　　　应交税费——应交增值税（进项税额）

收到退回货款时的会计分录：

借：银行存款

　　贷：应收账款——××公司

【例题 4-10】202×年9月20日，桂海商业有限公司购入K商品一批，增值税专用发票注明价款为30 000元，增值税税额为3 900元，发票账单已收到，K商品已验收入库，全部款项以银行存款支付，1月5日由于K商品出现质量问题全部退货，1月10日，收到退回的购货款，不考虑其他因素。

购入K商品时的会计分录：

借：库存商品——K商品　　30 000

　　应交税费——应交增值税（进项税额）　　3 900

　　贷：银行存款　　33 900

退回K商品时的会计分录：

借：应收账款　　33 900

　　贷：库存商品——K商品　　30 000

　　　　应交税费——应交增值税（进项税额）　　3 900

收到退回货款时的会计分录：

借：银行存款　　33 900

　　贷：应收账款　　33 900

七、进货退、补价的核算

企业购进商品，有时会因供货单位计价错误或按暂作价计算等原因，因而商品进价与实际进价可能会发生差异。退价或补价时，应由供货单位填制专用发票及附件“销货更正单”据以办理退、补价手续。

（一）进货退价

进货退价是指应计的进价低于已结算的进价，应由供货单位退还给进货单位的差价款。在会计核算上，当收到退价通知时，应区别以下两种情况。

1. 商品尚未售出或虽已售出但尚未结转商品销售成本。根据供货单位的红字专用发票及“销货更正单”，做如下会计分录。

借：银行存款

  贷：库存商品——××商品（采购成本）

    应交税费——应交增值税（进项税额）

2. 商品已售出，并已结转商品销售成本，根据供货单位的红字专用发票及“销货更正单”，做如下会计分录。

借：银行存款

  贷：主营业务成本

    应交税费——应交增值税（进项税额）

进货折扣与折让的会计处理与进货退价同。

（二）进货补价

进货补价是指应计的进价高于已结算的进价，应由进货企业补付货款差额。在会计核算上，也有两种不同的账务处理。

1. 商品尚未售出，或已售出但尚未结转商品销售成本，根据供货单位专用发票及“销货更正单”补付货款时，做如下会计分录。

借：库存商品——××商品

  应交税费——应交增值税（进项税额）

  贷：银行存款

2. 商品已售出，并已结转商品销售成本，根据供货单位的专用发票及“销货更正单”补付货款时，做如下会计分录。

借：主营业务成本

  应交税费——应交增值税（进项税额）

  贷：银行存款

借：库存现金（或银行存款）

  贷：其他业务收入

八、代购商品的核算

代购商品有委托代购商品和受托代购商品，其核算有所不同。

（一）委托代购商品的核算

委托代购商品是商业企业委托其他单位代购商品。目前商业企业的委托代购商品业务，主要是委托收购农副产品。农副产品收购企业为了便利农民交售，除了自营收购以外，在一些未设收购机构的地区，可以委托当地商业企业或其他企业代购。委托代购时，双方应签订代购合同，规定代购农副产品的品种、规格、费用负担、手续费标准、交接货方式，以及结算办法等。委托代购农副产品的核算有三种处理方法。

1. 代购费用实报实销

代购费用实报实销是指委托收购农副产品的收购费用（包括运杂费、保管费、包装费等），先由受托单位代垫，再向委托单位按实报销，并另行收取代购手续费的处理办法。委托单位对这部分代购费用不计入商品进价，以“销售费用”账户列支。

2. 代购费用定额包干

代购费用定额包干是指委托代购农副产品的代购费用按代购金额核定一个比例，由委托代销单位包干，另加手续费，委托单位将这部分包干费用计入商品进价的处理办法。

3. 作价交接

作价交接是指代购双方按代购合同商定的“交接价”办理结算手续的处理办法。“交接价”包括农副产品收购价、收购费用，以及代购手续费等项。委托单位按“交接价”作为商品进价。

（二）受托代购商品的核算

受托代购商品是指企业代其他单位收购商品。目前商业企业的受托代购业务主要有代购农副产品、代购进口商品等业务。受托代购商品的核算一般以不垫资金，收取手续费为主要形式。

收到委托单位的代购资金，存入银行：

借：银行存款

　　贷：应付账款——××单位

支付代购商品货款（包括增值税）：

借：应付账款——××单位

　　贷：银行存款

收取手续费：

借：应付账款——××单位

　　贷：其他业务收入

按收入的一定百分比计算应交增值税：

借：其他业务支出

　　贷：应交税费——应交增值税（进项税额）

退还多余款：

借：应付账款——××单位

　　贷：银行存款

如属受托单位垫付资金，则以“应收账款”账户列账。

第二节 商业企业批发商品销售业务的核算

商品批发企业主要从事各类商品批发，商品交易中，一般交易量和涉及金额都较大。实务中，商品批发企业按其销售对象及交易地点不同分为同城商品销售和异地商品销售，在会计核算上，也对应分为同城商品销售核算和异地商品销售核算。

批发商品销售业务主要包括发出商品和结算货款两个环节。批发商品销售业务涉及供货单位内部的业务、储运、物价、财会等部门，各部门之间相互配合，共同完成。批发商品销售的业务程序与商品交接货和结算方式有着密切的联系。本地商品销售一般采用“提货制”或“送货制”，货款结算大多采用支票、委托收算方式。采用“提货制”交接货方式，一般由购货单位派采购员到供货单位去选购商品，由供货单位的业务部门填制统一规定的“增值税专用发票”，如联次不够，可增开补充联或另开发货单作附件。除留下存根联备查外，其余各联交购货单位采购员办理结算货款和提货手续。供货单位财会部门在收到货款后，在“发票联”上加盖收款戳记，留下“记账联”，其余联次退还给购货单位采购员到指定的仓库提货。采用“送货制”交接货方式，一般由供货单位业务部门根据购销合同或要货单，填制“增值税专用发票”，留下存根联备查，其余各联交储运部门向仓库提货送往购货单位，将“发票联”“抵扣联”交购货单位凭以验收商品、结算货款。一般情况是货到后收取货款，也有先办理货款结算后送货的。不论是哪一种方式，供货单位必须收到购货单位货款或收货证明后才能做销售入账。送货费用一般由供货单位负担。

异地商品销售，一般采用“发货制”交接货方式。其业务程序一般由供货单位的业务部门填制“增值税专用发票”，留下存根联备查，其余各联交储运部门向仓库提货，并办理商品发运手续。商品发运时，储运部门将发票联和税款抵扣联连同商品发运证明、垫付运杂费清单，一并送交财会部门。财会部门审核无误后留下记账，据以向开户银行办理托收货款手续。财会部门根据托收凭证回单联和记账联进行账务处理。

一、应设置的会计科目

1. 主营业务收入

为了核算销售商品实现的收入，商品批发企业应设置“主营业务收入”科目。该科目属于损益类，贷方登记商品批发企业销售商品实现的收入，借方登记退货、销售折让等冲减的收入以及转入“本年利润”账户的金额，期末结转后无余额。

2. 主营业务成本

为了核算销售商品结转的商品成本，商品批发企业应设置“主营业务成本”科目。该科目属于损益类，借方登记商品批发企业销售商品结转的成本，贷方登记退货等冲减的成本以及转入“本年利润”账户的金额，期末结转后无余额。

二、批发商品销售业务的核算

（一）同城商品销售业务

商品批发企业在同城销售商品，由于距离较短，一般采用“提货制”或“送货制”，在货款的结算上主要采用现金、支票、委托收款方式。

1. 提货制销售方式

在提货制销售方式下，一般是商品采购企业到商品销售企业现场选购商品，确定品种、数量，商谈商品价格。商品销售企业的销售部门根据采购企业选定的商品，开具增值税发票和销货清单，交采购企业办理货款结算，采购企业办理货款结算后，凭着提货单到仓库办理提货手续。

每日终了，销售部门把销售清单交给会计做账，出纳将收款结算凭据交给会计做账。

每日终了确认收入时的会计分录：

借：银行存款等

　　贷：主营业务收入

　　　　应交税费——应交增值税（销项税额）

月末集中结转销售商品成本时的会计分录：

借：主营业务成本

　　贷：库存商品——××商品

注意：商品批发企业销售商品，一方面要核算商品销售收入，另一方面要结转已销售商品的成本。在实务中，商品销售成本可以逐日结转，也可以月末结转。为简化核算手续，商品销售成本可以在月末一次汇总结转。

【例题 4-11】 202×年1月20日，桂海商业有限公司采用提货制方式向同城W公司销售V商品一批，增值税专用发票注明价款为300 000元，增值税税额为39 000元，已办理托收手续，该批商品的成本为240 000元，货款已存入银行，不考虑其他因素。

实现收入时的会计分录：

科目	借方	贷方
借：银行存款	339 000	
贷：主营业务收入		300 000
应交税费——应交增值税（销项税额）		39 000
借：主营业务成本	240 000	
贷：库存商品		240 000

2. 预收款送货制销售方式

在预收款送货制销售方式下，一般是商品采购企业到商品销售企业现场选购商品，确定品种、数量，商谈商品价格。商品销售企业的销售部门根据采购企业选定的商品，开具增值税发票和销货清单，交采购企业办理货款结算，采购企业办理货款结算后，由商品销售企业将货物送到采购企业指定地方。

每日终了，销售部门把销售清单交给会计做账，出纳将收款结算凭据交给会计做账。

每日终了确认收入时的会计分录：

借：银行存款等

　　贷：主营业务收入

　　　　应交税费——应交增值税（销项税额）

月末集中结转销售商品成本时的会计分录：

借：主营业务成本

　　贷：库存商品——××商品

3. 验货付款送货制销售方式

在验货付款送货制销售方式下，一般是商品采购企业到商品销售企业现场选购商品，确定品种、数量，商谈商品价格。商品销售企业的销售部门根据采购企业选定的商品，开具增值税发票和销货清单，并将货物送到采购企业指定地点，由采购企业验货后办理货款结算。

每日终了，销售部门把销售清单交给会计做账。

每日发出商品时的会计分录：

借：发出商品——××商品

　　贷：库存商品——××商品

验货后确认收入时的会计分录：

借：银行存款等

　　贷：主营业务收入

　　　　应交税费——应交增值税（销项税额）

月末集中结转销售商品成本时的会计分录：

借：主营业务成本

　　贷：发出商品——××商品

【例题 4-12】 202×年5月20日，桂海商业有限公司采用验货付款方式向H公司销售K商品一批，增值税专用发票注明价款为30 000元，增值税税额为3 900元，该批商品的成本为24 000元，202×年5月22日H公司验货后表示商品符合合同约定，202×年5月29日收到货款存入银行，不考虑其他因素。

发出商品时的会计分录：

	借方	贷方
借：发出商品——K商品	24 000	
贷：库存商品——K商品		24 000

确认收入时的会计分录：

	借方	贷方
借：应收账款——H公司	33 900	
贷：主营业务收入		30 000
应交税费——应交增值税（销项税额）		3 900
借：主营业务成本	24 000	
贷：发出商品——K商品		24 000

收到货款时的会计分录：

借：银行存款　　33 900
　　贷：应收账款——H 公司　　33 900

（二）异地商品销售业务

商品批发企业将商品销售到异地，由于距离较远，一般采用发货制，货款的结算方式通常采用托收承付或委托收款。商品批发企业采用发货制销售商品，由销售部门根据合同或协议约定，填写发票和销货清单，运输部门根据销货清单到仓库提货并办理托收货款手续；办妥商品发运手续后，将托运单、销货清单交到财务部门做账。商品批发企业替商品采购企业垫付的运输费、装卸费、保险费等一并纳入应收账款核算。

办妥托收手续确认收入时的会计分录：

借：应收账款——××公司
　　贷：主营业务收入
　　　　应交税费——应交增值税（销项税额）

垫付运输费、装卸费、保险费时的会计分录：

借：应收账款——××公司
　　贷：银行存款

结转已销商品成本时的会计分录：

借：主营业务成本
　　贷：库存商品——××商品

收到货款及代垫费用时的会计分录：

借：银行存款
　　贷：应收账款——××公司

【例题 4-13】 202×年5月10日，桂海商业有限公司采用托收承付结算方式向异地K公司销售一批N商品，增值税专用发票注明价款为100 000元，增值税税额为13 000元，已办理托收手续，该批商品的成本为72 000元，202×年5月25日收到货款存入银行，不考虑其他因素。

确认收入时的会计分录：

借：应收账款——K 公司　　113 000
　　贷：主营业务收入　　100 000
　　　　应交税费——应交增值税（销项税额）　　13 000
借：主营业务成本　　72 000
　　贷：库存商品　　72 000

收到货款时的会计分录：

借：银行存款　　113 000
　　贷：应收账款——K 公司　　113 000

（三）直运商品销售

直运商品销售是指企业将商品直接由供货单位调运给购货单位，不经过企业仓库的商品销售。采用直运商品销售方式，可以减少商品出入库手续，利于加速商品流转，节约商品流通费用。批发商品的直运销售，一般有两种方式。

一种方式是由商业企业派采购员驻供货单位办理商品发运，代垫运费及委托所在地银行向购货单位托收货款等事项。在供货单位当地办理托收承付结算，必须征得银行同意。采用这种方式，在商品发运以后，由驻供货单位采购员寄回托收凭证回单联和专用发票记账联及附件“直运商品收发货单”，做商品销售入账；接到供货单位通过银行转来的托收凭证、专用发票，作商品购进入账。由于商业企业采购员寄来的向购货单位托收的凭证与供货单位通过银行转来的托收凭证在时间上不一致，因此，在核算上产生三种情况：一是先支付进货款，后办理托收销售款；二是先办理托收销售款，后支付进货款；三是支付进货款和收取销货款同一天进行。

另一种方式是批发企业委托供货单位代办商品发运，垫付运费和代向购货单位结算货款。采用这种方式，商业企业除填制专用发票外，另填制“直运商品收发货单”作附件送交供货单位，供货单位在代企业办妥商品发运和托收货款手续后，将托收凭证回单联、代垫运费清单、发运证明及发票等一并通过银行向企业办理货款结算，企业据以承付货款和办理托收销货入账手续。

直运商品销售的核算具有四个特点：一是商品的购进和销售业务同时发生；二是随时结转成本；三是不通过“库存商品”账户，直接以“在途物资”账户核算；四是商品的运费由批发企业与购货单位共同负担。

【例题 4-14】 桂海公司向供货单位购进折叠伞 1 000 把，进货单价为 20 元，进项税额为 2 600 元，直运给购货单位，批发单价为 25 元，销项税额为 3 250 元，代垫运费 400 元。按合同规定，桂海公司负担 120 元，购货单位负担 280 元。由驻供货单位采购员自办商品发运和货款结算手续。

1. 先承付进货款，后托收销货款

（1）根据银行转来供货单位的托收凭证、增值税专用发票及代垫运费等单据，承付货款及运费，做如下会计分录。

	借方	贷方
借：在途物资——供货单位	20 000	
应交税费——应交增值税（进项税额）	2 600	
销售费用——进货运费	120	
应收账款——购货单位	280	
贷：银行存款		23 000

（2）收到驻供货单位采购员向购货单位托收货款和运费的“托收凭证”回单联时，办理托收销货款入账手续，做如下会计分录。

	借方	贷方
借：应收账款——购货单位	28 530	
贷：主营业务收入		25 000
应交税费——应交增值税（销项税额）		3 250
应收账款——购货单位		280

同时，结转商品销售成本。

借：主营业务成本　　20 000

　　贷：在途物资——供货单位　　20 000

（3）收到银行转来向购货单位托收货款及运费的收款通知单时，做如下会计分录。

借：银行存款　　28 530

　　贷：应收账款——购货单位　　28 530

2. 先托收销货款，后承付进货款

（1）根据供货单位采购员向购货单位托收货款及运费的托收凭证回单联时，办理托收销货款入账手续，做如下会计分录。

借：应收账款——购货单位　　28 530

　　贷：主营业务收入　　25 000

　　　　应交税费——应交增值税（销项税额）　　3 250

　　　　应付账款——供货单位　　280

同时结转商品销售成本。

借：主营业务成本　　20 000

　　贷：在途物资——供货单位　　20 000

（2）根据银行转来供货单位的托收货款凭证、增值税专用发票、发货单及代垫运费清单等单据时，承付货款及运费，做如下会计分录。

借：应付账款——供货单位代垫运费　　280

　　在途物资——供货单位　　20 000

　　应交税费——应交增值税（进项税额）　　2 600

　　销售费用——进货运费　　120

　　贷：银行存款　　23 000

（3）收到银行转来向购货单位托收货款及运费的收款通知单时，做如下会计分录。

借：银行存款　　28 530

　　贷：应收账款——购货单位　　28 530

3. 托收销货款与承付进货款在同一天内办妥

（1）根据托收凭证回单联及有关凭证办理托收货款手续，做如下会计分录。

借：应收账款——购货单位　　28 530

　　贷：主营业务收入　　25 000

　　　　应交税费——应交增值税（销项税额）　　3 250

　　　　应收账款——购货单位　　280

（2）同时根据银行转来供货单位的托收凭证及有关单据，承付货款及运费，做如下会计分录。

借：主营业务成本　　20 000

　　应交税费——应交增值税（进项税额）　　3 250

　　销售费用——进货运费　　120

　　应收账款——购货单位　　280

贷：银行存款　　　　　　　　　　　　　　　　　　　　　　　23 650

（3）收到银行转来向购货单位托收货款及运费通知单时，其会计分录同前。

（四）农副产品销售的核算

农副产品的销售方式有送货制、提货制两种。货款结算一般采用银行汇票、汇兑结算方式。由于农副产品规格繁杂，一般以送货制较多，现将采用送货制的业务程序与核算方法简述如下。

1. 送货制的一般业务程序

某些农副产品由于规格、等级比较复杂，需要由收货方验收后定级定价，这种将商品送到购货单位的仓库或指定地点，并按实收数量和等级结算货款的送货制方式，是农副产品调拨的主要方式。

采用送货制调拨销售农副产品，一般要经过送货、验收和结算货款三个环节。

送货是指销售单位根据合同规定，派人将农副产品送到购货单位指定的交接地点。送货人从仓库提取商品准备调运时，应重新过秤点收，填制“农副产品验收单”作为交接、结算的依据。

验收是指购货单位根据合同规定和“农副产品验收单”验收商品。验收时要验质，过秤，按验收等级和实收数量，填写“验收数”栏，签收后将验收凭证退送货人带回，留下收货凭证、结算凭证凭以登账和结算。

结算货款是由销售单位根据验收凭证的验收等级、实收数量按规定价格计算货款，开具专用发票办理结算手续。

2. 送货制的核算

采用送货制销售农副产品的核算，包括运出在途商品和商品销售两个环节的核算。售出单位根据合同规定发出商品后，在拨入单位验收前，仍负有保护商品完整和按合同交货的责任。为了反映该项发出商品的情况，一般应按其进价成本从“库存商品”有关明细账户转入“运出在途商品”明细账户核算。

商品运到调入单位，经验收后，如果发运等级、数量和验收等级、数量相一致，合同规定的调拨价格进行结算作销售入账，并按原发出商品的进价成本结转商品成本。

【例题 4-15】 桂海公司所属收购站将收购的一批一级菠萝，每千克 5.00 元，共计 9 000千克，销售给县罐头厂，成本价为 45 000 元。县罐头厂验收后，验收等级、数量和发运等级、数量相符，按销售价格计算，共计 60 000 元（含税）。桂海公司如数收到货款，存入银行结算户。

发运农副产品时，根据“农副产品验收单”的记账凭证联，做如下会计分录。

借：库存商品——运出在途——县罐头厂　　　　　　　　　45 000

　　贷：库存商品——某收购站　　　　　　　　　　　　　　45 000

收到货款时，根据“农副产品验收单”的验收凭证联和专用发票所列销售金额 51 282元、销项增值税税额 8 718 元，做如下会计分录。

同时，按原发出商品进价成本结转商品成本。

借：银行存款　60 000

　　贷：主营业务收入——农副产品销售　54 000

　　　　　　应交税费——应交增值税（销项税额）　6 000

同时，按原发出商品进价成本结转商品成本。

借：主营业务成本　45 000

　　贷：库存商品——运出在途——县罐头厂　45 000

（五）分期及递延收款销售

分期及递延收款销售是指企业按照合同规定，将商品提前发给购货单位，分期或以递延方式收回货款的一种销售方式。

1. 分期收款销售

分期收款销售的核算，按照收到货款作销售的原则，在商品发出后，不体现销售，先通过“发出商品”账户进行核算，待货款收回以后再做销售入账。如有为购货单位垫付运费，仍以“应收账款”处理，在收回第一次货款时一并收回。

【例题 4-16】桂海公司供应给某市百货公司保暖杯 10 000 个，供应单价为 6.00 元，商品进价成本为 5.40 元，销项税税率为 13%，合同订明货款分 3 个月付清。

（1）发出商品时，财会部门根据盖有“分期收款销售”戳记的发货单，按各种商品账面进货单价计算商品进价总额，转入“发出商品”账户处理。做如下会计分录。

借：发出商品——某市百货公司　54 000

　　贷：库存商品——保暖杯　54 000

（2）商品发运后，垫付运费 1 000 元，以转账支票支付。做如下会计分录。

借：应收账款——某市百货公司　1 000

　　贷：银行存款　1 000

（3）按合同规定，第一个月应收回 1/3 货款计 20 000 元，同时计算应交销项增值税，并收回垫付运费 1 000 元。做如下会计分录。

借：应收账款——某市百货公司　23 600

　　贷：主营业务收入　20 000

　　　　应交税费——应交增值税（销项税额）　2 600

　　　　应收账款——某市百货公司　1 000

同时，按本月应收回货款占全部货款的比例结转商品销售成本。做如下会计分录。

借：主营业务成本　180 000

　　贷：发出商品——某市百货公司　18 000

如分期收款销售采用商业汇票结算方式，应以发出商品并收到商业汇票的时间做销售入账，不通过“发出商品”账户核算，以“应收票据”账户处理。

2. 递延收款销售

采用递延方式收款是具有融资性质的商品销售或提供劳务，满足收入确认条件的，可按应收合同或协议价款，转入“长期应收款”账户核算。“长期应收款”账户是资产类账户，用来核算企业因融资租赁产生的应收款项。借方登记发生数，贷方登记收回数，期末借方余额表示企业尚未收回的长期应收款项。该账户可按债务人进行明细核算。

【例题 4–17】桂海公司供应外地某公司商品一批，双方协议销售价为 67 800 元（含税）延期 1 年付款，年息按 6%计算，做如下会计分录（商品进价成本为 54 000 元）。

（1）借：长期应收款——某公司　　72 600
　　　贷：主营业务收入　　60 000
　　　　　应交税费——应交增值税（销售税额）　　7 800
　　　　　财务费用　　4 800
（2）借：主营业务成本　　54 000
　　　贷：库存商品　　54 000

第三节　商业企业出口商品销售业务的核算

出口商品是指获得商品出口权的商品批发企业将所经营的商品批发到国外的经济活动。出口商品一般采用国际信用证、委托收款等结算方式。

商品批发企业出口商品形成的收入，以我国海关口岸离岸价格作为收入的计算基础。如果商品出口按国外海关口岸到岸价格计算，则商品离开我国海关口岸后所支付的运输费、保险费等费用冲减收入。在外汇折算方面，通常按交易当月 1 日的汇率换算成人民币金额入账。

按照我国现行的增值税条例规定，出口商品的税率为零，出口商品申请退回的增值税调增银行存款，出口商品申请退回的消费税冲减主营业务成本。

出口商品实现收入时的会计分录：

借：应收账款——××外国公司（××美元）
　　贷：主营业务收入——出口收入（××美元）

按国外海关口岸到岸价格计算的情况，支付国外运杂费用时的会计分录：

借：主营业务收入——出口收入
　　贷：银行存款——美元账户

结转商品销售成本时的会计分录：

借：主营业务成本
　　贷：库存商品——××商品

计算当期出口商品不准抵扣增值税金额和退税金额的公式如下：

不能免征和抵扣增值税税额 = 当期出口商品的购进成本 ×（增值税征税率–增值税退税率）

结转不能免征和抵扣的增值税时的会计分录：

借：主营业务成本
　　贷：应交税费——应交增值税（进项税额转出）

计算当期应退回增值税金额的计算公式如下：

当期应退回增值税金额=当期出口商品的购进成本 × 增值税退税率

确认应收出口商品退回增值税时的会计分录：

借：其他应收款

　　贷：应交税费——应交增值税（出口退税）

实际收到退税款时的会计分录：

借：银行存款

　　贷：其他应收款

预收外国公司出口商品款时的会计分录：

借：银行存款——美元户（××美元）

　　贷：预收账款——××外国公司（××美元）

结算应收款与预收账款汇率差异时的会计分录：

借：预收账款——××外国公司（××美元）

　　财务费用——汇兑损失（当期应收款大于预收账款的情况）

　　贷：应收账款——××外国公司（××美元）

　　　　财务费用——汇兑损失（当期应收款小于预收账款的情况）

【例题 4-18】桂海商业有限公司出口 N 商品一批给国外 FK 公司，售价采用外国海关到岸价结算，金额为 40 000 美元，出口商品发出时，支付国外运费 800 美元，支付国外运输保险费 600 美元，桂海商业有限公司采用当月 1 日的汇率记账，当月 1 日的汇率为 1 美元= 6.9 元人民币。该批 N 商品的进价成本为 200 000 元人民币，增值税税率为 13%，出口退税税率为 13%，不考虑其他因素。

确认出口 N 商品销售收入时的会计分录：

借：应收账款——FK 公司　　276 000

　　贷：主营业务收入　　276 000

支付国外运杂费用时的会计分录：

借：主营业务收入　　9 660（$1 400 × 6.9）

　　贷：银行存款——美元户　　9 660（$1 400 × 6.9）

结转出口 N 商品的销售成本时的会计分录：

借：主营业务成本　　200 000

　　贷：库存商品——N 商品　　200 000

确认出口 N 商品退税款时的会计分录如下：

借：其他应收款　　26 000

　　贷：应交税费——应交增值税（出口退税）　　26 000

收到出口 N 商品退税款时的会计分录：

借：银行存款　　26 000

　　贷：其他应收款　　26 000

第四节　商业企业批发商品销售成本的核算

一、批发商品销售成本

批发商品销售成本，是指商品批发企业已销售商品的实际采购成本。在实务中，商品批发企业通常按已销商品的采购成本进行结转，如实反映已销售商品的实际成本。商品批发企业已销售商品的成本计算方法主要包括个别计价法、月末一次加权平均法、移动加权平均法、先进先出法和毛利率法。相关计算方法在第三章第三节“商品流转的核算方法”中已详细介绍，此处不再阐述。

二、批发商品销售成本的结转

批发商品销售成本的结转时间主要包括按日结转和期末定期结转两种。在实务中，商品批发企业经营品种较少，商品整批购进、整批发出，并且能够分清各批次商品的成本采用按日结转；商品批发企业经营品种较多，商品难以整批购进、整批发出，并且难以分清各批次商品的成本采用期末定期结转，期末定期结转一般采用月结。

由于批发商品的进货渠道、进货批量、进货时间和付款条件的不同，同种规格的商品，前后进货的单价也可能不同。除了能分清批次的商品可以按原进价直接确定商品销售成本外，一般情况下，出售的商品都要采用一定的方法来确定一个适当的进货单价，以计算商品销售成本和确定库存价值，据以核算商品销售损益，以反映经营成果。

商品销售成本的计算程序，有顺算和倒算两种方法。顺算法先计算商品销售成本，再据以计算期末结存金额；倒算法先计算期末结存金额，再据以计算商品销售成本。

顺算法的计算公式：

本期商品销售成本=本期商品销售数量 × 进货单价

期末结存商品金额=期末结存数量 × 进货单价

倒算法的计算公式：

期末结存商品金额=期末结存数量 × 进货单价

本期商品销售成本=期初结存金额+本期增加金额-本期非销售减少金额-期末结存金额

按照以上计算方法和商品的不同特点，商品销售成本的计算方法有以下几种。

(1) 先进先出法。

(2) 加权平均法。

(3) 个别计价法。

以上三种商品销售成本的方法各有特点，企业应结合业务情况选择采用。但一经选定，在一个年度内不能随意更换，以保持年度商品销售成本计算口径一致。

商品批发企业销售商品时，应当一方面确认收入，另一方面结转其销售成本。

结转商品销售成本时的会计分录：

借：主营业务成本

　　贷：库存商品

【例题 4-19】桂海商业有限公司 202×年 5 月末发出商品汇总表显示本月已批发销售的 W 商品有 5 000 件，U 商品有 10 000 件。该月 W 商品单位采购成本为 20 元，U 商品单位采购成本为 10 元，不考虑其他因素。

结转销售商品成本时的会计分录：

借：主营业务成本　　200 000

　　贷：库存商品——W 商品　　100 000

　　　　　　　——U 商品　　100 000

本章小结

商品批发企业的商品流转的过程主要包括商品购进、商品储存和商品销售三个方面。

批发商品属于国内购进的，以购买价款加上相关税费以及使商品达到预定可使用状态前发生的合理支出作为成本。购进商品所发生的采购费用，一般计入商品采购成本，金额较小的可以直接计入当期损益，通过销售费用反映。

商品批发企业进口商品，以购买价款加上相关税费以及使商品达到预定可使用状态前发生的合理支出作为成本〔包括进口商品的国外进价、应分担的外汇差价和进口环节的各种税金。进口商品的国外进价，一律以到岸价格（CIF）为基础〕。

商品批发企业通过异地购进商品，货款支付时间和商品验收入库时间经常不一致，一般有以下三种情况：支付货款和收到商品并验收入库同时完成；已支付货款或开出、承兑商业汇票，商品后到或商品虽到尚未验收入库；商品先到并验收入库，而未支付货款或开出、承兑商业汇票。

商品批发企业购进商品，应当按照销货单位发来的销售清单逐项验收，确保账实相符。在商品的实际验收过程中，如果发现账实不相符，一方面要按照实际验收数额入库，另一方面需要反映溢缺商品数额并查明原因进行账务处理，确保账实相符。

商品批发企业在同城销售商品，由于距离较短，一般采用“提货制”或“送货制”，在货款的结算上主要采用现金、支票、委托收款方式。

商品批发企业将商品销售到异地，由于距离较远，一般采用发货制，货款的结算方式通常采用托收承付或委托收款。

出口商品是指获得商品出口权的商品批发企业将所经营的商品批发到国外的经济活动。出口商品一般采用国际信用证、委托收款等结算方式。

习题与实训

一、思考题

1. 批发商品的流转过程包括哪几个方面？
2. 批发商品购进的成本包括哪些内容？如何确定商品购进的成本？

3. 商品批发企业异地购进商品在货款支付、商品验收方面存在哪几种情况？

4. 批发商品销售一般采用哪些交货方式？

二、单项选择题

1. 大、中型商品批发企业一般采用的商品核算方法是（　　）。

A. 进价金额核算法　　B. 售价控制进价核算法

C. 数量进价金额核算法　　D. 售价金额核算法

2. 商品批发企业出口商品按到岸价成交的，商品离岸后支付的运费直接冲减（　　）。

A. 主营业务成本　　B. 管理费用

C. 销售费用　　D. 主营业务收入

3. 商品批发企业进口商品的进价一般以（　　）。

A. 离岸价格为基础　　B. 到岸价格为基础

C. 公司价格为基础　　D. 国内价格为基础

4. A 商品批发企业 5 月 1 日销售一批商品给客户，货款为 1 000 万元，为加快资金周转，采用现金折扣方式为 3／10、2／20、N／30，5 月 15 日收到货款存入银行，该笔业务的现金折扣金额为（　　）万元。

A. 1　　B. 30　　C. 20　　D. 40

5. 商品批发企业购进商品，如果出现月末商品先到，货款结算凭证尚未到达的情况，应当（　　）。

A. 按实际价入账　　B. 退回　　C. 不入账　　D. 按暂估价入账

6. 某商品批发企业经营商品少，但进货商品的单价相差大，该商品批发企业应采用的成本计算方法是（　　）。

A. 移动加权平均法　　B. 后进先出法

C. 毛利率计算法　　D. 个别计价法

7. 某商品批发企业支付预购货物的定金是通过（　　）科目借记核算。

A. 应收账款　　B. 预付账款

C. 银行存款　　D. 预收账款

8. 某商品批发企业购入商品在验收入库时发现实收数多于应收数，且查明原因属于自然溢余的，应记入的贷方科目是（　　）。

A. 物资采购　　B. 库存商品

C. 待处理财产损溢　　D. 销售费用

9. 某商品批发企业购进商品发生短缺，如果查明属于运输单位的责任，应记入（　　）科目。

A. 销售费用　　B. 其他应收款

C. 营业外支出　　D. 其他应付款

10. 出口商品时商品批发企业支付的国内运杂费一般应记入（　　）科目。

A. 库存商品　　B. 主营业务收入

C. 主营业务成本　　D. 销售费用

三、多项选择题

1. 商品批发企业在流通过程中的业务流程主要包括（　　）环节。

A. 商品购进　　B. 商品加工

C. 商品储存　　D. 商品销售

2. 商品批发企业购进商品发生溢余或短缺的原因有（　　）。

A. 商品本身性能　　B. 自然条件变化

C. 供货单位出错　　D. 运输单位失职

3. "待处理财产损溢——待处理流动资产损溢"账户的借方登记（　　）。

A. 商品短缺实际发生数　　B. 商品短缺转销数

C. 商品溢余转销数　　D. 商品溢余实际发生数

4. 购进商品短缺的业务中，需要把增值税进项税额转出的有（　　）。

A. 商品的自然损耗　　B. 运输单位的失职

C. 自然灾害造成　　D. 购货单位管理不善

5. 购进商品时发生进货补价，假设该批商品尚未出售，则应调增（　　）。

A. 在途物资　　B. 库存商品

C. 应交税费　　D. 应付账款

四、判断题

1. 出口商品时增值税进项税额与退税额的差额应结转到营业外支出。（　　）
2. 针对海鲜产品的核算，一般采用进价金额法。（　　）
3. 商品批发企业将商品销售到异地，由于距离较远，一般采用发货制。（　　）
4. 企业进口商品的国外进价一律以国内价格为基础。（　　）
5. 商品批发企业可以采用后进先出法结转已销售商品的成本。（　　）

五、实训题

1. 桂海批发公司是一般纳税人企业，增值税税率为 13%，不考虑运费的增值税抵扣，202 × 年月 1 月发生的业务如下：

（1）3 日，收到南京 A 化妆品公司开来的增值税专用发票，注明购入 F 商品 20 000 件，每件 100 元，不含税货款为 2 000 000 元，增值税税额 226 000 元，供货方垫付运费 10 000元。经核对无误后，当日办理电汇支付，所购的 F 商品尚未到达。

（2）6 日，收到 H 公司开来的增值税专用发票，注明购入冰箱 1 000 台，每台 1 500 元，不含税价为 1 500 000 元，增值税税额 195 000 元。经核对无误后，当日签发商业承兑汇票支付，商品已验收入库。

（3）7 日，从南京 A 化妆品公司购进的 F 化妆品已全部验收入库。

（4）9 日，进口 W 商品一批，到岸价 100 000 美元，关税税率为 10% ，消费税税率为 30% ，当日的汇率为 1 美元 = 6. 00 元人民币。经核对无误后，当日办理汇付结算，W 商品未到达。

（5）11 日，进口的 W 商品到达，用银行存款支付检验费用 5 000 元，全部验收入库。

(6) 13 日，进口 R 商品一批，离岸价 80 000 美元，从对方港口到我国港口，应由我方负担的运杂费、保险费等 12 000 美元，关税税率为 10% ，消费税税率为 30%，当日的汇率为 1 美元=6.00 元人民币。经核对无误后办理汇付结算，商品到达后，支付检验费用 4 000元，全部验收入库。

(7) 14 日，向农户购买免税农产品，收购价款 76 300 元，以现金支票支付，农产品已验收入库。

(8) 16 日，与农户 K 签订农产品采购合同，并用现金支票预付定金 30 000 元，在收购农产品时抵货款。

(9) 17 日，向农户 K 收购免税农产品杧果 10 000 斤，每斤 5 元，共计 50 000 元，按合同规定，用银行存款补付足余款。

(10) 18 日，向农户 K 购入的免税杧果到库，商品验收入库时，实收 10 500 斤，溢余 500 斤，原因待查。

(11) 19 日，经查，溢余的免税杧果 500 斤，有 300 斤是农户 K 多发货，经协商，作为购进商品处理，用银行存款补付余款；另外 200 斤是计量误差，冲减销售费用。

要求：编写以上业务的会计分录。

2. R 有限公司是一家从事商品批发业务的一般纳税人企业，适用的增值税税率为 13%，不考虑运费的进项税额，202 × 年 12 月发生的部分业务如下：

(1) 3 日，从 S 公司购入空调机 2 000 台，单价 1 000 元，增值税专用发票注明价款为 2 000 000 元，款项用银行存款支付，商品并验收入库。

(2) 4 日，预收 D 商场货款 1 500 000 元存入银行。

(3) 7 日，批发给 H 商场空调机 1 000 台，单价 2 000 元，不含税价款为 2 000 000 元，增值税税额为 260 000 元，商品已发出、款项已收到存入银行。

(4) 12 日，向渔民购入一批鲜活龙虾，含税价款为 54 500 元（农副产品准予抵扣税率为 9%），商品已验收入库，款项通过银行存款支付。

(5) 16 日，从美国购入 M 化妆品一批，到岸价为 50 000 美元，关税税率为 10%、消费税税率为 30%，当日汇率 1 美元=6.00 元人民币。同时支付从境内港口到公司的运费 6 000元，发票及商品已收到并验收入库，款项通过银行存款支付。

(6) 19 日，把从美国购入的 M 化妆品销售给 Y 商场，不含税售价为 1 000 000 元，增值税销项税额为 130 000 元，开出增值税专用发票并结清货款，款项存入银行。

(7) 31 日，库存商品成本 15 000 000 元，当日市场价为 14 900 000 元，计提商品减值准备金。

(8) 31 日，计提本月工资 200 000 元，其中，商品经营人员工资 160 000 元、行政管理人员工资 40 000 元。

(9) 31 日，按本月工资总额的 14%计提职工福利费。

(10) 31 日，计提本月借款利息 20 000 元。

要求：编写以上业务的会计分录。

第五章　商业企业零售商品与核算

知识与能力目标

1. 了解零售商品流转各环节的特点；
2. 理解零售商品购进、销售、储存的核算；
3. 掌握零售商品各个环节的账务处理与应用。

思政目标

1. 树立财会行业的职业自豪感与自信心，树立正确的职业价值观，提高爱国情怀与职业操守；
2. 养成敬业、专注、踏实、务实、严谨的工作作风。

第一节　商业企业零售商品购进业务的核算

一、零售商品流转

零售商品流转是指商品零售企业从商品批发企业或商品生产企业购入工业、农业产品，并分散转售给城市、乡村居民消费的活动。零售商品的直接购买者是零散的客户。对商品零售企业而言，零售属于分散零星的销售活动。

商品零售企业与商品批发企业对比，有以下几个方面的特点。

（1）商品直接销售给广大消费者，交易非常频繁，单次交易数量和金额较小。

（2）主要集中在现场交易，买完付款，属于一手交钱一手交货的交易形式。

（3）商品零售企业一般采用售价金额法进行核算。

（4）经营范围较广，经营品种较多，商品一部分存放于仓库，另一部分存放在展柜上。

二、应设置的会计科目

1. 在途物资

为了核算已经购进但尚未验收入库商品的成本，商业企业应设置“在途物资”科目。该科目属于资产类，借方登记企业购入的在途物资的实际成本，贷方登记验收入库的在途物资的实际成本，期末余额在借方，表示在途物资的采购成本。

2. 库存商品

为了核算库存商品的成本，商业企业应设置“库存商品”科目。该科目属于资产类，借方登记验收入库商品的成本，贷方登记发出商品的成本，期末余额在借方，表示各种库存商品的成本。

3. 商品进销差价

为了核算零售商品的零售价与购入价格之间的差额，商业企业应设置“商品进销差价”科目。该科目属于资产类，是库存商品的备抵科目，贷方登记售价金额法下购入商品的零售价与进价之间的差额，借方登记已销售商品结转的进销差价，期末余额在贷方，表示各类库存商品的进价与售价的差额。

三、零售商品购进的业务核算

1. 同城购进商品的业务

商品零售企业通过同城购进商品，货款支付时间和商品验收入库时间基本一致，直接通过“库存商品”账户核算，购入商品的实际成本与商品零售价格之间的差额记入“商品进销差价”账户。

同城购进商品并验收入库时的会计分录：

借：库存商品（商品的零售价格）
　　应交税费——应交增值税（进项税额）
　　贷：银行存款
　　　　商品进销差价

【例题 5-1】桂海商场主营业务为零售商品，202 × 年 4 月 12 日，从同城购入 T 商品一批，增值税专用发票注明价款为 3 000 元，增值税税额为 390 元，发票账单已收到，T 商品已验收入库，T 商品的零售价格为 4 200 元，全部款项以银行存款支付，不考虑其他因素。

购入 T 商品时的会计分录：

科目	借方	贷方
借：库存商品——T 商品	4 200	
应交税费——应交增值税（进项税额）	390	
贷：银行存款		3 390
商品进销差价		1 200

2. 异地购进商品的业务

商品零售企业通过异地购进商品，货款支付时间和商品验收入库时间经常不一致，一般有以下三种情况：支付货款和收到商品并验收入库同时完成；已支付货款或开出、承兑商业汇票，商品后到或商品虽到尚未验收入库；商品先到并验收入库，而未支付货款或开出、承兑商业汇票。

（1）单据已到、商品已入库。商品零售企业购进商品的单据与商品验收入库在同一个时间段完成的，购进商品时按零售价直接记入“库存商品”账户，购入商品的实际成本与商品零售价格之间的差额记入“商品进销差价”账户。

购进商品入库时的会计分录：

借：库存商品——××商品（商品的零售价格）

　　应交税费——应交增值税（进项税额）（增值税专用发票上注明的增值税税额）

　　贷：银行存款

　　　　应付票据等

　　　　商品进销差价

【例题 5-2】桂海商场主营业务为零售商品，202×年4月22日，购入W商品一批，增值税专用发票注明价款为300 000元，增值税税额为39 000元，发票账单已收到，商品已验收入库，W商品的零售价格为400 000元，全部款项以银行存款支付，不考虑其他因素。

购入A商品时的会计分录：

借：库存商品——W商品　400 000

　　应交税费——应交增值税（进项税额）　39 000

　　贷：银行存款　339 000

　　　　商品进销差价　100 000

（2）商品已到、单据未到。商品零售企业购进的商品已经验收入库，到月底发票账单尚未收到，应当按商品零售价，记入“库存商品”账户，应当按暂估价值记入“应付账款”账户，商品零售价与暂估价值之间的差额记入“商品进销差价”。

购入商品发票账单未到时的会计分录：

借：库存商品——××商品（商品的零售价格）

　　贷：应付账款——暂估应付账款

　　　　商品进销差价

下个月月初用红字冲回的会计分录：

借：库存商品——××商品（进价）（金额用红字）

　　贷：应付账款——暂估应付账款（金额用红字）

　　　　商品进销差价（金额用红字）

【例题 5-3】桂海商场主营业务为零售商品，202×年5月29日，购入并验收入库R商品一批，发票账单尚未收到，R商品暂估价值为500 000元，R商品的零售价格为700 000元，5月31日，发票账单尚未到达，不考虑其他因素。

购入R商品时的会计分录：

借：库存商品——R商品　700 000

　　贷：应付账款——暂估应付账款　500 000

商品进销差价　　　　200 000

6 月 1 日用红字金额冲销时的会计分录：

借：库存商品——R 商品　　　　[700 000]

　贷：应付账款——暂估应付账款　　　　[500 000]

　　商品进销差价　　　　[200 000]

6 月 6 日，收到上述购入 R 商品的结算凭证和发票账单，专用发票列明价款 500 000 元，增值税税额 65 000 元，以银行存款支付，不考虑其他因素。收到 R 商品时的会计分录：

借：库存商品——R 商品　　　　700 000

　应交税费——应交增值税（进项税额）　　　　65 000

　贷：银行存款　　　　565 000

　　商品进销差价　　　　200 000

（3）单据已到、商品未到。商品零售企业购进的商品尚未到达，结算单据已到达，应当先记入“在途物资”账户，待商品验收入库后转入“库存商品”账户。

发票账单已到商品尚未入库时的会计分录：

借：在途物资

　应交税费——应交增值税（进项税额）

　贷：应付票据

　　银行存款等

商品验收入库时的会计分录：

借：库存商品——××商品（商品的零售价格）

　贷：在途物资

　　商品进销差价

【例题 5-4】桂海商场主营业务为零售商品，202×年 1 月 12 日，购入 E 商品一批，增值税专用发票上注明价款为 50 000 元，增值税税额为 6 500 元。双方商定采用商业承兑汇票结算方式支付货款，付款期限为 3 个月，商品尚未到达，1 月 23 日，商品验收入库，该批 E 商品的零售价格为 67 000 元，不考虑其他因素。

购入 E 商品尚未入库时的会计分录：

借：在途物资——E 商品　　　　50 000

　应交税费——应交增值税（进项税额）　　　　6 500

　贷：应付票据　　　　56 500

E 商品到达验收入库时的会计分录：

借：库存商品——E 商品　　　　67 000

　贷：在途物资——E 商品　　　　50 000

　　商品进销差价　　　　17 000

（4）款项已付、商品尚未到达。商品零售企业购入商品，如果款项按合同或协议约定已付，商品尚未验收入库，通过“预付账款”账户核算。

预付款购买商品时的会计分录：

借：预付账款

　　贷：银行存款

借：在途物资

　　应交税费——应交增值税（进项税额）

　　贷：预付账款

　　　　银行存款等

商品验收入库时的会计分录：

借：库存商品——××商品（商品的零售价格）

　　贷：在途物资

　　　　商品进销差价

【例题 5-5】桂海商场主营业务为零售商品，202×年7月15日，购入F商品一批，增值税专用发票上注明价款为50 000元，增值税税额为6 500元。双方商定采用预付款方式，7月15日签订合同时预付40 000元，供货方发出F商品时补付余款，7月18日F商品已发出，7月25日收到F商品，该批F商品的零售价格为70 000元，不考虑其他因素。

7月15日预付款购买F商品时的会计分录：

借：预付账款　　40 000

　　贷：银行存款　　40 000

7月18日供货方发出F商品时的会计分录：

借：在途物资——F商品　　50 000

　　应交税费——应交增值税（进项税额）　　6 500

　　贷：预付账款　　40 000

　　　　银行存款　　16 500

7月25日收到F商品时的会计分录：

借：库存商品——F商品　　70 000

　　贷：在途物资——F商品　　50 000

　　　　商品进销差价　　20 000

四、购进商品发生溢余与短缺的业务核算

1. 商品溢余的业务

商品零售企业出现购进商品发生溢余的情况，先按实际验收数量入库，按商品零售价记入“库存商品”账户，并将溢余数量按不含税进价转入“待处理财产损溢”账户。查明原因后，如果属于供货单位多发的货物，经协商同意购进，由供货单位补开发票和发货单，由商品零售企业补付货款；如果属于运输途中自然升溢，冲减销售费用。

购进商品时的会计分录：

借：在途物资

　　应交税费——应交增值税（进项税额）

贷：应付票据

银行存款等

商品验收入库时的会计分录：

借：库存商品——××商品（商品的零售价格）

贷：在途物资

商品进销差价

待处理财产损溢（按溢余商品不含税的进价）

多发货物并统一购进时的会计分录：

借：待处理财产损溢——待处理流动资产损溢

应交税费——应交增值税（进项税额）

贷：银行存款

自然损溢时的会计分录：

借：待处理财产损溢——待处理流动资产损溢

贷：销售费用

【例题 5-6】 桂海商场主营业务为零售商品，202×年 8 月 1 日从本地购进 U 商品 5 000 米，不含税单价为 8 元/米，进价总额为 40 000 元，增值税税率为 13%，U 商品的零售价格为 12 元/米，货款已经支付。8 月 8 日 U 商品运到，验收时发现溢余 200 米，溢余的原因为供货单位多发，经协商同意做购进商品处理，供货单位补开销货清单和发票。

购进 U 商品时的会计分录：

借：在途物资——U 商品　　40 000

应交税费——应交增值税（进项税额）　　5 200

贷：银行存款　　45 200

U 商品验收入库时的会计分录：

借：库存商品——U 商品　　62 400

贷：在途物资——U 商品　　40 000

待处理财产损溢——待处理流动资产损溢　　1 600

商品进销差价　　20 800

同意购进并补付款项时的会计分录：

借：待处理财产损溢——待处理流动资产损溢　　1 600

应交税费——应交增值税（进项税额）　　208

贷：银行存款　　1 808

2. 商品短缺的业务

商品零售企业在购进商品过程中，由于商品的自然损耗、运输途中的事故及供货单位少发商品等原因，会出现购进商品发生短缺的情况，先按实际验收数量入库，按商品零售价记入“库存商品”账户，并将短缺数量按不含税进价转入“待处理财产损溢”账户。查明原因后，如果属于供货单位少发，应联系供货单位补发商品；如果属于交通事故引起的，应把对应的增值税进项税额转出，把扣除责任人赔偿的净损失记入“营业外支出”

账户。

【例题 5-7】 承接【例题 5-6】如果 U 商品验收入库时，发现短缺 200 米，经查属于供货单位少发商品，其他资料同【例题 5-6】，不考虑其他因素。

购进 U 商品时的会计分录：

借：在途物资——U 商品　　40 000
　　应交税费——应交增值税（进项税额）　　5 200
　　贷：银行存款　　45 200

U 商品验收入库时的会计分录：

借：库存商品——U 商品　　57 600
　　待处理财产损溢——待处理流动资产损溢　　1 600
　　贷：在途物资——U 商品　　40 000
　　　　商品进销差价　　19 200

供货单位补发 U 商品时的会计分录：

借：库存商品——U 商品　　2 400
　　贷：待处理财产损溢——待处理流动资产损溢　　1 600
　　　　商品进销差价　　800

【例题 5-8】 承接【例题 5-6】如果 U 商品验收入库时，发现短缺 200 米，经查属于交通责任事故引起的，责任人赔偿 800 元，款项尚未收到，其他资料同【例题 5-6】，不考虑其他因素。

购进 U 商品时的会计分录：

借：在途物资——U 商品　　40 000
　　应交税费——应交增值税（进项税额）　　5 200
　　贷：银行存款　　45 200

U 商品验收入库时的会计分录：

借：库存商品——U 商品　　57 600
　　待处理财产损溢——待处理流动资产损溢　　1 600
　　贷：在途物资——U 商品　　40 000
　　　　商品进销差价　　19 200

处置责任事故导致短缺 U 商品时的会计分录：

借：其他应收款　　800
　　营业外支出　　1 008
　　贷：待处理财产损溢——待处理流动资产损溢　　1 600
　　　　应交税费——应交增值税（进项税额转出）　　208

五、购进商品退回业务的核算

商品零售企业购进商品，在验收环节或者后续销售过程中发现供货方提供商品的质量、规格等与合同或协议不相符，要求退货的情况。

购入商品时的会计分录：

借：库存商品——××商品（商品的零售价格）
　　应交税费——应交增值税（进项税额）
　　贷：银行存款等
　　　　商品进销差价

购进商品发生退回时的会计分录：

借：应收账款——××公司
　　商品进销差价
　　贷：库存商品——××商品（商品的零售价格）
　　　　应交税费——应交增值税（进项税额）

收到退回货款时的会计分录：

借：银行存款
　　贷：应收账款

【例题 5-9】桂海商场 202×年 8 月 20 日购入 K 商品一批，增值税专用发票注明价款为 30 000 元，增值税税额为 3 900 元，发票账单已收到，K 商品已验收入库，全部款项以银行存款支付，K 商品的零售价格为 45 000 元。9 月 5 日由于 K 商品出现质量问题全部退货，9 月 10 日，收到退回的购货款，不考虑其他因素。

购入 K 商品时的会计分录：

	借方	贷方
借：库存商品——K 商品	45 000	
应交税费——应交增值税（进项税额）	3 900	
贷：银行存款		33 900
商品进销差价		15 000

退回 K 商品时的会计分录：

	借方	贷方
借：应收账款	33 900	
商品进销差价	15 000	
贷：库存商品——K 商品		45 000
应交税费——应交增值税（进项税额）		3 900

收到退回货款时的会计分录：

	借方	贷方
借：银行存款	33 900	
贷：应收账款		33 900

第二节　商业企业零售商品销售业务的核算

零售即零星分散销售，是针对广大消费者的直接销售模式，属于商品流通过程的最终环节。商品经过零售直接进入消费者手中，从而离开商品流通领域，变成消费品。

在实务中，商品零售的实际情况表现为：

（1）商品销售的对象是广大消费者，通常交易次数频繁、数量零星。

（2）商品储存量一般不大，一般只需保证市场供应。

（3）企业规模一般不大，多数为综合经营，商品品种规格较为复杂。

（4）商品储存和销售由柜组直接管理。

（5）不可能进行数量核算，采用售价金额法核算。鲜活商品，因其质量、数量和售价经常变动，故按进价金额确定。

商品经过零售后，一方面要按商品的销售价格确认销售收入，并反映货款的收取情况；另一方面要结转已销售商品的成本。在零售模式下，由于大部分商品都采用售价金额核算法，即商品入库按照销售价格（含税）登记，商品销售价格与购进价格之间的差额通过“商品进销差价”账户反映。因此，已销售的商品需要按销售价格结转销售成本，同时转销已销售商品的进销差价，将已销售商品的成本转为实际成本。

在实务中，由于零售商品的品种、规格繁多，且同种商品的进价也不统一，采用逐笔结转已销售商品的进销差价不具备可行性。因此，为了简化会计核算工作，通常按售价结转已销售商品的成本，月末，计算已销商品承担的进销差价，将已销商品的成本转换为进价成本，如实反映已销售商品的损溢。

一、零售商品销售业务的账务处理

每日统计已销售商品收入时的会计分录：

借：库存现金

　　银行存款

　　贷：主营业务收入——××组或柜（零售价）

每日将收到的现金存入银行时的会计分录：

借：银行存款

　　贷：库存现金

结转已销售商品成本时的会计分录：

借：主营业务成本——××组或柜（零售价）

　　贷：库存商品——××组或柜（零售价）

月末分解零售商品增值税的计算：

不含税售价=已销售商品零售价÷（1+增值税税率）

增值税销项税=不含税售价×增值税税率

月末将已销售商品的增值税分离时的会计分录：

借：主营业务收入——××组或柜

　　贷：应交税费——应交增值税（销项税额）

月末分摊已销售商品进销差价时的会计分录：

借：商品进销差价

　　贷：主营业务成本

【例题 5-10】桂海服装商场为一般纳税人企业，202×年1月共销售服装如下：男装柜销售452 000元，女装柜销售565 000元，童装柜销售395 500元，适用增值税税率为13%，收到现金180 000元，其余为刷卡入账，假设男装的商品进销差价率为30%，女装的商品进销差价率为25%，童装的商品进销差价率为35%，不考虑其他因素。

确认收入时的会计分录：

借：库存现金　180 000

　　银行存款　1 232 500

　　贷：主营业务收入——男装柜　452 000

　　　　　　　　　　——女装柜　565 000

　　　　　　　　　　——童装柜　395 500

出纳将现金送存银行时的会计分录：

借：银行存款　180 000

　　贷：库存现金　180 000

结转已销售商品成本时的会计分录：

借：主营业务成本——男装柜　452 000

　　　　　　　　——女装柜　565 000

　　　　　　　　——童装柜　395 500

　　贷：库存商品——男装柜　452 000

　　　　　　　　——女装柜　565 000

　　　　　　　　——童装柜　395 500

月末进行价税分离的计算：

不含税销售额=1 412 500÷（1+13%）=1 250 000

销项税额=1 250 000 × 13%=162 500

确认销项税额时的会计分录：

借：主营业务收入——男装柜　52 000

　　　　　　　　——女装柜　65 000

　　　　　　　　——童装柜　45 500

　　贷：应交税费——应交增值税（销项税额）　162 500

已销售男装的进销差价=452 000 × 30%=135 600

已销售女装的进销差价=565 000 × 25%=141 250

已销售童装的进销差价=395 500 × 35%=138 425

月末分摊已销售商品进销差价时的会计分录：

借：商品进销差价　415 275

　　贷：主营业务成本——男装柜　135 600

　　　　　　　　　　——女装柜　141 250

　　　　　　　　　　——童装柜　138 425

注意：在商业企业的零售活动中，通常通过现金交易或刷卡交易，不存在赊销活动；在零售活动中，销售价格都是含税价，期末需要将含税价转换为不含税价。

二、零售商品销售长短款的核算

商品零售企业在销售商品时，主要采用组或柜负责制，即由商品所在组或柜的负责人全权负责商品的销售和管理。由于采用的是钱货两清的交易方式，所以在销售商品时，还需要核对销售额与收到的货币是否一致。如果收到的货币大于商品的销售额，称为长款；如果收到的货币小于商品的销售额，称为短款。商品零售企业发生长款或短款，应查明原因，并报负责人审批后处理。涉及长款或短款，应通过“待处理财产损溢”账户反映。

（1）发生长款的时候，应当查明原因，并报负责人审批。由于结算错误多收客户的款项，应当退还给客户；由于计量错误少记收入的情况，应当补记收入。

确认收入发生长款时的会计分录：

借：库存现金
　　银行存款
　　贷：主营业务收入——××组或柜
　　　　待处理财产损溢——待处理流动资产损溢

借：待处理财产损溢——待处理流动资产损溢
　　贷：其他应付款（由于多收款应还给客户的部分）
　　　　主营业务收入（计算差错导致少记收入的部分）
　　　　营业外收入（属于找尾零差而多收的零钱）

（2）发生短款的时候，应当查明原因，并报负责人审批。由于结算错误少收的款项，由责任人赔偿的部分通过其他应收款反映，由企业承担的部分通过销售费用反映，由于计量错误多记收入的情况，应当冲减收入。

确认收入发生短款时的会计分录：

借：库存现金
　　银行存款
　　待处理财产损溢——待处理流动资产损溢
　　贷：主营业务收入——××组或柜

经批准后处理时的会计分录：

借：其他应收款（由责任人赔偿的部分）
　　销售费用（由企业承担的部分）
　　主营业务收入（由于计量错误多记收入的部分）
　　贷：待处理财产损溢——待处理流动资产损溢

【例题 5-11】桂海商场是一般纳税人企业，202×年1月1日女装柜零售货款（含税）为190 000元，现金实收销货款190 600元，长款600元，报经负责人审批后发现属于计量差错少算收入，不考虑其他因素。

确认收入发生长款时的会计分录：

借：库存现金　　190 600
　　贷：主营业务收入——女装柜　　190 000
　　　　待处理财产损溢——待处理流动资产损溢　　600

结转成本时的会计分录：

借：主营业务成本——女装柜　　190 000

　　贷：库存商品——女装柜　　190 000

经批准后处理时的会计分录：

借：待处理财产损溢——待处理流动资产损溢　　600

　　贷：主营业务收入——女装柜　　600

同时：

借：主营业务成本——女装柜　　600

　　贷：库存商品——女装柜　　600

【例题 5-12】 桂海商场是一般纳税人企业，202 × 年 1 月 5 日男装柜零售货款（含税）为 120 000 元，现金实收销货款 119 500 元，短款 500 元，报经负责人审批后发现属于收银员失误少收货款，由收银员赔偿 200 元，商场承担 300 元，不考虑其他因素。

确认收入发生长款时的会计分录：

借：库存现金　　119 500

　　待处理财产损溢——待处理流动资产损溢　　500

　　贷：主营业务收入——男装柜　　120 000

结转成本时的会计分录：

借：主营业务成本——男装柜　　120 000

　　贷：库存商品——男装柜　　120 000

经批准后处理时的会计分录：

借：其他应收款　　200

　　销售费用　　300

　　贷：待处理财产损溢——待处理流动资产损溢　　500

三、已销售商品进销差价的分摊及价税分解

商品零售企业销售商品一般按照售价金额核算，即平时“主营业务收入”和“主营业务成本”账户均按照含税的零售价格反映，月末通过“商品进销差价”账户将已销售商品的成本由零售价转换成进价成本，因此，商品零售企业应当通过合理的方法，准确计算已销售商品应分摊的进销差价。另外，由于商品零售活动采用的是含税价格确认收入，期末应当将含税收入换成不含税收入，把增值税销项税额从含税收入中分离出来，准确反映商品零售企业的收入和增值税。

（一）已销售商品进销差价的计算与结转

商品零售企业对已销商品进销差价的计算，主要有综合差价率法、分柜或组差价率法、实际进销差价法。

1. 综合差价率法

综合差价率法，是指根据商品零售企业经营的全部商品的存、销比例，平均分摊进销差价的一种方法。

具体计算公式如下：

综合差价率=结转前商品进销差价账户余额÷（期末库存商品账户余额+本期主营业务收入）× 100%

本期已销售商品的进销差价=本期主营业务收入 × 综合差价率

【例题 5-13】桂海商场是一般纳税人企业，202 × 年 1 月末调整前“商品进销差价”账户的余额为 400 000 元，“库存商品”账户的余额为 1 000 000 元，“主营业务收入”账户的贷方发生额为 1 130 000 元，不考虑其他因素。

综合差价率=400 000÷（1 000 000+1 130 000）× 100%=18. 78%

已销商品的进销差价=1 130 000 × 18. 78%=212 214（元）

分摊已销售商品进销差价时的会计分录：

借：商品进销差价　　212 214

　　贷：主营业务成本　　212 214

注意：商品零售企业的商品进销差价率如果各月比较均衡，也可以采用上个月的商品进销差价率计算。但是，年末应当对商品进销差价率进行调整。

2. 分柜或组差价率法

分柜或组差价率法是指按商品零售企业的营业柜或组商品的存销比例，推算本期销售商品应分摊商品进销差价的一种方法。该方法也是一种综合差价率计算法，只是把综合计算的范围变小，由按商品类别变成按商品的柜或组，计算精确度比综合差价率法要高。采用该方法，“商品进销差价”“库存商品”“主营业务收入”“主营业务成本”科目均应按商品大类或柜组分户设置明细账。

× × 柜或组差价率= × × 柜或组结转前商品进销差价账户余额÷（ × × 柜或组期末库存商品账户余额+ × × 柜或组本期主营业务收入）× 100%

× × 柜或组本期已销售商品的进销差价= × × 柜或组本期主营业务收入× × × 柜或组差价率

【例题 5-14】桂海商场是一般纳税人企业，202 × 年 1 月末男装组调整前“商品进销差价”账户的余额为 400 000 元，“库存商品”账户的余额为 1 000 000 元，“主营业务收入”账户的贷方发生额为 1 130 000 元；女装组调整前“商品进销差价”账户的余额为 280 000 元，“库存商品”账户的余额为 800 000 元，“主营业务收入”账户的贷方发生额为 950 000 元，不考虑其他因素。

男装组综合差价率= 400 000÷（1 000 000+1 130 000）× 100%=18. 78%

女装组综合差价率= 280 000÷（800 000+950 000）× 100%=16%

男装组已销售商品的进销差价= 1 130 000 × 18. 78%=212 214（元）

女装组已销售商品的进销差价= 950 000 × 16%=152 000（元）

分摊已销售商品进销差价时的会计分录：

借：商品进销差价——男装组　　212 214

　　　　　　　　——女装组　　152 000

　　贷：主营业务成本——男装组　　212 214

　　　　　　　　　　——女装组　　152 000

注意：采用分柜或组差价率计算已经销售商品的进销差价比综合差价率法更接近实际，计算结果更加准确；但这种方法较烦琐。

3. 实际进销差价法

实际进销差价法是指商品零售企业通过对库存商品进行实地盘点，计算出库存商品的实际进销差价，倒推出已销商品进销差价的一种方法。具体步骤如下。

第一步，期末通过对库存商品进行盘点，确定盘存数量，分别乘各种商品的进价，算出全部商品的进价总额。

第二步，用各种商品的实际库存数量乘各种商品的零售价，算出期末库存商品的售价总金额。

第三步，用期末库存商品的售价总额减去期末库存商品的进价总额，算出期末商品应分摊的进销差价。

计算公式如下：

期末商品应分摊的进销差价=期末库存商品的售价总额-期末库存商品的进价总额

第四步，用未调整前“商品进销差价”账户期末余额减去期末库存商品应分摊的进销差价，算出已销商品的进销差价。

计算公式如下：

已销售商品的进销差价=期末未调整前商品的进销差价余额-期末库存商品应分摊的进销差价

【例题 5-15】桂海商场是一般纳税人企业，202×年 11 月末男装组调整前“商品进销差价”账户的余额为 350 000 元，期末库存商品分摊进销差价为 130 000 元；女装组调整前“商品进销差价”账户的余额为 160 000 元，期末库存商品分摊进销差价为 70 000 元，不考虑其他因素。

男装组已销售商品的进销差价=350 000-130 000=220 000（元）

女装组已销售商品的进销差价=160 000-70 000=90 000（元）

分摊已销售商品进销差价时的会计分录：

借：商品进销差价——男装组　　220 000
　　　　　　　　——女装组　　90 000
　贷：主营业务成本——男装组　　220 000
　　　　　　　　　——女装组　　90 000

注意：采用实际进销差价法，计算的结果最准确，但计算的工作量非常大，并且要结合商品盘点进行，该方法适用于经营商品的品种较少的商品零售企业。

（二）价税分解的计算与结转

商品零售企业月末一方面需要计算已销售商品应分摊进销差价，另一方面需要将含税的零售价格转换成不含税的销售价格，将商品的收入与增值税分离。

计算公式如下：

不含税销售额=商品的零售价格÷（1+增值税税率）

销项税额=不含税销售额 × 增值税税率

月末进行价税分离时的会计分录：

借：主营业务收入—— × × 柜或组

　　贷：应交税费——应交增值税（销项税额）

【例题5-16】 添意服装商场为一般纳税人企业，202 × 年11月共销售服装如下：男装柜销售4 520 000元，女装柜销售5 650 000元，适用增值税税率为13%，款项已存入银行，不考虑其他因素，月末进行价税分离。

男装柜不含税销售额=4 520 000 ÷（1+13%）=4 000 000

男装销项税额=4 000 000 × 13%=520 000

女装柜不含税销售额=5 650 000÷（1+13%）=5 000 000

女装销项税额=5 000 000 × 13%=650 000

月末进行价税分离时的会计分录：

借：主营业务收入——男装柜　　520 000

　　　　　　　　——女装柜　　650 000

　　贷：应交税费——应交增值税（销项税额）　　1 170 000

第三节　商业企业零售商品储存业务的核算

商品零售企业的客户是分散而又不确定的，商品的销售量在一定的时间内很难做到准确的预测，因此，为了保证商品的正常供应，商品零售企业应当进行商品的储存，通过持有一定量的商品，满足商品的销售需要。

商品零售企业的商品储存，通过“库存商品”账户反映，商品的进价与售价之间的差额通过“商品进销差价”账户反映。

在实务中，零售商品储存的核算，主要包括零售商品的调价、商品削价、商品的盘点溢缺、商品的内部调拨的核算以及零售商品储存的明细核算。

一、商品调价和削价的核算

（一）商品调价业务

在商品的零售活动中，商品按零售价计量，商品零售价格的变动直接影响库存商品的金额。由于市场供求关系的变化、商品质量状况等原因，部分商品的零售价格会发生变动，即发生商品调价。由于零售商品发生调价，从而影响到库存商品的金额，调价时，需要同时调整“库存商品”账户的金额和“商品进销差价”账户的金额。

调高零售商品销售价格时的会计分录：

借：库存商品—— × × 柜或组

　　贷：商品进销差价—— × × 柜或组

调低零售商品销售价格时的会计分录：

借：商品进销差价——××柜或组

　　贷：库存商品——××柜或组

【例题 5-17】添意服装商场为一般纳税人企业，202×年 12 月对服装商品进行调价：男装柜的销售价格由 45 200 元调整为 48 200 元，女装柜的销售价格由 11 300 元调整为 15 300 元，不考虑其他因素。

调高零售商品销售价格时的会计分录：

借：库存商品——男装柜　　3 000

　　　　　　——女装柜　　4 000

　　贷：商品进销差价——男装柜　　3 000

　　　　　　　　　　——女装柜　　4 000

（二）商品削价业务

商品零售企业在运输、保管商品过程中由于管理不善等原因发生商品残缺、变质，或因商品滞销、存量过多等原因造成库存商品需要削价处理。在确定商品削价处理时，应当进行商品盘点，查明数量，确定削价幅度，并由实物负责人填制“商品削价报告单”按规定审批权限经批准后做账务处理。削价后商品的新售价如果高于可变现净值，其降低部分分别冲减“商品进销差价”账户和“库存商品”账户；削价后的新售价如果低于可变现净值，除了将商品原有的进销差价冲减外，商品的新售价低于原进价的部分通过“存货跌价准备”账户反映。

【例题 5-18】添意商场 202×年 1 月削价处理男装 1 000 件，原进价每件 80 元，原零售价为 113 元（含增值税税率 13%）。由于样式陈旧过时、存量过多，削价为 67.8 元，月末根据实际情况计提存货跌价准备，削价后，1 000 件男装全部销售，款项已存入银行，不考虑其他因素。

男装的可变现净值=67.8×1 000÷1.13=60 000（元）

男装的可变现净值低于成本的差额=80×1 000-60 000=20 000（元）

男装削价后的零售价低于原零售价的金额=（113-67.8）×1 000=45 200（元）

借：商品进销差价——男装柜　　45 200

　　贷：库存商品——男装柜　　45 200

男装削价后可变现净值低于成本时的会计分录：

借：资产减值损失　　20 000

　　贷：存货跌价准备　　20 000

确认削价后男装销售收入时的会计分录：

借：银行存款　　67 800

　　贷：主营业务收入——男装柜　　67 800

借：主营业务成本——男装柜　　67 800

　　贷：库存商品——男装柜　　67 800

借：存货跌价准备　　20 000

　　贷：主营业务成本　　20 000

月末将收入与增值税分离时的会计分录：

借：主营业务收入——男装柜　　7 800

　　贷：应交税费——应交增值税（销项税额）　　7 800

二、商品盘点溢余和短缺的核算

商品零售企业的商品按售价金额法核算的情况下，除了贵重的商品外，一般都没有数量记载，而是通过期末对结存商品的盘点来确认，通过“库存商品”账户反映商品的实存数量。在实务中，由于商品在零售和储存过程中，面临着多种因素的共同影响，往往容易出现商品的实存数额与账面数额发生差异，产生商品溢余或短缺的现象。如果出现商品的实存数额小于账面金额，称为商品短缺；如果出现商品的实存数额大于账面数额，称为商品溢余。

商品零售企业出现商品盘点溢余或短缺的会计处理程序具体如下。

（1）根据商品的盘点结果，填制“商品溢余（短缺）报告单”，报有关领导审批；

（2）溢余或短缺的原因未查明之前，通过“待处理财产损溢”账户调整库存商品的账面记录；

（3）查明原因之后，根据审批意见，进行相应的账务处理。

（一）盘点溢余业务

商品零售企业发生商品盘点溢余的情况，在查明原因之前，按盘点溢余数额的零售价一方面调增“库存商品”账户，另一方面按进价记入“待处理财产损溢”账户，其差额调增“商品进销差价”账户，查明原因并决定处理后，冲减当期销售费用。

发生商品溢余时的会计分录：

借：库存商品——××柜或组

　　贷：待处理财产损溢——待处理流动资产损溢

　　　　商品进销差价——柜或组

审批后的会计分录：

借：待处理财产损溢——待处理流动资产损溢

　　贷：销售费用

【例题 5-19】添意商场 202×年 1 月末盘点，实际男装柜商品实存金额为 300 000 元，账面结存金额为 298 000 元，按照上月末的分类差价率 10%计算，溢余男装柜的进销差价金额为 200 元。库存商品溢余的原因待查。应编制会计分录如下。

借：库存商品——男装柜　　2 000

　　贷：待处理财产损溢——待处理流动资产损溢　　1 800

　　　　商品进销差价——男装柜　　200

审批后的会计分录：

借：待处理财产损溢——待处理流动资产损溢　　1 800

　　贷：销售费用　　1 800

（二）商品盘点短缺业务

商品零售企业发生商品盘点短缺的情况，在查明原因之前，按照盘点短缺商品数额的零售价一方面调减“库存商品”账户，另一方面按盘点短缺商品数额的进价记入“待处理财产损溢”账户，其差额调整“商品进销差价”账户；如果属于管理不善原因产生的盘点短缺，应当把对应的增值税进项税额转出，通过“应交税费——应交增值税（进项税额转出）”账户反映。查明原因之后，再由“待处理财产损溢”账户转入有关的账户。如果属于自然损耗，转入“销售费用”账户；如果属于责任人赔偿，转入“其他应收款”账户；如果属于自然灾害，净损失转入“营业外支出”账户。

发生商品短缺时的会计分录：

借：待处理财产损溢——待处理流动资产损溢
　　商品进销差价——××柜或组
　　贷：库存商品——××柜或组

审批后的会计分录：

借：销售费用（自然损耗的部分）
　　其他应收款（责任人赔偿的部分）
　　营业外支出（自然灾害的部分）
　　贷：待处理财产损溢——待处理流动资产损溢

或，

借：待处理财产损溢——待处理流动资产损溢
　　贷：应交税费——应交增值税（进项税额转出）（管理不善导致的情况）

【例题 5-20】 添意商场 202×年 11 月末盘点，女装柜实际商品库存金额为 190 000 元，账面结存金额为 190 600 元，女装柜商品短缺 600 元。短缺商品的进销差价按照上个月百货组的分类差价率 10%计算，进销差价为 60 元。女装柜商品短缺的原因是责任人小雯管理不善，由责任人赔偿 300 元，剩余部分由商场承担，不考虑其他因素。

发生商品短缺时的会计分录：

	借	贷
借：待处理财产损溢——待处理流动资产损溢	540	
商品进销差价——女装柜	60	
贷：库存商品——女装柜		600

审批后的会计分录：

	借	贷
借：其他应收款——小雯	300	
销售费用	240	
贷：待处理财产损溢——待处理流动资产损溢		540
借：待处理财产损溢——待处理流动资产损溢	6 212	
贷：应交税费——应交增值税（进项税额转出）		6 212

三、库存商品内部调拨的核算

商品零售企业的商品内部调拨，实际上是商业零售企业内部独立核算的柜或组将商品调拨到企业内部其他柜或组，是内部各实物负责人之间将商品进行的转移。发生商品内部调拨时，由调出或调入单位填制“商品内部调拨单”（一般是一式四联），调入单位验收商品并签章；“商品内部调拨单”分别留归调入和调出单位各两联，然后各将其中一联编制商品进销存日报表，附在该表后一并送交财会部门；财会部门将双方调拨凭证核对相符后，编制借记调入商品实物负责人和贷记调出商品实物负责人库存商品的会计分录；如果“商品进销差价”科目也按实物负责人分户，则应将调拨商品的进销差价同时转账。

调出商品时的会计分录：

借：库存商品——××（店）柜或组

　　贷：库存商品——××（店）柜或组

分摊商品进销差价时的会计分录：

借：商品进销差价——××柜或组

　　贷：商品进销差价——××（店）柜或组

调入商品时的会计分录：

借：库存商品——××柜或组

　　贷：库存商品——××（店）柜或组

分摊商品进销差价时的会计分录：

借：商品进销差价——××（店）柜或组

　　贷：商品进销差价——××柜或组

四、库存商品明细分类核算

商品零售企业实行售价金额核算的情况下，对库存商品进行明细分类核算，通常有如下两种方法。

（一）库存商品明细账按实物负责人分别设户

库存商品明细账按实物负责人分别设户的情况下，通常只登记按售价计算的商品进销存金额，不登记商品品名和数量。库存商品的明细账通常为三栏式，在实务中也有采用把库存商品和商品进销差价结合起来的明细账。关于商品进销差价，如果采用综合差价率法计算的企业，“商品进销差价”“主营业务收入”可不进行明细核算，如按大类（或柜组）差价率法计算进销差价的企业，也要按照实物负责人开设以上明细分类账，单独进行核算。

（二）用商品进销存日报表代替库存商品明细账

用商品进销存日报表代替库存商品明细账的情况下，财会部门不单设库存商品明细账，而是将各实物负责人送来的一式两联商品进销存日报表中的一联，按实物负责人和日期先后顺序分别装订成册，或汇总成商品进销存汇总表代替库存商品明细账，将另一联签章后退还各实物负责人装订成册，作为该实物负责人的库存商品明细账。

第四节　商业企业零售鲜活商品业务的核算

一、鲜活商品的概述

鲜活商品是指除了工业产品（干货）以外具有生命的新鲜商品，主要包括蔬菜、瓜果、肉类、禽蛋、鱼虾等。商品零售企业除了向分散的客户销售工业产品以外，还会划分一定的区域用于鲜活商品的销售，如蔬菜、瓜果、肉类、禽蛋、鱼虾等。鲜活商品具有如下特点。

（1）商品时新鲜嫩，容易变质，自然损耗大。

（2）经营过程中，经常发生质量等级变化，需要及时清选整理，数量和售价变动频繁。

（3）季节性较强，一般大批进货，零星出售。逢节假日，购买力集中，需要组织人力，加强各环节之间协作，给实行售价记账实物负责制带来一定的困难。

由于鲜活商品本身的特点以及商品零售企业经营管理的需要，对鲜活商品的核算不宜使用售价金额法。因此，为了适应鲜活商品的特点，便利销售和管理，节约人力物力，商品零售企业一般采用“进价记账、盘存计销”和“进价记账、售价控制”的进价金额核算方法。

二、鲜活商品的核算

（一）“进价记账、盘存计销”核算法的基本内容

所谓“进价记账、盘存计销”，是指商品零售企业平时对鲜活商品按进价进行记账，销售商品时不结转数量和成本，期末通过盘点，确定实存数量和成本，并倒推销售成本的一种核算方法。基本步骤如下。

（1）鲜活商品购进后，财会部门根据实物负责人报来的“商品验收单”等有关凭证，按进价记入“库存商品”总账及其按实物负责人分户设置的明细账户，只记金额不记数量。

（2）鲜活商品销售后，根据实物负责人填制的“内部缴款单”，按实收销货款贷记“主营业务收入”账户。平时不注销库存商品，也不结转商品销售成本。

（3）对平时发生的商品损耗、调价等均不进行账务处理。若发生责任事故损失，应单独上报，及时查明原因，按处理意见调整转账。

（4）月末，通过实地盘点，计算出商品的实存数量，并按最后进价计算库存商品进价总金额，然后倒推出已销商品的进价成本，并予以结转。计算公式如下：

已销售商品的成本=期初库存商品金额+本期购进商品金额-期末库存商品金额

（二）“进价记账、售价控制”核算法的基本内容

商品零售企业为了弥补“进价记账、盘存计销”进价金额核算法的缺陷，强化对鲜活

商品的核算与管理，在采用“进价记账、盘存计销”方法的同时，通过售价控制进行辅助核算。其主要内容如下。

（1）财会部门仍采用进价金额记账，月末倒推成本，但对各实物小组实行售价控制。

（2）购进鲜活商品，由业务部门填制“商品内部调拨单”按售价拨给营业柜组实物负责人直接验收。

（3）商品销售后，按实收金额列入商品销售收入。

（4）每日营业终了，各营业柜或组进行商品盘点，计算出本日应销金额，计算公式如下：

本日应销金额=(昨日库存数量+本日进货数量-本日库存数量) × 销货零售单价(含税)

（5）将应销金额与实销金额进行核对，如有不符，应及时查明原因。

（6）计算出已销商品的进价，并算出当日的已销商品成本和毛利，填制“鲜活商品核算日报表”，用于考核当日的经营成果。

（三）鲜活商品业务的会计处理

购入鲜活商品时的会计分录：

借：在途物资—— ×× 商品（尚未入库的情况）

　　库存商品—— ×× 商品（已经入库的情况）

　　应交税费——应交增值税（进项税额）（增值税专用发票上注明的增值税税额）

　　贷：银行存款

　　　　应付票据等

确认收入时的会计分录：

借：库存现金

　　银行存款

　　贷：主营业务收入—— ×× 组或柜

月末进行价税分离时的会计分录：

借：主营业务收入—— ×× 柜或组

　　贷：应交税费——应交增值税（销项税额）

月末结转成本时的会计分录：

借：主营业务成本

　　贷：库存商品—— ×× 组或柜

【例题 5-21】果果商场 202× 年 6 月水果柜的进销数据显示，期初水果柜的库存商品余额 30 000 元，本期进货总额 120 000 元，进项税额 15 600 元，款项已经支付，商品已经交到水果柜验收，本期含税销售额 169 500 元，款项已经存入银行，月末经过实地盘点，结出水果柜库存商品进价总金额为 20 000 元，不考虑其他因素。

购入水果验收入库时会计分录：

借：库存商品——水果柜	120 000	
应交税费——应交增值税（进项税额）	15 600	
贷：银行存款		135 600

确认收入时的会计分录：

借：银行存款　　169 500

　　贷：主营业务收入——水果柜　　169 500

已销售商品的成本＝30 000+120 000−20 000＝130 000 元

结转已销售商品成本时的会计分录：

借：主营业务成本　　130 000

　　贷：库存商品——水果柜　　130 000

月末进行价税分离时的会计分录：

借：主营业务收入——××柜或组　　19 500

　　贷：应交税费——应交增值税（销项税额）　　19 500

第五节　商业企业连锁经营商品业务的核算

连锁经营是一种通过对若干零售企业共同经营产生规模经济效应的流通方式，主要体现为集中采购、统一配送、规范化管理和分散销售。商业连锁企业的主要经营活动是购入货物和销售货物，没有生产制造过程，因此其存货主要是购入待销售的商品，也包括为经营而准备的自身耗用的材料物资。连锁经营包括直营连锁（或正规连锁）、特许连锁（或加盟连锁、契约连锁）、自愿连锁（或自由连锁）等管理形式。

一、连锁经营企业种类及其会计处理方式的选择

直营连锁，又称正规连锁，是连锁经营企业最为基本的组织形式，其他的组织大多是从这种方式演化而来的。直营连锁的总部对零售企业的控制力度较高，各门店的人力、物力和财力都是在总部的控制下进行运营、流通的。

特许连锁，又称加盟连锁，即各零售企业是以加盟店的方式和总部达成契约进行连锁经营的组织形式。在这种连锁方式下，总部拥有先进的技术和管理经验，通过特许经营方式建立连锁经营体系，并将其丰富的技术经验传授给各加盟店，相应地收取一定比例的费用。

自愿连锁，又称自由连锁，是指在龙头企业的统领下，各零售企业通过资源加盟的方式组成经营联合体。顾名思义，在这种连锁形式下，各加盟店的经营自主权较大，经营的收益和成本属于自愿连锁企业的所有者，仅仅使用系统运作技术和龙头企业的品牌等专有信息。

根据企业的规模、经营范围以及总部对各零售企业的控制程度的不同，连锁经营企业在进行会计核算时可以采用两种方式：独立会计处理方式和统一会计处理方式。

独立会计处理方式的主体分别是总部和各零售企业，前者进行部分统一的会计处理，后者进行相对独立的会计处理。在这种会计处理方式下，总部和零售企业都要设置独立的会计机构。首先，总部对各零售店进行投资而具有经济关系，总部将其作为“长期股权投资”进行会计处理，各零售店在收到投资时将其作为“实收资本”进行会计处理。其次，在经营过程中，总部负责所有商品的采购、配送工作，总部按内部商品价格进行结算，并

根据配送数量和价格开具增值税专用发票或普通发票；各零售店根据发票内容相应地增加存货。最后，在月末时，各零售店要计算并结转当期经营成果，编制财务会计报告，上缴利润；总部根据各零售店的财务报告和上缴利润编制合并会计报表。

统一会计处理方式的主体是总部。总部通过将零售企业的经营活动进行汇总，实行统一的会计处理。总部会计机构在进行会计处理时，会对基层的零售企业的经营成果进行考核，根据经营业绩相应地确定他们的劳动报酬，并设立备用金制度，其额度根据各零售企业的需要而定。各零售企业实行报账制，并没有单独设立会计机构，只需要设立一名会计人员，负责对零售企业的业务活动设置部分会计账簿，并核算本部门的营业收入和营业费用，将收入上缴总部，发放员工工资，并负责本部门备用金的使用、保管工作。总部对本企业的所有经济资源和经营活动拥有控制权，对商品进行统一的采购和配送。在商品配送时，总部和各零售企业不需要进行增值税的计算，只需对库存商品的明细账户进行调整。各零售企业将开展经营活动的全部收入上缴总部，总部根据各零售企业的经营情况编制个别会计报表。

直营连锁形式下的连锁经营企业适合采用统一会计处理方式。连锁企业的总部对各零售企业的控制力度较大，负责分店所有的资产、负债和经营损益。直营连锁企业实行集中会计处理制，即采用统一的会计处理方式，有助于总部更好地对各零售企业进行监督、管理。在具体实践中，直营连锁企业的会计处理方式有两种模式：一是“总部—门店”方式。这种方式是指所有零售门店的账目全部并入总部账目，零售门店只是设置相应的辅助账目，以便定期和总部进行账目的核对。这种模式适应于处于同一地区或者城市、企业结构较为简单的直营连锁企业。二是“总部—地区总部—门店”方式。在这种方式下，地区总部将管辖内的所有门店的账目进行汇总，编制该地区的账目。各零售门店建立辅助账目，方便定期和地区总部进行账目核对。只有在年度末，企业总部才会将所有地区总部的会计报表进行合并，编制合并报表。在整个经营过程中，总部对各零售门店的资产、负债和损益实现电算化管理，商品在企业内部的转移按照进货价格进行会计处理。

特许连锁方式下的连锁经营企业通常采用独立会计处理方式。特许连锁方式下，各加盟店具备法人资格，但需要向其特许者即总部支付和生产经营相关的特许权使用费，并计入管理费用。特许者将收到的特许权使用费计入其他业务收入。由于加盟店不需要总部进行投资，所以其利润也不需要向总部上缴。因此，在这种情况下，加盟店有能力也有必要进行独立的会计处理。

自愿连锁方式下的连锁经营企业通常采用独立会计处理方式。自愿连锁的各个零售门店保留原有的资本所有权，具有很大的经营自主权。按照协议支付给总部相应的服务费用，并计入管理费用。总部收到该费用后计入其他业务收入。总部和各零售门店的商品转移按照独立会计处理的企业进行进销存的会计处理。

二、连锁经营企业统一会计处理形式下具体业务的会计处理

（一）总店向分店拨付资金的会计处理

总店向分店拨付资金时，根据资金划拨单据。

借：备用金——某直营店
　　贷：银行存款

（二）商品统一采购业务的会计处理

总部根据商品采购增值税专用发票和转账通知单。

借：商品采购
　　应交税费——应交增值税（进项税额）
　　贷：银行存款

（三）商品入库业务的会计处理

总部根据各分店转来的收货单。

借：库存商品——某直营店/配送中心
　　贷：商品采购
　　　　商品进销差价——某直营店/配送中心

（四）商品纵向调拨业务的会计处理

总部根据配送中心转来的送货单和各分店转来的收货单。

借：库存商品——某直营店
　　贷：库存商品——配送中心
　　　　商品进销差价——某直营店

（五）商品横向调拨业务的会计处理

总部根据分店之间的商品调拨单。

借：库存商品——调入分店
　　商品进销差价——调出分店
　　贷：库存商品——调出分店
　　　　商品进销差价——调入分店

（六）各分店成本费用的会计处理

各分店持费用发生时的原始凭证向总部报销时，总部：

借：管理费用——某直营店（××费）
　　销售费用——某直营店（××费）
　　贷：银行存款

（七）各分店经营成果的会计处理

各分店将定期汇总的销售收入有关原始凭证统一上缴总部时，总部：

借：银行存款
　　贷：主营业务收入——某直营店
　　　　应交税费——应交增值税（销项税额）

三、连锁经营企业独立会计处理形式下具体业务的会计处理

（一）总店向分店拨付资金的会计处理

总部总店向分店拨付资金时根据有关转账付款凭证。

借：基层往来——某分店
　　贷：银行存款

分店则在收到总店拨付的资金时：

借：银行存款
　　贷：总部往来

（二）总部商品统一采购业务的会计处理

因为连锁企业一般由总部统一采购，所以只涉及总部一方的会计处理，总部根据商品采购增值税专用发票和转账通知单。

借：商品采购
　　应交税费——应交增值税（进项税额）
　　贷：银行存款/应付账款

（三）商品入库业务的会计处理

1. 配送中心和直营店商品入库业务的会计处理

总部根据配送中心和直营店转来的收货单。

借：基层往来——配送中心/某直营店
　　贷：商品采购

直营店根据其填制的收货单。

借：库存商品
　　贷：总部往来
　　　　商品进销差价

配送中心根据其填制的收货单。

借：库存商品
　　贷：总部往来

2. 加盟店商品入库业务的会计处理

由于加盟店不是总部直接投资设立的，总部统一采购的商品运到加盟店入库，应视同总部按内部调拨价销售给加盟店。总部根据内部调拨单和增值税专用发票按内部调拨价确认收入和销项税额。

借：基层往来——某加盟店

贷：主营业务收入

应交税费——应交增值税（销项税额）

同时按统一采购价结转销售成本。

借：主营业务成本

贷：商品采购

加盟店则视同按内部调拨价向总部购进商品，根据收货单和增值税专用发票。

借：库存商品

应交税费——应交增值税（进项税额）

贷：总部往来

商品进销差价

（四）纵向配送商品业务的会计处理

1. 向直营店纵向配送商品业务的会计处理

向直营店纵向配送商品业务的会计处理是所有权同属于总部的配送中心和直营店这两个独立会计处理主体之间商品的内部移库业务的会计处理。

总部：

借：基层往来——甲直营店

贷：基层往来——配送中心

配送中心：

借：总部往来——商品配送

贷：库存商品

直营店：

借：库存商品

贷：总部往来——商品配送

商品进销差价

2. 向加盟店纵向配送商品业务的会计处理

这是所有权属于总部的配送中心和不属于总部的加盟店的两个独立会计处理主体之间的商品销售业务的会计处理。

乙加盟店：

借：库存商品

应交税费——应交增值税（进项税额）

贷：总部往来

商品进销差价

配送中心：

借：总部往来——商品配送

贷：库存商品

总部按内部调拨价：

借：基层往来——乙加盟店

　　贷：主营业务收入

　　　　应交税费——应交增值税（销项税额）

同时：

借：主营业务成本

　　贷：基层往来——配送中心账户

（五）商品横向调拨业务的会计处理

1. 直营店向自营店商品调拨业务的会计处理

调出直营店：

借：总部往来——商品调拨

　　商品进销差价

　　贷：库存商品

调入直营店：

借：库存商品

　　贷：总部往来——商品调拨

　　　　商品进销差价

总部：

借：基层往来——调入店

　　贷：基层往来——调出店

2. 加盟店向加盟店商品调拨业务的会计处理

调出加盟店：

借：总部往来——商品调拨

　　商品进销差价

　　贷：库存商品

　　　　应交税费——应交增值税（进项税额转出）

调入加盟店：

借：库存商品

　　应交税费——应交增值税（进项税额）

　　贷：总部往来一商品调拨

　　　　商品进销差价

总部：

借：基层往来——调入店

　　贷：基层往来——调出店

3. 加盟店向直营店商品调拨业务的会计处理

（1）调出加盟店视同商品购进退货业务的会计处理

借：总部往来——商品调拨
　　商品进销差价
　　贷：库存商品
　　　　应交税费——应交增值税（进项税额转出）
调入直营店：
借：库存商品
　　贷：总部往来——商品调拨
　　　　商品进销差价
（2）总部视同销售退货业务的会计处理
借：主营业务收入
　　应交税费——应交增值税（销项税额）
　　贷：基层往来——调出的加盟店
同时：
借：基层往来——调入的直营店
　　贷：主营业务成本

4. 直营店向加盟店商品调拨业务的会计处理

（1）调出直营店
借：总部往来——商品调拨
　　商品进销差价
　　贷：库存商品
（2）调入加盟店视同商品购进业务的会计处理
借：库存商品
　　应交税费——应交增值税（进项税额）
　　贷：总部往来——商品调拨
　　　　商品进销差价
（3）总部视同商品销售业务的会计处理
借：基层往来——调入的加盟店
　　贷：主营业务收入
　　　　应交税费——应交增值税（销项税额）
同时：
借：主营业务成本
　　贷：基层往来——调出的直营店

（六）成本费用的会计处理

直营门店的销售成本、期间费用等损益类账户余额定期结转到总部，加盟门店的销售成本、期间费用等损益类账户余额无须结转到总部。

（七）经营成果的会计处理

加盟店独立会计处理的销售收入和销售成本无须结转到总部。但需要通过“总部往来”账户解缴营业款，总部扣除必要的费用后，其余部分为加盟店自由动用的金额。具体而言，总部扣除加盟店的款项中，必要的费用包括应当收取的商品调拨款、加盟店应当缴纳的加盟费、总部拨给加盟店的包装物费用等。

此外，总部和分店的费用的发生和会计处理可能不一致。有些分店经营费用，分店并不记录，而由总部记录。例如，分店如果是总部的直营店，其固定资产记录在总部的账簿中，相应的折旧也由总部进行会计处理。总部收到分店的收入后，将净收益用分店的折旧费用进行冲减并入账，这导致了分店账面净收益由于缺少折旧费用的冲减而偏高。和折旧性质类似的坏账费用也有同样的效果。依此类推，如果总店将某笔费用分配给分店负担，也做上述会计处理，即用分店上报的净收益减去其应负担的总店记录的费用，作为分店的净收益，总店将这些费用分配分店一部分，能够真实反映总部和分店的真实经营业绩。

连锁企业在发展的同时面临一些成本控制问题。

一是连锁店面的租金高且持续上升成为阻碍成本控制的最大因素。零售业被认为是一种“选址”产业，连锁经营企业更是如此。店址的选择对连锁店铺的经营至关重要。然而，随着近年店铺租金节节攀高，特别是热门商业地产的租金更是高得让一般商家望而却步。而店铺选址往往成为连锁投资中最刚性的一部分，所占总投资的比重也往往是最重的一块，许多小型连锁企业的店面租金支出甚至超过人员工资，而这部分开支往往很难控制或者降低下来。而且一些知名的连锁加盟企业对店面的面积、客流要素等有严格的规定。

二是人工劳动成本支出难以有效控制。连锁经营属于劳动密集型产业，因此这里面除去加盟费和门店租金成本外，最大的支出就是人工成本。而随着国家经济的快速发展，人民生活水平的提高，人均劳动报酬增长较快，这些特性使连锁经营模式的劳动力成本节节攀升。而如果通过裁员增效，往往又不能满足人们对服务水平日益提高的需要，最终导致客户的不满。

第六节　商业企业网络销售商品业务的核算

网络销售是指借助网络实现商品或服务从卖家转移到消费者的过程。在整个过程中的资金流、物流和信息流任何一个环节有网络的参与，都称为网络购物。直观地说，也就是把传统的商店直接“搬”回家。它是电子商务的一个重要组成部分。网络销售主要有 B2C 和 C2C 两种形式。除此之外，还有 O2O 模式。O2O 电子商务的交易流程如下。

（1）线上撮合。消费者通过线上获取商品或服务信息，做出选择并进行评估，作出购买决策。

（2）线上支付。经线上撮合后，消费者通过网络银行或第三方支付等在线支付工具进行在线支付或在线预付购买商品或服务，支付成功后，领取数字凭证。

（3）线下消费。消费者凭借数字凭证或优惠券到线下实体店去消费所购买的商品或服务，实现线下消费。

（4）消费反馈。消费完成后，和交易相关的数据进行实时处理，平台把分析的消费数据提供给商家，并把商品信息和消费反馈信息准确推送给消费者，这些准确的信息为消费者再次购买商品或服务提供依据。

网络销售的交易模式主要分为三种。一是有担保方的先付款后发货模式；二是无担保方的先付款后发货模式；三是先发货后付款模式。网络促销也是商家常用的营销手段。本书主要介绍网络销售的会计处理和网络促销的会计处理。

一、网络销售的会计处理

（一）有担保方的先付款后发货模式的会计处理

有担保方的先付款后发货模式是客户先付款至担保方，担保方收款后通知商家发货，客户确认收货后通知担保方付款。其网购交易流程及会计处理如下。

（1）接受买家订单。此步为交易协调阶段，买卖双方交流沟通，协商确定交易价格，无须进行会计处理。

（2）买家付款至担保方。由于网购交易的不确定性，此款项是否最终流入企业存在未知数，故在买家付款至担保方时，无须进行会计处理。

（3）组织发货。虽然货物已经发出，但由于网购交易的不确定性，不能确认收入和成本。发货时，先从库存商品转为发出商品处理。

借：发出商品

　　贷：库存商品

货物由物流公司配送，支付的物流费用。

借：销售费用

　　贷：应付账款/库存现金

（4）买家确认收货。标志网购交易成功，此时可以进行收入和成本确认。网购交易收入确认时：

借：应收账款

　　贷：主营业务收入

　　　　应交税费——应交增值税（销项税额）

结转销售成本时：

借：主营业务成本

　　贷：发出商品

（5）担保方清算货款。客户确认付款，收到经担保方扣除手续费后的货款时：

借：银行存款

　　财务费用

　　贷：应收账款

（6）在交易过程中，若客户不收货，做退货处理时：

借：库存商品

　　贷：发出商品

（二）无担保方的先付款后发货模式的会计处理

无担保方的先付款后发货模式是客户通过相关支付方式付款至商家，商家收款后发货。其网购交易流程及会计处理如下。

（1）接受买家订单。无须进行会计处理。

（2）客户付款到账。款项流入企业，作为预收账款处理，有结算手续费时做费用处理。

借：银行存款
　　财务费用
　　贷：预收账款

（3）组织发货。会计处理同有担保方的先付款后发货模式。

（4）买家确认收货。标志交易成功，此时可以进行收入和成本确认。

确认收入时：

借：预收账款
　　贷：主营业务收入
　　　　应交税费——应交增值税（销项税额）

结转销售成本时：

借：主营业务成本
　　贷：发出商品

（5）在交易过程中，若客户不收货并取消交易，则做退货、退款处理，退货时：

借：库存商品
　　贷：发出商品

退款时：

借：预收账款
　　贷：银行存款

（三）先发货后付款模式的会计处理

先发货后付款模式是商家根据订单先发货，客户收货后同时付款，其网购交易流程及会计处理如下。

（1）接受买家订单。无须进行会计处理。

（2）组织发货。会计处理同有担保方的先付款后发货模式。

（3）买家确认收货并付款。标志交易成功，此时可以进行收入和成本确认。

确认收入时：

借：银行存款/库存现金
　　贷：主营业务收入
　　　　应交税费——应交增值税（销项税额）

若为物流公司代收，则：

借：应收账款

贷：主营业务收入

应交税费——应交增值税（销项税额）

结转销售成本时：

借：主营业务成本

贷：发出商品

（4）在交易过程中，若客户不收货并取消交易，则做退货处理：

借：库存商品

贷：发出商品

二、团购销售的会计处理

团购可以定义为团体购买，根据薄利多销、量大价优的原理，使消费者以低于零售价格的折扣价从商家获取商品或服务。网络团购则借助互联网，将具有相同购买意向的零散消费者集合起来，向商家大批量购买，求得最优惠的价格。网站向消费者提供同城商家的优惠商品和服务，并从中抽取佣金，消费者得到优惠的价格，而商家也从中赚取利润。网络团购的交易一般涉及三方当事人，包括团购网站、商户和消费者。团购网站本质上是为商家及消费者提供一个网络团购服务平台。

网络团购根据团购标的物的不同分为实物和电子券两种方式。

实物团购，即消费者以团购的方式购买实物。实物团购主要涉及有形商品的交易。消费者若对实物感兴趣可以点击购买，在通过支付宝、财付通等网上支付工具付清货款后，直接填写所购实物的快递送达地址，所购实物最终由物流公司送至消费者手中。在这一过程中，团购网站则从商品的货款中获取了一定比例的佣金收入。

电子券团购主要涉及餐饮、娱乐等服务行业。消费者在团购网站上付款之后会收到团购网站发的电子消费券，消费者即可凭电子券到商户实地消费。在这一过程中，团购网站除了在商品的货款中获取了一定比例的佣金收入外，还从消费者团购开始到实际消费的这一段时间内获取了资金沉淀的收益。

网络团购是由委托方将商品直接交付给消费者，商品售出前主要风险报酬的承担方为委托方，因此在团购网站进行团购活动时，委托方不符合收入确认条件，而在委托方向消费者交付产品时，委托符合收入确认条件，且收入金额可以准确计量，因此可确认收入。收取手续费的团购业务是在团购活动开始时，商品并未交给团购网站进行销售，商品的所有权凭证也没有发生转移，所售商品的所有权的主要风险和报酬也未随之转移。团购活动结束后，若团购数量达到团购协议最低数量，则团购活动成功，委托方和团购网站结算款项并收取手续费；反之，则由团购网站向消费者退款，确认负债的减少，作相反的会计处理。

团购网站交给商家代销清单时确认收入，将消费者支付的款项转付给委托方，同时，按事先和商家约定的手续费率收取手续费。商家在向消费者发出商品或提供服务时，确认收入。

评价返利是团购网站为吸引消费者重复消费的营销手段，一方面可作为销售费用处理，另一方面形成团购网站潜在的负债。团购网站给予消费者返利时：

借：销售费用

　　贷：递延收益

消费者使用返利时：

借：递延收益

　　贷：主营业务收入

评价返利实际上是顾客第一次团购消费时，团购网站给予消费者的优惠协议，当顾客再次团购时可使用这项返利，冲抵现金。

我国目前对网络团购模式下收入的确认，在理论上没有单独的标准，实物团购收入本质上是商品的销售，可以商品销售收入确认条件为参考依据。

对于商户而言，实物团购方式和传统商品销售方式基本相同，经历“合约—交货—收款—售后”的过程。

首先，消费者点击付款订购商品，对于商户而言实物商品订单生成，消费者通过网络第三方支付平台支付货款给团购网站，款项尚未到达商户的账户，此时实物商品所有权上的风险和报酬尚未转移给消费者，故不能确认收入。

其次，商户发出商品，如果不考虑其他情况的话，商户在发货之后即满足了商品销售收入确认的条件，即可按发出商品的数量以及团购的单价来确认收入。

再次，如果该实物团购存在消费者退货方面的合约条款，即使商品已经发出，但商品所有权上的风险和报酬依然影响商户，那么这样的实物团购方式和传统附退货条件的商品销售相似，具体的会计处理可以比照附有退货条件的传统销售来处理，由商户是否可以合理估计退货比例来决定是否在发货时确认收入以及金额。

最后，团购网站根据订单和商户提供的发货凭据进行资金结算。目前主流的做法是分批进行结算，如第一次结算一半的款，三个月后结算另一半。团购网站从商品的货款中获取了一定比例的佣金收入。故对于商户而言，收到货款后可以冲减债权，同时将支付给团购网站的佣金计入销售费用。

三、网购促销的会计处理

“红包”是支付宝等网络支付平台为卖家提供的一项增值服务，也是网络商家的一种促销方式。

（一）商家发行促销红包的会计处理

商家发行促销红包以支付宝等网络支付账户为平台，其发行方式有三种：定向发行、红包按钮发行、获取码发行。用户可凭获得的卡号、验证码登录支付宝等网络支付平台领取红包。商家发行红包不需要向支付宝等网络支付平台支付手续费等交易费用。但是发行红包消耗的支付宝等网络支付平台账户里的资金在交易之前和交易正在进行中都会被冻结。为清晰反映商家银行存款账户的发生明细，便于账务管理，将发行红包冻结的金额纳入专户管理。

借：其他货币资金——红包冻结款

贷：银行存款

（二）商家赠送红包的会计处理

商家在销售商品或提供劳务的同时按其金额授予买家一定数额的促销红包。商家红包销售所收取的款项包含两部分：一部分是该项交易所售出的商品的价值，另一部分是促销红包的价值。顾客将收到的和该项交易相关的那部分价款确认为收入，而赠送的红包是买家为下一次以优惠的价格购买商品或服务预先支付的款项，即商家收取红包款在先，提供商品或服务在后。因此和红包相关的部分收入应予以递延，待买家实际使用时再确认：

借：银行存款

贷：主营业务收入

递延收益

同时结转售出商品的实际成本。

若商家当前交易金额超过免费交易流量，根据支付宝等网络支付平台当前收费优惠期标准：每笔交易按照0.5%收取服务费，不足1元按1元收费，25元封顶。该项服务手续费是随销售交易而发生的从属性费用，应计入销售费用，即：

借：销售费用

贷：银行存款

（三）买家兑换红包的会计处理

持有促销红包的买家满足商家规定的兑付条件时，有权利取得授予商家的商品或服务。在买家兑换促销红包时，授予商家应将原计入递延收益和所兑换红包相关的部分确认为收入，确认收入的金额为此次消耗的红包数额，即：

借：递延收益

贷：主营业务收入

同时解冻和所兑换红包相关的部分金额，解冻金额为实际付出的红包金额，即：

借：销售费用

贷：其他货币资金——红包冻结款

（四）未兑换红包的会计处理

失效的红包结转计入当期损益，即：

借：递延收益

贷：主营业务收入

同时根据支付宝等网络支付平台红包的使用规则“发行红包时被冻结的资金如果交易失败（买家在有效期内未使用红包），则对应的红包金额将退还给红包使用者（商家）”，即：

借：银行存款

贷：其他货币资金——红包冻结款

《本章小结》

零售商品流转是指商品零售企业从商品批发企业或商品生产企业购入工业、农业产品，并分散转售给城市、乡村居民消费的活动。

零售商品的购进的核算包括同城购进商品、异地购进商品。其中，商品零售企业通过同城购进商品，货款支付时间和商品验收入库时间基本一致；商品零售企业通过异地购进商品，货款支付时间和商品验收入库时间经常不一致。

商品零售企业购进商品发生溢余或短缺，应当按照规定的要求进行账务处理；发生的长款、短款应当按照规定进行账务处理；库存商品发生盘盈或盘亏，应当按照规定进行账务处理。

商品零售企业的商品内部调拨，实际上是商业零售企业内部独立核算的柜或组将商品调拨到企业内部其他柜或组，是商品在内部各实物负责人之间的转移。

零售即零星分散销售，是针对广大消费者的直接销售模式，属于商品流通过程的最终环节。商品经过零售直接进入消费者手中，从而离开商品流通领域，变成消费品。

在零售模式下，由于大部分商品都采用售价金额核算法，即商品入库按照销售价格(含税）登记，商品销售价格与购进价格之间的差额通过“商品进销差价”账户反映。因此，已销售的商品需要按销售价格结转销售成本，同时转销已销售商品的进销差价，将已销售商品的成本转为实际成本。

零售商品储存的核算，主要包括零售商品的调价、商品削价、商品的盘点溢缺、商品的内部调拨的核算以及零售商品储存的明细核算。

《习题与实训》

一、思考题

1. 商品零售企业的商品流转包括哪些环节？如何核算？
2. 零售商品的购进有哪些途径？如何核算？
3. 零售商品的销售如何进行价税分离？
4. 商品进销差价在结转已销售商品成本时如何计算？

二、单项选择题

1. 下列项目中，属于超市库存商品核算的适用方法的是（　　）。

A. 进价记账、盘存计销　　B. 数量售价金额核算法

C. 数量进价金额核算法　　D. 售价金额核算法

2. 下列项目中，属于采用售价金额核算的商业企业库存商品明细账设置要求是（ ）。

A. 按商品类别 B. 按进货批发

C. 按实物负责人 D. 按商品名称及规格

3. 零售商品的流转是商品流转的（ ）。

A. 中间环节 B. 最终环节

C. 原始环节 D. 经济环节

4. 零售企业购进退补业务，在会计核算上应调整的账户是（ ）。

A. 库存商品 B. 商品进销差价

C. 主营业务收入 D. 主营业务成本

5. W 商场有限公司（一般纳税人企业）向农户收购一批杧果，收购价款为 30 万元，则计入的采购成本为（ ）。

A. 30 万元 B. 26.6 万元 C. 27.5 万元 D. 32.7 万元

6. 商品零售企业购进商品发生溢余，先按实收数入库，将溢余数按（ ）转入“待处理财产损溢”账户。

A. 含税进价 B. 不含税进价

C. 含税售价 D. 不含税售价

7. 下列项目中，对已销商品进销差价的计算最为准确的是（ ）。

A. 个别差价计算法 B. 综合差价率计算法

C. 分类差价率计算法 D. 盘存商品差价计算法

8. 对已销商品进销差价的计算，适用于经营商品品种较少企业的是（ ）。

A. 个别差价计算法 B. 综合差价率计算法

C. 分类差价率计算法 D. 盘存商品差价计算法

9. 下列项目中，属于商品零售企业售价金额法中售价记账账户的是（ ）。

A. 在途物资 B. 主营业务成本

C. 待处理财产损溢 D. 库存商品

10. 针对鲜活商品的特点，经营鲜活商品的企业采用的核算方法是（ ）。

A. 金额核算法 B. 数量核算法

C. 数量售价金额核算法 D. 进价金额核算法

三、多项选择题

1. 下列项目中，属于零售商品核算内容的有（ ）。

A. 库存商品按含税售价记账 B. 设置“商品进销差价”账户

C. 建立实物负责制 D. 加强商品的实地盘点制度

2. 下列项目中，属于“商品进销差价”账户借方登记的有（ ）。

A. 购进商品的售价大于进价的差额

B. 购进商品的售价小于进价的差额

C. 核销已销商品应分摊的进销差价

D. 使商品售价大于进价的差额减少的数额

3. 下列项目中，属于已销售商品进销差价计算方法的有（　　）。

A. 个别差价计算法　　B. 综合差价率计算法

C. 分类差价率计算法　　D. 盘存商品差价计算法

4. 下列项目中，属于零售商品储存核算的有（　　）。

A. 商品的调价　　B. 商品的溢缺

C. 商品的盘点　　D. 商品的内部调拨

5. 下列项目中，属于零售鲜活商品特点的是（　　）。

A. 易损耗变质　　B. 售价变动频繁

C. 季节性强　　D. 数量零星

四、判断题

1. 零售商品属于商品流转的最后环节，商品通过零售变成消费品。（　　）
2. 所有的零售商品都应当采用售价金额法核算。（　　）
3. 为了便于会计核算，零售商品的定价是固定的，不允许调价。（　　）
4. 商品零售企业发生的商品溢余，直接计入“营业外收入”科目。（　　）
5. 零售商品的储存属于商品零售企业核算的重点内容之一。（　　）

五、实训题

1. 桂海零售商场是一般纳税人企业，增值税税率为13%，202×年月11月发生的经济业务如下：

（1）1日，从深圳A公司购入电视机1 000台，每台21 000元，21 000 000元，款项通过签发商业承兑汇票支付。

（2）3日，1日购入的1 000台电视机已经验收入库，A公司负责运杂费，该批电视机的零售价为3 000元每台。

（3）5日，开户银行转来南京B批发公司的托收凭证，并附增值税专用发票，列明购入冰箱1 000台，每台单价1 500元，不含税价款为1 500 000元，运杂费20 000元（假设不能抵扣增值税），经审核后支付相关款项。

（4）8日，收到B批发公司销售的1 000台冰箱，已全部验收完毕，该批冰箱每台售价2 200元。

（5）8日，支付总经理出差预借差旅费3 000元，以现金支付。

（6）9日，从H服装批发公司购入男西装3 000套，每套不含税价为300元，货款900 000元，H服装批发公司负责运费，经审核后转账支付。

（7）11日，收到H服装批发公司发来的男西装，该批男西装在验收时，实际入库2 950套，并填制购进短缺报告单，原因待查，该批男西装每套售价400元。

（8）14日，经查明11日验收入库的男西装短缺的50套中，有30套是H服装批发公司少发，经联系，已经补发到库；另外20套是提货人员小张失职造成的，经审批，决定40%由提货人员小张赔偿，其余60%作为公司的日常损失。

（9）16日，从F制糖厂购入白砂糖10 000斤，每斤不含税价为2元，共计货款20

000 元，该批白砂糖的零售价为 3 元每斤，审查后以银行存款支付。

（10）18 日，收到 F 制糖厂发来的白砂糖，验收入库的实际重量为 9 800 斤，短缺 200 斤，填制商品购进短缺报告单，原因待查。

（11）19 日，经查明，18 日验收入库白砂糖短缺的 200 斤中，有 80 斤属于自然损耗，其余 120 斤是 F 制糖厂少发，联系后，由于数量少，决定不再补发短缺的白砂糖，已开来红字专用发票作退货处理，退款已存入基本存款账户。

要求：编制以上业务的会计分录。

2. R 零售超市 202 × 年月 12 月发生的部分经济业务如下：

（1）6 日，向 W 公司购入猪肉 1 000 千克，单价 20 元；牛肉 600 千克，单价 40 元；羊肉 500 千克，单价 50 元，共计货款 69 000 元，增值税税额 8 970 元，当日签发转账支票付讫，以上商品由食品柜验收完毕。

（2）8 日，向 P 水产户收购免税江团 1 000 千克，每千克 10 元，共计货款 10 000 元，以现金支付，由海鲜柜验收完毕。

（3）10 日，向农户收购免税西瓜 20 000 千克，每千克 2 元，货款为 40 000 元，以现金支付，由蔬果柜验收完毕。

（4）13 日，收到各个柜缴来的销货现金及商品销售收入单据。其中，肉类113 000元，水产类 565 000 元，水果类 33 900 元，并将其现金全部解存银行，取得解款单回单。

（5）31 日，汇总各柜交来的银行交款回单，累计各柜 1—31 日总结算收入：食品柜 3 390 000元，海鲜柜 1 130 000 元，蔬果柜 904 000 元。

（6）31 日，对各柜 1—31 日的累计总结算收入进行价税分离。

（7）31 日，食品柜对各类商品进行盘点，期初肉类 20 000 元，本期进货总额 2 000 000元，期末盘点余额 30 000 元；期初水产类 30 000 元，本期进货总额 700 000 元，期末盘点余额 40 000 元；期初蔬果类 10 000 元，本期进货总额 500 000 元，期末盘点余额 20 000 元。结转本期销售成本。

要求：编制以上业务的会计分录。

3. 桂海超市是一家商品零售企业，属于一般纳税人，增值税税率为 13%，不考虑运费的进项税额，202 × 年 12 月发生如下业务：

（1）1 日，向 Q 批发公司购入一批男装 1 000 件，不含税价为 300 000 元，增值税税额39 000元，款项用银行存款支付，该批男装零售价总计 452 000 元，收到增值税专用发票，商品已验收入库。

（2）2 日，向 H 公司购入冰箱一批，进价为 200 000 元，进项税额为 26 000 元，该批冰箱零售价总计 339 000 元，另支付运费 10 000 元，款项用银行存款支付，发票已收到，但该批冰箱尚未到达公司。

（3）5 日，向 U 公司购入电视机一批，进价为 1 500 000 元，进项税额为 195 000 元，该批电视机零售总价为 2 486 000 元，另支付运费 8 000 元，款项用银行存款支付，收到增值税专用发票，商品已验收入库。

（4）8 日，向 H 公司购入的冰箱已运到本公司并验收入库。

(5) 11 日，向 S 农户购入一批免税鲜活产品价款为 545 000 元，款项用银行存款支付。

(6) 15 日，用银行存款归还欠 Q 批发公司货款 500 000 元。

(7) 17 日，预收 F 公司货款 1 000 000 元。

(8) 22 日，按零售价售给 F 公司女装 1 130 000 元，同时结清货款。

(9) 24 日，支付销售经理预借差旅费 5 000 元。

(10) 25 日，收到 P 公司违约赔偿款 20 000 元。

(11) 31 日，1—31 日各柜台零售销货款统计：男装 2 260 000 元、电视机1 130 000 元、冰箱 3 390 000 元、鲜活产品 791 000 元，收取现金并存入银行。

(12) 31 日，鲜活产品盘点按进价计算结存成本 24 500 元。

(13) 31 日，按售价结转库存商品成本。

(14) 31 日，结转应分摊已销商品的进销差价，该公司的商品综合差价率为 20%。

(15) 31 日，调整 1—31 日柜台零售的商品销售收入及销项税款并进行分解。

(16) 31 日，公司库存商品成本 2 500 000 元，可变现净值为 2 480 000 元，按成本与可变现净值孰低法计提存货跌价准备。

(17) 31 日，计提本月工资 250 000 元，其中，商品销售人员 180 000 元、行政管理人员 70 000 元。

(18) 31 日，按 14%计提职工福利费。

(19) 31 日，计提本月利息 10 000 元。

(20) 31 日，按本月实际上缴增值税税额 7%计提城建税、3%计提教育费附加。

(21) 31 日，结转本月收入到本年利润。

(22) 31 日，结转本月销售成本、税金及附加、费用到本年利润。

(23) 31 日，计算出本月利润总额并按 25%计提企业所得税，同时结转所得税到本年利润。

(24) 31 日，结转本年净利润到利润分配。

要求：编制以上业务的会计分录。

第六章 商业企业商品流转其他业务的核算

知识与能力目标

1. 了解商品流转其他业务的范围、方式、定义、特点；
2. 理解加工商品、代销商品、包装物、低值易耗品、出租商品的内容与核算；
3. 掌握加工商品、代销商品、包装物、低值易耗品、存货减值的账务处理。

思政目标

培养学生实事求是、认真负责、一丝不苟的工作态度，要求学生在学习商业企业委托加工、代销商品、包装物、低值易耗品等的业务核算中养成认真、细致的职业习惯。

第一节 商业企业加工商品业务的核算

加工商品是指商业企业委托外单位加工或者自行加工完成的各种新商品。商业企业为了丰富商品供给，提供不同等级、不同标准、不同种类的商品，除正常的外购活动外，还会通过对现有商品进行加工，形成新商品。商业企业委托外单位加工商品的成本主要包括原商品成本、支付的加工费用、相关税费以及使商品达到预定可使用状态所发生的各项合理支出。

一、应设置的会计科目

为了核算加工商品的成本，商业企业应设置“委托加工物资”科目。该科目属于资产类，借方登记发出待加工商品的进货原价、加工费用以及加工商品发生的税金及附加等，贷方登记加工完成收回并验收入库商品的成本，期末余额在借方，表示尚未加工完成商品的成本。若商品加工完成，则期末没有余额。

二、委托加工商品的业务核算

发出待加工的库存商品，应按库存商品的账面价值入账。

1. 进价法核算

发出待加工商品时的会计分录：

借：委托加工物资

  贷：库存商品

支付加工费用、运杂费、增值税、消费税时的会计分录：

借：委托加工物资

  应交税费——应交增值税（进项税额）

  贷：应付账款

    银行存款等

收回后直接用于销售的，应将受托方代收代交的消费税计入委托加工商品成本。收回后用于销售的会计分录：

借：委托加工物资

  贷：应付账款

    银行存款等

收回后用于连续生产的，受托方代收代交的消费税不计入加工商品成本。收回后用于连续生产的会计分录：

借：委托加工物资

  应交税费——应交消费税

  贷：应付账款

    银行存款等

加工完成验收入库的商品，按其实际成本入账。加工完成验收入库时的会计分录：

借：库存商品

  贷：委托加工物资

2. 售价法核算

发出待加工商品时的会计分录：

借：委托加工物资商品进销差价

  贷：库存商品

支付加工费用、运杂费、增值税、消费税时的会计分录：

借：委托加工物资

  应交税费——应交增值税（进项税额）

  贷：应付账款

    银行存款等

收回后直接用于销售的，应将受托方代收代交的消费税算入委托加工商品成本。收回后用于销售的会计分录：

借：委托加工物资

　　贷：应付账款

　　　　银行存款等

收回后用于连续生产的，受托方代收代交的消费税不计入加工商品成本。收回后用于连续生产的会计分录：

借：委托加工物资

　　应交税费——应交消费税

　　贷：应付账款

　　　　银行存款等

加工完成验收入库的商品，按其售价入账。加工完成验收入库时的会计分录：

借：库存商品

　　贷：委托加工物资商品

　　　　进销差价

【例题 6-1】 202×年 6 月 1 日，桂海商业有限公司委托甲加工厂加工一批 Y 商品，发出 A 商品一批，实际成本 50 000 元，以银行存款支付运杂费 650 元。7 月 15 日加工完成，支付加工费 5 000 元，增值税税额为 650 元，支付回程运杂费 800 元。该批 Y 商品已验收入库，商品采用进价法核算，运杂费不考虑增值税，不考虑其他因素。

发出 A 商品时的会计分录：

借：委托加工物资	50 000	
贷：库存商品——A 商品		50 000

支付运杂费时的会计分录：

借：委托加工物资	650	
贷：银行存款		650

支付加工费时的会计分录：

借：委托加工物资	5 000	
应交税费——应交增值税（进项税额）	650	
贷：银行存款		5 650

支付回程运杂费时的会计分录：

借：委托加工物资	800	
贷：银行存款		800

Y 商品入库时的会计分录：

借：库存商品——Y 商品	56 450	
贷：委托加工物资		56 450

【例题 6-2】 202×年 8 月 1 日，桂海商业有限公司委托乙公司代为加工一批应交消费税的 D 商品，发出 E 商品的进价为 100 000 元，售价为 120 000 元，合同约定加工费为 30 000元，由乙公司代收代缴的消费税为 10 000 元，增值税税额为 3 900 元。8 月 10 日，D 商品已收回并验收入库，售价为 170 000 元，加工费及相关税费已通过银行存款支付，

商品采用售价法核算，收回后直接用于出售，不考虑其他因素。

假设收回的委托加工材料用于继续生产应税消费品的会计分录：

借：委托加工物资　　100 000
　　商品进销差价　　20 000
　　贷：库存商品——E 商品　　120 000

借：委托加工物资　　40 000
　　应交税费——应交增值税（进项税额）　　3 900
　　贷：银行存款　　43 900

借：库存商品——D 商品　　170 000
　　贷：委托加工物资　　140 000
　　　　商品进销差价　　30 000

三、自行加工商品的业务核算

自行加工商品是指具备一定加工能力的商业企业对现有商品按照一定的标准和要求加工成新的商品。

商业企业为了核算自行加工商品的业务支出，可在“库存商品”科目下设置“自行加工商品”明细科目。加工商品过程中发生的工资等直接费用，直接计入该批加工商品的加工成本，记入“库存商品——加工商品”科目；加工商品发生的不能够直接归属于加工商品的间接费用，应先进行归集，记入“其他业务成本”科目，期末按一定的分配标准转入加工商品的成本。

领用商品加工时的会计分录：

借：库存商品——自行加工商品
　　贷：库存商品

结算加工相关费用时的会计分录：

借：库存商品——自行加工商品
　　贷：应付职工薪酬
　　　　银行存款等

加工商品完工入库时的会计分录：

借：库存商品
　　贷：库存商品——自行加工商品

【例题 6-3】 202×年 8 月 2 日，桂海商业有限公司自行加工一批 W 商品，领用 C 商品一批，实际成本 20 000 元，加工完成时结算加工过程人员费用 5 000 元。该批 W 商品已验收入库，商品采用进价法核算，不考虑其他因素。

领用商品加工时的会计分录：

借：库存商品——自行加工商品　　20 000
　　贷：库存商品——C 商品　　20 000

结算加工相关费用时的会计分录：

借：库存商品——自行加工商品　　5 000
　　贷：应付职工薪酬　　5 000

加工商品完工入库时的会计分录：

借：库存商品——W 商品　　25 000
　　贷：库存商品——自行加工商品　　25 000

第二节　商业企业代销商品业务的核算

代销商品是指商业企业根据与委托方签订协议，为委托方代理销售的商品。商业企业与委托方签订合同或协议时，应在合同或协议中明确其代销商品的品名、数量、价格及手续费如何计算等项目。应该注意的是，尽管商业企业为从事商品销售的责任主体，但代销商品的所有权归属于委托方。

在会计核算实务中，代销商品主要有收取手续费方式、视同买断方式以及混合销售方式三种。在代销商品的销售业务中，一方面，按照实质重于形式质量要求，只有被委托销售的商品满足收入的确认条件后，委托方才能确认收入；另一方面，受托方可依据实际情况调增代销商品的价格，相关差额可在销售完结后与委托方结算。

一、收取手续费方式的代销业务

在收取手续费方式的代销业务下，只有委托方确认商品销售收入，受托方方可按照销售商品的数量或价款确认一定的手续费收入。

委托方的会计处理为：

发出商品时，借记“发出商品”科目，贷记“库存商品”科目；收到受托方转来的代销清单时，借记“应收账款”“销售费用”科目，按照协议价格，贷记“主营业务收入”“应交税费——应交增值税（销项税额）”科目。

收到代销款时，借记“银行存款”科目，贷记“应收账款”科目。受托方在收到代销商品时，不作为购进处理，代销商品销售出去后，也不确认商品销售收入。在收到代销商品时，按照协议价，借记“受托代销商品”科目，贷记“受托代销商品款”科目。

将商品销售出去时，借记“银行存款”等科目，贷记“受托代销商品”“应交税费——应交增值税（销项税额）”科目；确认手续费收入时，借记“受托代销商品款”科目。

【例题 6-4】 202×年 1 月 10 日，桂海商业有限公司委托 FX 商业有限公司销售 W 商品 500 件，协议价为 1 000 元/件，该 W 商品成本 800 元/件，增值税税率为 13%。1 月 25 日，桂海商业有限公司收到 FX 商业有限公司开来的代销清单，注明 W 商品售价 500 000 元，增值税税额 65 000 元。FX 商业有限公司按每件 1 000 元销售给顾客，桂海商业有限公司按售价的 10%支付 FX 商业有限公司手续费。FX 商业有限公司代销 W 商品时向购买方开出一张增值税专用发票，注明 W 商品售价 500 000 元，增值税税额 65 000 元；桂海商业有限公司在收到 FX 商业有限公司交来的代销清单时，向 FX 商业有限公司开具相同金额的增值税专用发票，桂海商业有限公司与FX商业有限公司均为一般纳税人企业，不考虑其他因素。

桂海商业有限公司的会计处理如下。

将W商品交付给FX商业有限公司时的会计分录：

借：发出商品——W商品　　400 000
　　贷：库存商品——W商品　　400 000

收到代销清单确认收入时的会计分录：

借：应收账款——FX商业有限公司　　565 000
　　贷：主营业务收入　　500 000
　　　　应交税费——应交增值税（销项税额）　　65 000

借：主营业务成本　　400 000
　　贷：发出商品——W商品　　400 000

收到FX商业有限公司结算款项时的会计分录：

借：银行存款　　508 000
　　销售费用　　50 000
　　应交税费——应交增值税（进项税额）　　6 500
　　贷：应收账款——FX商业有限公司　　565 000

FX商业有限公司的会计处理如下。

收到W代销商品时的会计分录：

借：受托代销商品　　500 000
　　贷：受托代销商品款　　500 000

商品对外销售时的会计分录：

借：银行存款　　565 000
　　贷：受托代销商品　　500 000
　　　　应交税费——应交增值税（销项税额）　　65 000

借：受托代销商品款　　500 000
　　贷：应付账款——桂海商业有限公司　　500 000

收到桂海商业有限公司开来增值税专用发票时的会计分录：

借：应交税费——应交增值税（进项税额）　　65 000
　　贷：应付账款——桂海商业有限公司　　65 000

结算货款并扣除代销手续费时的会计分录：

借：应付账款——桂海商业有限公司　　565 000
　　贷：银行存款　　508 500
　　　　其他业务收入　　50 000
　　　　应交税费——应交增值税（销项税额）　　6 500

二、视同买断方式的代销业务

视同买断方式代销商品是指委托方和受托方约定按照一定的价格签订合同或协议，委托方按合同或协议的价格收取代销商品的货款。代销商品的实际售价由受托方定，受托方可收取实际售价与签订的合同或协议规定的价格之间的差额。

如果委托方和受托方之间的协议明确标明，受托方在取得代销商品后，无论是否能够卖出、是否获利，均与委托方无关，那么委托方和受托方之间的代销商品交易，与委托方直接销售商品给受托方没有实质区别。在符合销售商品收入确认条件时，委托方应确认相关的销售商品收入。如果委托方和受托方之间的协议明确标明，将来受托方未售出的商品可以退回给委托方，或受托方因代销商品出现亏损时可以要求委托方补偿，那么委托方在交付商品时不应确认收入，受托方也不作购进处理；受托方将商品销售后，按实际售价确认销售收入，并向委托方开具代销清单；委托方收到销售清单时，再确认本企业的商品销售收入。

【例题 6-5】 202×年1月5日，桂海商业有限公司委托FX商业有限公司销售T商品2 000件，协议价为100元/件，T商品成本为70元/件，增值税税率为13%。假定T商品已经发出，根据代销协议约定，FX商业有限公司不能将销售不出去的T商品退回给桂海商业有限公司；桂海商业有限公司将T商品交给FX商业有限公司时发生增值税纳税义务。FX商业有限公司对外销售T商品的售价为130元/件，并收到款项存入银行，不考虑其他因素。

桂海商业有限公司的会计处理如下。

将T商品交给FX商业有限公司时的会计分录：

借：应收账款——FX商业有限公司	226 000	
贷：主营业务收入		200 000
应交税费——应交增值税（销项税额）		26 000
借：主营业务成本	140 000	
贷：库存商品——T商品		140 000

收到FX商业有限公司货款时的会计分录：

借：银行存款	226 000	
贷：应收账款——FX商业有限公司		226 000

FX商业有限公司的会计处理如下。

收到T商品时的会计分录：

借：库存商品——T商品	200 000	
应交税费——应交增值税（进项税额）	26 000	
贷：应付账款——桂海商业有限公司		226 000

对外销售T商品时的会计分录：

借：银行存款	293 800	
贷：主营业务收入		260 000
应交税费——应交增值税（销项税额）		33 800
借：主营业务成本	200 000	
贷：库存商品——T商品		200 000

按合同协议价将款项支付给桂海商业有限公司时的会计分录：

借：应付账款——桂海商业有限公司　　226 000

　　贷：银行存款　　226 000

第三节　商业企业包装物业务的核算

包装物是指商业企业为包装商品而储备的各种包装容器，如桶、箱、瓶、罐等。包装物的核算范围主要包括：用于包装商品作为商品组成部分的包装物、随同商品出售而不单独计价的包装物、随同商品出售而单独计价的包装物、出租或出借给购买单位使用的包装物。

一、应设置的会计科目

为了核算包装物的成本，商业企业应设置“包装物”科目。该科目属于资产类，借方登记包装物的购进、盘盈等金额；贷方登记包装物出售、盘亏、摊销、废弃等金额，期末余额在借方，表示结存包装物的成本。

二、包装物的业务核算

（一）包装物增加的业务

包装物增加一般是通过采购实现的，分为单独采购和随同商品一起采购两种。

1. 单独采购

单独采购的包装物应按包装物的购买价款、相关税费（不包括可以抵扣的增值税）以及使包装物达到预定可使用状态所发生的必要支出等明细进行核算。在实务中，包装物采购过程中发生的采购费用金额较小的，可以通过“销售费用”账户核算。

【例题 6-6】桂海商业有限公司购进木箱 100 个，每个 100 元，共计 10 000 元（增值税税额 1 300 元），另支付运杂费 500 元。木箱已验收入库，款项以银行存款支付。

借：包装物　　10 500

　　应交税费——应交增值税（进项税额）　　1 300

　　贷：银行存款　　11 800

2. 随同商品采购

包装物随同商品采购分为单独计价和不单独计价两种。

（1）包装物随同商品采购并单独计价的，一般是商业企业在批发商品过程中随同商品采购，然后又随同商品出售，涉及的采购费用等可以通过“销售费用”账户核算。

【例题 6-7】桂海商业有限公司购进甲商品一批，货款 10 000 元，随货购进包装纸箱 20 只，每只计价 15 元，共 300 元，进项税额共计 1 390 元，支付运杂费 200 元。商品已验收入库，货款及运杂费以银行存款支付。

借：库存商品——甲商品　　10 000
　　包装物——纸箱　　300
　　应交税费——应交增值税（进项税额）　　1 390
　　销售费用　　200
　　贷：银行存款　　11 890

（2）包装物随同商品采购不单独计价的，一般是商业企业在零售商品过程中随同商品采购，但不随商品出售。商品售出后，包装物腾空时可作为包装物使用的，一方面应估价记入“包装物”账户，另一方面记入“其他业务收入”账户。

【例题 6-8】桂海商业有限公司出售不需用全新包装纸箱一批，售价为 300 元，增值税税率为 13%，该批包装物的账面价值为 250 元，编制如下相关会计分录。

收到价款，存入银行：

借：银行存款　　339
　　贷：其他业务收入　　300
　　　　应交税费——应交增值税（销项税额）　　39

结转包装物成本：

借：其他业务成本　　250
　　贷：包装物——纸箱　　250

（二）包装物减少的业务

1. 包装物领用

商业企业领用包装物时的会计分录：

借：销售费用
　　贷：包装物

注意：如果属于领用可供多次周转使用的包装物，可不做账务处理。

2. 包装物出售

包装物出售可分为单独出售和随同商品出售两种情况。

（1）单独出售。商业企业持有的包装物一般为包装本企业的商品，不对外单独出售。在实务中，如果有包装物不需用或临时周转给其他企业，也可以出售。包装物单独出售，一方面记入“其他业务收入”账户，另一方面结转包装物的成本，记入“其他业务成本”账户；如果出售的包装物已经使用过，可视同包装物的摊销，将其摊销额与实际售价的差额列入或冲减销售费用。

【例题 6-9】桂海商业有限公司出售不需用包装物一批，不含税售价为 2 000 元，增值税税率为 13%，该批包装物的成本为 1 800 元，款项已存入银行，不考虑其他因素。

出售包装物时的会计分录：

借：银行存款　　2 260
　　贷：其他业务收入　　2 000
　　　　应交税费——应交增值税（销项税额）　　260

结转包装物成本时的会计分录：

借：其他业务成本　　1 800

　　贷：包装物　　1 800

（2）随货出售。随货出售包装物，可分为单独计价和不单独计价两种。

包装物随同商品出售单独计价的，在出售商品确认收入时确认包装物销售收入，同时计算应缴纳的增值税，其核算过程与包装物单独出售相同。

【例题 6-10】 202×年 1 月 2 日，桂海商业有限公司出售 W 商品一批，售价计 200 000 元，随同商品出售包装箱 200 只，每只不含税售价为 50 元，共计 10 000 元，增值税税率为 13%，该批包装箱的成本每只为 45 元。W 商品已发运，货款及包装物价款已办妥委托银行收款手续，不考虑其他因素。

确认收入并办妥托收货款手续时的会计分录：

借：应收账款　　237 300

　　贷：主营业务收入　　200 000

　　　　其他业务收入　　10 000

　　　　应交税费——应交增值税（销项税额）　　27 300

结转包装箱成本时的会计分录：

借：其他业务成本　　9 000

　　贷：包装物——包装箱　　9 000

包装物随同商品出售不单独计价的，在出售时如果属于购进时是单独计价的，记入“销售费用”账户；如果属于购进时不单独计价的，则不需要进行单独核算。

3. 包装物摊销

包装物在使用过程中，因不断磨损或损耗而导致一部分价值减少。商业企业应规范包装物的摊销时间和摊销方法，确保包装物前后各期数据的一致。

（1）分期分次摊销法。分期分次摊销法是根据包装物的使用情况，考虑其残值及预计使用期限或次数，计算摊销额的一种方法。计算公式如下：

某种包装物每月（次）摊销额=（该种包装物原值-预计残值）/预计使用月（次）数

【例题 6-11】 桂海商业有限公司有包装纸箱 150 只，每只 15 元，预计每只纸箱残值为 0.4 元，使用次数为 10 次，每使用一次的摊销额为：

每次摊销额=［150×（15-0.4）］/10=219（元）

借：销售费用——包装费　　219

　　贷：包装物——纸箱摊销　　219

采用分期分次摊销时，可以按照包装物的使用时间或次数，平均摊销其损耗价值，有利于均衡计算各期的包装费用，但由于各个时期包装物的实际使用和磨损情况不尽相同，这种平均分摊的方法，会造成账面价值与实际损耗不相符合的情况。而且要按每种包装物计算摊销额，工作量较大。因此，这种方法适用于使用期限较长、单位价值较高、使用情况较为稳定的包装物。对于包装物种类繁多、数量较大、周转频繁的企业，为简化手续，可根据历年资料确定一个综合摊销率，与上月末包装物的账面数相乘，计算当月包装物的摊销额。计算公式如下：

包装物月综合摊销率 = ∑各种包装物月摊销额 ÷ ∑各种包装物原值 × 100%

（2）降等摊销法。降等摊销法是在包装物定期盘点时，按其统一规定的等级标准，结合磨损程度重新确定等级，将新等级金额与原账面金额的差额作为包装物摊销额的一种方法。降等摊销法计算简便，也较正确，但如果品种较多，其计算工作量较大。适用于品种不多、单位价值较高、使用时间较长且等级界限较为明确的包装物。

（3）盘存估价摊销法。盘存估价法摊销是结合包装物定期盘点，按包装物的磨损程度，重新作价，以新估价值与账面价值的差额作为本期包装物摊销额的一种方法。这种方法虽手续较为简便，但盘点、估价的工作量较大，一般适用于包装物品种、数量不多的企业。

（4）一次摊销法。一次摊销法是在领用包装物时，将其全部价值一次计入费用的方法，即记入“销售费用”账户。这种方法手续简便，但费用负担不均衡，一般适用于包装物使用时间短、领用数量不多、价值又较低的品种。

4. 包装物修理与废弃

（1）包装物修理。包装物在使用过程中，由于磨损而影响其使用效能，为了节约开支，延长包装物的使用寿命，对于能修理的包装物，应做好修复工作。修理包装物所发生的费用，记入“销售费用”账户。

【例题 6-12】桂海商业有限公司修理木箱 20 只，领用修理用材料 20 元，同时以现金支付临时修理工人工资 50 元，编制如下会计分录。

借：销售费用——包装费	70	
贷：原材料		20
库存现金		50

（2）包装物废弃。对于不能修复继续使用的包装物，应由有关部门按规定办理报废手续，经批准后，财务部门将报废的包装物按其账面净值转入“销售费用”账户。对于废弃包装物残料的变价收入，大于账面净值的部分，冲减销售费用；小于账面净值的部分，增加销售费用。

【例题 6-13】桂海商业有限公司报废纸箱一批，账面净值为 150 元，残料出售收入现金 100 元，编制如下相关会计分录。

借：销售费用——包装费	50	
库存现金	100	
贷：包装物——纸箱		150

5. 包装物的明细核算与清查盘点

商业企业包装物品种繁多，为加强管理，应设置包装物的总账和分品种、规格的明细账，采用数量、进价金额进行明细核算。实物保管部门要设置数量保管账，定期盘点，并与财会部门进行核对，以保证账账、账实相符。

在盘点过程中，对于包装物的盘盈、盘亏，要及时调整有关数据，审批前先转入“待处理财产损溢”账户，然后查明原因，报经批准后分别不同情况进行处理。处理方法与商品溢缺处理方法基本相同。

第四节　商业企业低值易耗品业务的核算

低值易耗品是指商业企业持有的不能作为固定资产核算的各种用具物品，如工具、管理用具、玻璃器皿、劳动保护用品，以及在经营过程中周转使用的容器等。低值易耗品具有价值低、使用年限短、品种数量多、更新快、增添频繁等特点，因而将其列入流动资产而非固定资产。

一、应设置的会计科目

商业企业可设置“低值易耗品”账户，该账户是资产类账户，用来核算企业所有低值易耗品的原始进价，加上可以直接认定的其他相关费用作为其实际成本。借方登记购入及其他原因引起的增加数，贷方登记摊销、废弃、出售及其他原因引起的减少数，其借方余额表示所有在库低值易耗品的实际成本和在用低值易耗品的摊余价值。

二、低值易耗品的业务核算

（一）低值易耗品增加的业务

低值易耗品的增加主要通过购买方式取得，其成本主要包括购买价款、相关税费（不包括可以抵扣的增值税）以及达到预定可使用状态所发生的必要支出。在实务中，低值易耗品采购过程中发生的采购费用金额较小的，可以在“销售费用”账户核算。

【例题 6-14】桂海商业有限公司购入一批货架，价款 2 000 元，进项税额 260 元，运杂费 200 元，所有款项以银行存款支付，货架已验收入库。编制如下会计分录。

借：低值易耗品　　2 000
　　销售费用　　200
　　应交税费——应交增值税（进项税额）　　260
　　贷：银行存款　　2 460

（二）低值易耗品的减少

1. 一次摊销法的核算

一次摊销法指在领用低值易耗品、出租出借低值易耗品时，将其实际成本一次计入有关费用项目的一种方法。

领用低值易耗品时的会计分录：

借：管理费用
　　销售费用等
　　贷：低值易耗品（按低值易耗品的账面价值入账）

【例题 6-15】桂海商业有限公司管理部门领用文件夹一批，价值 300 元，编制如下会计分录。

借：管理费用——低值易耗品摊销　　300
　　贷：低值易耗品　　300

2. 五五摊销法的核算

五五摊销法就是在低值易耗品领用时摊销其一半价值，在报废时再摊销其另一半价值的方法。

（1）领用低值易耗品时的会计分录

借：低值易耗品——在用
　　贷：低值易耗品——在库（按其账面价值入账）

（2）摊销其价值的一半时的会计分录

借：管理费用
　　销售费用等
　　贷：低值易耗品——摊销（领用周转材料价值的一半）

（3）摊销其价值另一半时的会计分录

借：管理费用
　　销售费用等
　　贷：低值易耗品——摊销（领用周转材料价值的一半）

（4）转销全部已提摊销额时的会计分录

借：低值易耗品——摊销
　　贷：低值易耗品——在用

【例题 6-16】桂海商业有限公司 6 月领用办公桌 4 台，每台价值 200 元，采用五五摊销法，编制如下会计分录。

领用专用工具时的会计分录：

借：低值易耗品——在用　　800
　　贷：低值易耗品——在库　　800

摊销其价值的一半时的会计分录：

借：管理费——低值易耗品　　400
　　贷：低值易耗品——摊销　　400

报废时，摊销剩余价值，同时残料收入 100 元收到现金

借：现金　　100
　　管理费用——低值易耗品　　300
　　贷：低值易耗品——低值易耗品摊销　　400

同时，注销低值易耗品明细账：

借：低值易耗品——摊销　　800
　　贷：低值易耗品——在用　　800

（三）低值易耗品的修理与废弃业务

1. 低值易耗品修理

低值易耗品在使用过程中，由于磨损而影响其使用效能，为了节约开支，延长低值易

耗品的使用寿命，对于能修理的工具用具等，应做好修复工作。修理低值易耗品所发生的费用，记入“管理费用”等账户。

2. 低值易耗品废弃

对于不能修复继续使用的低值易耗品，应由有关部门按规定办理报废手续，经批准后，财务部门将报废的低值易耗品按其账面净值转入“管理费用”等账户。对于废弃低值易耗品残料的变价收入，大于账面净值的部分，冲减管理费用等；小于账面净值的部分，增加管理费用等。

（四）低值易耗品出售的账务处理

商业企业有多余或不需用的低值易耗品，可以出售给其他单位，按质论价进行结算。新的低值易耗品出售，可直接减少“低值易耗品——在库”账户数额；如果属于在用的，要减少“低值易耗品——在用”账户及摊销明细账户的数额。

【例题 6-17】 桂海商业有限公司出售管理部门在用储物柜一批，实际成本为 2 000 元，已摊销 50%，按账面摊余价值出售。款已收到，存入银行，编制如下会计分录。

借：银行存款	1 130	
贷：其他业务收入		1 000
应交税费——应交增值税（销项税额）		130

同时结转成本：

借：其他业务成本	1 000	
低值易耗品——摊销	1 000	
贷：低值易耗品——在用		2 000

（五）低值易耗品清查的账务处理

低值易耗品在清查盘点中的盘盈和盘亏要及时进行账面数字调整，转入“待处理财产损溢——待处理流动资产损溢”账户，查明原因，经批准后，分别情况，予以转账。属于溢余，作为企业收益，冲减“管理费用”账户；属于短缺责任事故，由责任人赔偿，以“其他应收款”处理；属于原因不明，则作为企业损失，以增加“管理费用”处理。

第五节　商业企业出租商品业务的核算

出租商品是零售企业在主营业务的基础上，为了增加收入所开展的经营租赁活动。零售企业通过出租商品业务，一方面，能够满足客户的临时需要，以经营租赁方式租借给顾客商品；另一方面，通过商品的经营租赁业务，增加企业的吸引力、客户忠诚度和收入。在实务中，出租商品要与销售商品分别核算。为加强出租商品的管理，商品出租时，应向租户收取押金，商品收回时退还押金。押金的收取或退还，通过“其他应付款”账户处理。所收取的租金在“其他业务收入”账户核算，所发生的出租商品的摊销、修理、废弃等业务在“其他业务支出”账户核算。

一、应设置的会计科目

为了核算出租商品的成本，商业企业应设置“出租商品”科目。该科目属于资产类，借方登记出租商品的购进、调拨、盘盈等金额；贷方登记出租商品的出售、盘亏、摊销、废弃等金额，期末余额在借方，表示结存出租商品的成本。

二、出租商品的账务处理

在实务中，商业零售企业一般从库存商品中调拨一部分商品专门用于出租，进行单独核算。

从库存商品中拨出出租商品时的会计分录：

借：出租商品

　　贷：库存商品

收取出租商品押金时的会计分录：

借：银行存款

　　贷：其他应付款

每月收取租金时的会计分录：

借：银行存款

　　贷：其他业务收入

　　　　应交税费——应交增值税（销项税额）

每月摊销出租商品成本时的会计分录：

借：其他业务成本

　　贷：出租商品

收回出租商品返还客户押金时的会计分录：

借：其他应付款

　　贷：银行存款

报废出租商品时的会计分录：

借：其他业务成本

　　出租商品——出租商品摊销

　　贷：出租商品——出租商品原价

【例题 6-18】某商业企业从库存商品中拨出录像带 100 盘开展出租业务，每盘进价 48 元，售价 70 元，该商店采用售价金额核算。

根据内部商品调拨单，做如下会计分录。

借：出租商品——录像带	4 800	
商品进销差价	2 200	
贷：库存商品——录像带		7 000

月内收到出租商品租金 3 000 元，款项以银行存款付讫，做如下会计分录。

借：银行存款　　3 000
　　贷：其他业务收入　　3 000

月末进行摊销（设在一年内摊销，每月摊销 400 元），不考虑税费问题，做如下相关会计分录。

借：其他业务支出　　400
　　贷：出租商品——出租商品摊销　　400

本月有 10 盘录像带已不复使用，报废处理。已摊销 400 元，做如下会计分录。

借：出租商品——出租商品摊销　　400
　　其他业务支出　　80
　　贷：出租商品——录像带　　480

第六节　商业企业存货清查与期末计量业务的核算

一、存货清查

存货清查是指通过对存货的实地盘点，确定存货的实有数量，并与账面结存数核对，从而确定存货实存数与账面结存数是否相符的一种专门方法。

在进行存货清查盘点时，如果发现存货盘盈或盘亏，应于期末前查明原因，并根据企业的管理权限，报经股东大会或董事会，或经理（厂长）会议或类似机构批准后，在期末结账前处理完毕。存货盘盈，应按其重置成本作为入账价值，查明原因后，报经批准处理后，冲减当期管理费用。存货盘亏，应将其账面价值予以转销，查明原因及报经处理后，根据造成盘亏的原因，分别按以下情况进行相应的会计处理：属于定额内自然损耗造成的短缺，计入管理费用；属于收发计量差错和管理不善等原因造成的短缺或毁损，将扣除可收回的保险公司和过失人赔款以及残料价值后的净损失，计入管理费用；属于自然灾害等非常原因造成的毁损，将扣除可收回的保险公司和过失人赔款以及残料价值后的净损失，计入营业外支出。

1. 存货盘盈时的会计分录

（1）发现盘盈，原因待查

借：原材料
　　贷：待处理财产损溢——待处理流动资产损溢

（2）查明原因，报经批准处理

借：待处理财产损溢——待处理流动资产损溢
　　贷：管理费用

2. 存货盘亏、毁损时的会计分录

（1）发现盘亏，原因待查

借：待处理财产损溢——待处理流动资产损溢

贷：原材料

（2）查明原因，报经批准处理

属于收发计量差错造成存货短缺

借：管理费用

贷：待处理财产损溢——待处理流动资产损溢

属于管理不善造成存货霉烂变质：

借：银行存款

管理费用

贷：待处理财产损溢——待处理流动资产损溢

应交税费——应交增值税（进项税额转出）

属于自然灾害造成的毁损：

借：其他应收款

营业外支出

贷：待处理财产损溢——待处理流动资产损溢

【例题 6-19】 桂海商业有限公司在财产清查中发现盘盈一批 A 材料，重置成本为5 000元。审批前的会计分录：

（1）发现盘盈，原因待查

分录	借方	贷方
借：原材料——A 材料	5 000	
贷：待处理财产损溢——待处理流动资产损溢		5 000

（2）查明原因，报经批准处理

分录	借方	贷方
借：待处理财产损溢——待处理流动资产损溢	5 000	
贷：管理费用		5 000

【例题 6-20】 桂海商业有限公司在存货清查中发现盘亏一批 B 材料，账面成本为20 000元。

（1）发现盘亏，原因待查

分录	借方	贷方
借：待处理财产损溢——待处理流动资产损溢	20 000	
贷：原材料——B 材料		20 000

（2）查明原因，报经批准处理

①属于收发计量差错造成存货短缺。

分录	借方	贷方
借：管理费用	20 000	
贷：待处理财产损溢——待处理流动资产损溢		20 000

②假定属于管理不善造成存货霉烂变质，由过失人赔偿部分损失 10 000 元。

分录	借方	贷方
借：银行存款	10 000	
管理费用	12 600	
贷：待处理财产损溢——待处理流动资产损溢		20 000
应交税费——应交增值税（进项税额转出）		2 600

③假定属于自然灾害造成的毁损，应收保险公司赔款 18 000 元。

借：其他应收款——保险赔款　　18 000
　　营业外支出　　2 000
　　贷：待处理财产损溢——待处理流动资产损溢　　20 000

二、存货期末计量

资产负债表日，存货应当按照成本与可变现净值孰低计量，即当期末存货的成本低于可变现净值时，存货仍按成本计量；当期末存货的可变现净值低于成本时，存货则按可变现净值计量，同时按照可变现净值低于成本的差额计提存货跌价准备，计入当期损益。其中，成本是指期末存货的实际成本；可变现净值，是指存货的估计售价减去至完工时估计将要发生的成本、估计的销售费用以及相关税费后的金额。

（一）应设置的会计科目

为了核算企业存货减值情况，企业应当设置“存货跌价准备”科目。该科目属于资产类的备抵项目，贷方登记应计提的存货跌价准备金额，借方登记实际发生的存货跌价损失金额和冲减的存货跌价准备金额，期末余额一般在贷方，表示企业已计提但尚未转销的存货跌价准备。

（二）存货减值的业务处理

计提存货跌价准备时的会计分录：

借：资产减值损失——计提的存货跌价准备
　　贷：存货跌价准备

冲销已计提的存货跌价准备时的会计分录：

借：存货跌价准备
　　贷：资产减值损失——计提的存货跌价准备

结转发出存货计提的存货跌价准备时的会计分录：

借：存货跌价准备
　　贷：主营业务成本营业外支出等

【例题 6-21】 202×年6月31日，桂海商业有限公司A商品的账面余额为20 000元，市场价格下跌后预计可变现净值为8 000元。

计提减值准备时的会计分录：

借：资产减值损失——计提的存货跌价准备　　12 000
　　贷：存货跌价准备　　12 000

【例题 6-22】 承接【例题 6-21】202×年12月30日，桂海商业有限公司A商品市场价格有所上升，A商品的预计可变现净值为9 600元，应转回的存货跌价准备为1 600元。

转回减值准备时的会计分录：

借：存货跌价准备　　1 600
　　贷：资产减值损失——计提的存货跌价准备　　1 600

《本章小结》

加工商品，是指商业企业委托其他单位加工或者自行加工完成的各种新商品。通过加工形成的商品，成本主要包括原商品成本、加工成本、相关税费以及使商品达到预定可使用状态所发生的合理支出。

代销商品是商业企业接受委托方的委托代销售的商品，包括收取手续费的代销方式和视同买断的代销方式。采用收取手续费方式代销商品，委托方发出商品时尚未将商品所有权有关的主要风险和报酬转移给受托方，委托方在收到受托方开具的代销商品清单时确认商品销售收入。采用视同买断方式代销商品，委托方发出商品时已经将商品所有权有关的主要风险和报酬转移给受托方，委托方在发出商品并满足收入其他条件时确认收入。

包装物，是指商业企业为包装商品而储备的各种包装容器，如桶、箱、瓶、罐等。包装物核算范围主要包括：用于包装商品作为商品组成部分的包装物、随同商品出售而不单独计价的包装物、随同商品出售而单独计价的包装物、出租或出借给购买单位使用的包装物。

低值易耗品，是指商业企业持有的不能作为固定资产核算的各种用具物品，如工具、管理用具、玻璃器皿、劳动保护用品，以及在经营过程中周转使用的容器等。低值易耗品的核算有一次摊销法和五五摊销法。

出租商品是零售企业在主营业务的基础上，为了增加收入所开展的经营租赁活动。

存货清查，是指通过对存货的实地盘点，确定存货的实有数量，并与账面结存数核对，从而确定存货实存数与账面结存数是否相符的一种专门方法。

资产负债表日，存货应当按照成本与可变现净值孰低计量，即存货按照历史成本与可变现净值低的一方来确认存货的期末价值。

《习题与实训》

一、思考题

1. 商业企业代销商品业务方式有哪些？如何进行会计核算？
2. 什么是包装物？包装物核算的内容有哪些？
3. 什么是低值易耗品？低值易耗品如何核算？
4. 存货清查时如何根据具体情况进行业务核算？

二、单项选择题

1. 商业企业自行加工商品过程中所发生的加工费用，在发生时一般记入（ ）账户。

   A. 库存商品　　　　B. 管理费用

C. 委托加工物资　　D. 销售费用

2. 商业企业应于期末按库存商品可变现净值低于成本的差额计提存货跌价准备，计入（　　）账户。

A. 管理费用　　B. 公允价值变动损失

C. 资产减值损失　　D. 坏账准备

3. 商业企业采用视同买断的代销方式，委托方确认收入的时间点是（　　）。

A. 发出商品时　　B. 商品出售时

C. 取得受托方开具的代销清单时　　D. 签订合同时

4. 商业企业的库存商品如果已经计提了跌价准备，则库存商品的账面价值是指（　　）。

A. 入账成本　　B. 现行市价

C. 公允价值　　D. 可变现净值

5. 下列哪项不属于包装物的核算内容（　　）。

A. 生产过程中用于包装产品作为产品组成部分的包装物

B. 随同商品出售而不单独计价的包装物

C. 随同商品出售单独计价的包装物

D. 出售给购买单位使用的包装物

6. 适用于价值较高、使用期限较长、使用情况较稳定的包装物摊销方法是（　　）。

A. 一次摊销法　　B. 六六摊销法

C. 五五摊销法　　D. 盘存估价摊销法

7. 商业企业领用的出租包装物，如果金额不大，可将其成本直接计入（　　）。

A. 销售费用　　B. 管理费用

C. 制造费用　　D. 其他业务成本

8. 随同商品出售但不单独计价的包装物，其成本应计入（　　）。

A. 制造费用　　B. 销售费用

C. 其他业务成本　　D. 营业外支出

9. 存货按“成本与可变现净值孰低法”计价，是（　　）信息质量要求的运用。

A. 客观性　　B. 权责发生制

C. 历史成本　　D. 谨慎性

三、多项选择题

1. 商业企业委托外单位加工商品的成本主要包括（　　）。

A. 原商品成本　　B. 支付的加工费用

C. 相关税费　　D. 各项合理支出

2. 商业进行在存货清查时，针对盘盈的商品，应先计入“待处理财产损溢”账户，经批准后，根据不同的原因可以转入（　　）。

A. 其他应付款　　B. 管理费用

C. 其他应收款　　D. 营业外支出

3. 属于商业企业存货的有（　　）。

A. 委托加工物资　　B. 库存商品

C. 低值易耗品　　D. 包装物

4. 下列项目中，属于低值易耗品明细项目的有（　　）。

A. 低值易耗品——成本　　B. 低值易耗品——在库

C. 低值易耗品——在用　　D. 低值易耗品——摊销

5. 下列项目中，属于“出租商品”账户借方登记的有（　　）。

A. 出租商品摊销额　　B. 核销出租商品的进货原价数额

C. 出租商品的进货原价　　D. 核销出租商品的摊销额

四、判断题

1. 商业企业委托加工商品收回后直接用于销售的，应将受托方代收代缴的消费税计入委托加工商品成本。（　　）

2. 在物价波动的情况下，采用先进先出法确定的期末存货成本比较接近当前的成本水平。（　　）

3. 企业的低值易耗品可以参加多次生产周转而不改变其原有的实物形态，所以应列为固定资产进行管理和核算。（　　）

4. 成本与可变现净值孰低法中，“成本”是指存货的历史成本，“可变现净值”是指存货的现行售价。（　　）

5. 出租和出借包装物的摊销价值应作为销售费用处理。（　　）

五、实训题

某企业盘亏甲材料 10 件，每件 200 元。经查明，是由于工作人员失职造成的材料毁损，应由过失人赔偿 1 000 元，毁损材料残值 300 元。请据此编制相关会计分录。

第七章　商业企业固定资产、无形资产、其他资产与核算

知识与能力目标

1. 了解固定资产、无形资产、其他资产的定义、特点、分类；

2. 理解固定资产、无形资产、投资性房地产的初始计量及后续计量，长期待摊费用的运用；

3. 掌握固定资产、无形资产、投资性房地产的账务处理与应用。

思政目标

培养学生认真负责的工作态度。

第一节　商业企业固定资产与核算

一、固定资产的含义及特征

我国《企业会计准则第4号——固定资产》明确了固定资产的定义，指出固定资产是同时具有下列特征的有形资产。

（一）固定资产为有形资产

固定资产是一个实体存在，这是与企业无形资产区分的重要标志。

（二）为了生产产品、提供劳务、出租或经营管理而持有

企业持有固定资产的目的是生产产品、提供劳务、出租或经营管理，而不是以投资和

销售为目的。即企业取得各种固定资产的目的是服务企业自身的经营活动。如企业可通过固定资产生产产品销售而取得销售收入，可以通过提供劳务而赚取劳务收入，还可以将固定资产出租取得租金收入。

（三）可供企业长期使用

固定资产是长期耐用资产，其使用寿命超过一个会计年度。固定资产的使用寿命，是指企业使用固定资产的预计期间，或者该固定资产所能生产产品或提供劳务的数量。

（四）具有可衡量的未来经济利益

由于固定资产的服务潜能，它能在未来为企业带来可以用货币加以合理计量的经济利益。

二、固定资产的分类

由于固定资产的数量繁多，为了便于固定资产的实物管理和价值核算，需要对固定资产进行科学、合理的分类。固定资产可以按经济用途、使用情况、所有权归属、性能、来源渠道等进行分类。

（一）按经济用途分类

商业企业的固定资产按照经济用途可以划分为经营用固定资产和非经营用固定资产。

经营用固定资产是指直接参加或者直接服务于生产经营过程的各种固定资产，如用于企业生产经营的房屋、建筑物、机器设备、运输设备、工具设备等。

非经营用固定资产是指不直接服务于生产经营过程的各种固定资产，如用于职工住宅、公共福利设施、文化娱乐、卫生保健等方面的房屋、建筑物、设施和器具等。

（二）按照使用情况分类

固定资产按照使用情况可以划分为使用中固定资产、未使用固定资产、出租固定资产、不需用固定资产四大类。

（1）使用中固定资产是指商品流通企业正在使用的经营用和非经营用固定资产。

（2）未使用固定资产是指已购建完成但尚未交付使用的新增固定资产以及进行改建、扩建等暂时脱离生产经营过程的固定资产。

（3）出租固定资产是指企业根据租赁合同的规定，以经营租赁的方式出租给其他企业临时使用的固定资产。

（4）不需用的固定资产是指本企业多余或者不适用、待处置的固定资产。

三、固定资产的初始计量

固定资产的初始计量是通过计算确定固定资产在不同方式下取得时的入账成本。一般，固定资产应当按历史成本进行初始计量，已经确认登记入账的固定资产成本称为固定资产原价。

（一）外购方式取得固定资产的核算

外购方式取得固定资产的成本主要包括购买价款、相关税费（不含可以抵扣的增值税）、使固定资产达到预定可使用状态前所发生的可归属于该项资产的运输费、装卸费、保险费、安装费和专业人员服务费等。

1. 购入不需要安装的固定资产

购入不需要安装的固定资产，其成本一般包括购买价款、相关税费（不含可以抵扣的增值税）、使固定资产达到预定可使用状态前所发生的可归属于该项资产的运输费、装卸费、保险费和专业人员服务费等。

具体会计分录如下：

借：固定资产

　　应交税费——应交增值税（进项税额）

　　贷：银行存款

　　　　应付票据等

【例题 7-1】桂海商业有限公司购入一台不需要安装即可投入使用的运输设备，取得增值税专用发票注明的设备价款为 20 000 元，增值税税额为 3 400 元，另支付运杂费 200 元，款项以银行存款支付。

购入固定资产时的会计分录：

借：固定资产　　20 200

　　应交税费——应交增值税（进项税额）　　3 400

　　贷：银行存款　　23 600

2. 购入需要安装的固定资产

购入需要安装的固定资产，其成本一般包括购买价款、相关税费（不含可以抵扣的增值税）、使固定资产达到预定可使用状态前所发生的可归属于该项资产的运输费、装卸费、保险费、安装费和专业人员服务费等。

具体会计分录如下：

借：在建工程

　　应交税费——应交增值税（进项税额）

　　贷：银行存款

　　　　应付票据等

安装固定资产时的会计分录：

借：在建工程

　　贷：原材料

　　　　银行存款等

安装完成达到预定可使用状态时的会计分录：

借：固定资产

　　贷：在建工程

【例题 7-2】 桂海商业有限公司 1 月 5 日购入一台需要安装的打印机，发票上注明设备价款 10 000 元，增值税税额 1 700 元（可以抵扣），支付运杂费、装卸费等合计 900 元，1 月 30 日支付安装费 1 000 元，以上款项均通过银行支付。11 月 10 日该设备达到预定可使用状态，其账务处理如下。

购入设备时的会计分录：

借：在建工程	10 900	
应交税费——应交增值税（进项税额）	1 700	
贷：银行存款		12 600

支付安装费时的会计分录：

借：在建工程	1 000	
贷：银行存款		1 000

达到预定可使用状态时的会计分录：

借：固定资产	11 900	
贷：在建工程		11 900

（二）自行建造固定资产

自行建造的固定资产，是指商业企业自行组织采购工程物资、组织施工人员从事工程施工建造完成的固定资产或委托第三方建造完成的固定资产。自行建造的固定资产的成本由建造该项资产达到预定可使用状态前所发生的合理的必要的支出构成，主要包括工程物资成本、人工成本、缴纳的相关税费、应予资本化的借款费用以及应分摊的间接费用等。

1. 自营方式建造固定资产

自营方式建造固定资产，是指商业企业自行组织采购工程物资、组织施工人员施工建造完成的固定资产。自营方式建造的固定资产成本应当按照实际发生的工程物资、施工人员工资薪酬等进行确认。

购入工程物资时的会计分录：

借：工程物资
　　应交税费——应交增值税（进项税额）
　　贷：银行存款
　　　　应付票据等

工程领用工程物资时的会计分录：

借：在建工程
　　贷：工程物资

工程用本企业材料、商品时的会计分录：

借：在建工程
　　贷：原材料
　　　　库存商品

工程结算职工薪酬时的会计分录：

借：在建工程

　　贷：应付职工薪酬

工程达到预定可使用状态时的会计分录：

借：固定资产

　　贷：在建工程

【例题 7-3】桂海商业有限公司决定自行建造一座仓库，1 月 20 日购入工程物资 200 万元，支付的增值税税额为 26 万元，款项用银行存款支付，截至 11 月 18 日，实际领用工程物资共计 200 万元；另外还领用了企业生产经营用的原材料一批，实际成本为 50 万元，增值税进项税额为 8 万元；支付工程人员工资 50 万元，11 月 30 日工程完工交付使用。

购入工程物资时的会计分录：

借：工程物资　　2 000 000

　　应交税费——应交增值税（进项税额）　　260 000

　　贷：银行存款　　2 260 000

工程领用物资时的会计分录：

借：在建工程——仓库　　2 000 000

　　贷：工程物资　　2 000 000

工程领用本企业原材料时的会计分录：

借：在建工程——仓库　　500 000

　　贷：原材料　　500 000

支付工程人员工资薪酬时的会计分录：

借：在建工程——仓库　　500 000

　　贷：应付职工薪酬　　500 000

工程完工交付使用时的会计分录：

借：固定资产——仓库　　3 000 000

　　贷：在建工程——仓库　　3 000 000

2. 出包方式建造固定资产

出包方式建造固定资产是指商业企业将固定资产的建设全部承包给建造商建设而形成的固定资产。商业企业的新建、改建、扩建等建设项目，通常均可采用出包方式。

商业企业以出包方式建造固定资产，其成本由建造该项固定资产达到预定可使用状态前所发生的合理的必要支出构成，包括发生的建筑工程支出、安装工程支出，以及需分摊计入的待摊支出。以出包方式建造固定资产的具体支出，由建造承包商核算，“在建工程”科目实际成为企业与建造承包商的结算科目，企业将与建造承包商结算的工程价款作为工程成本，统一通过“在建工程”科目进行核算。

预付工程款时的会计分录：

借：预付账款

　　贷：银行存款

按照合同进度付款时的会计分录：

借：在建工程

　　应交税费——应交增值税（进项税额）

　　贷：银行存款

按合同规定补付工程款时的会计分录：

借：在建工程

　　应交税费——应交增值税（进项税额）

　　贷：银行存款

工程完工达到预定可使用状态转入固定资产的会计分录：

借：固定资产

　　贷：在建工程

【例题 7-4】桂海商业有限公司将一幢营业用房的建造工程出包给丙公司承建，3 月 3 日按合理估计的发包工程进度和合同规定与丙公司结算进度款 600 000 元，12 月 22 日工程完工后，收到丙公司有关工程结算单据，补付工程款 400 000 元，12 月 31 日工程完工并达到预定可使用状态。应编制如下会计分录。

3 月 3 日，向丙公司结算进度款时：

	借方	贷方
借：在建工程	600 000	
贷：银行存款		600 000

12 月 22 日，补付工程款时：

	借方	贷方
借：在建工程	400 000	
贷：银行存款		400 000

12 月 31 日，工程完工达到预定可使用状态转入固定资产时：

	借方	贷方
借：固定资产	1 000 000	
贷：在建工程		1 000 000

（三）投资者投入的固定资产

投资者以固定资产的方式进行投资，应当按照投资合同或协议约定的价值入账（投资合同或协议约定的价值不公允除外）。

收到投资者投入的固定资产时的会计分录：

借：固定资产

　　应交税费——应交增值税（进项税额）

　　贷：实收资本（或股本）

　　　　资本公积

【例题 7-5】桂海商业有限公司收到 U 企业投入管理用固定资产一台，U 企业开具增值税专用发票注明该固定资产的价款为 1 000 000 元，增值税税额为 130 000 元；该固定资产公允价值为 1 000 000 元，不考虑其他因素。

收到固定资产投入时的会计分录：

借：固定资产　　1 000 000
　　应交税费——应交增值税（进项税额）　　130 000
　　贷：实收资本——U企业　　1 130 000

四、固定资产的折旧

（一）固定资产折旧的定义

折旧是指在固定资产使用寿命内，按照确定的方法对应计折旧额进行系统分摊。其中，应计折旧额是指固定资产原价减去预计净残值后的金额；已计提减值准备的固定资产，还应当扣除已计提的固定资产减值准备累计金额。预计净残值是指固定资产使用寿命终了时，从该项资产处置中获得的净现金流量。

商业企业应当根据固定资产的性质和使用情况，合理确定固定资产的使用寿命和预计净残值。固定资产的使用寿命、预计净残值一经确定，不得随意变更。

1. 固定资产折旧范围

商业企业应当对持有的固定资产计提折旧，以下四种情况除外。

（1）在计提折旧时，应按月提取折旧，当月增加的固定资产，当月不提折旧，从下个月起计提折旧；当月减少的固定资产，当月照提折旧，从下个月起不提折旧。固定资产提足折旧后，不论能否继续使用，均不再提取折旧；提前报废的固定资产，也不再补提折旧。

（2）已达到预定可使用状态但尚未办理竣工决算的固定资产，应当按照估计价值确定其成本，并计提折旧；待办理竣工决算后再按实际成本调整原来的暂估价值，但不需要调整原已计提的折旧额。

（3）处于更新改造过程停止使用的固定资产，应将其账面价值转入在建工程，不再计提折旧。更新改造项目达到预定可使用状态转为固定资产后，再按照重新确定的折旧方法和该项固定资产尚可使用年限计提折旧。

（4）融资租入固定资产，应当采用与自有应计提折旧资产相一致的折旧政策。

2. 影响固定资产折旧的因素

影响固定资产折旧的主要因素包括以下四个方面。

（1）固定资产原值，即固定资产的账面成本。一般固定资产的原值越高，应计提的折旧就越多。

（2）固定资产减值准备是指固定资产已计提的固定资产减值准备累计金额。一般，已计提固定资产减值准备的固定资产，应计提的折旧会减少。

（3）固定资产的预计净残值是指假定固定资产预计使用寿命已满并处于使用寿命终了时的预期状态，从该项资产处置中获得的扣除预计处置费用以后的金额。

（4）固定资产的使用寿命是指固定资产的预计使用期间或固定资产提供劳务的数量等。固定资产使用寿命的长短直接影响各期应计提的折旧额。

（二）固定资产折旧的方法

商业企业应当根据与固定资产有关的经济利益的预期实现方式，合理选择折旧方法。

固定资产折旧方法包括年限平均法、工作量法、双倍余额递减法和年数总和法，固定资产的折旧方法一经确定，不得随意变更。

1. 年限平均法

年限平均法，又称直线法，是指将固定资产的应计折旧额均衡地分摊到固定资产预计使用寿命内的一种方法。采用这种方法计算的每期折旧额相等。计算公式如下：

固定资产年折旧额＝（固定资产原价－预计净残值）÷预计使用年限

固定资产月折旧额＝固定资产年折旧额÷12

或

固定资产年折旧率＝（1－预计净残值率）÷预计使用年限 × 100%

固定资产月折旧率＝固定资产年折旧率÷12

固定资产月折旧额＝固定资产原价 × 月折旧率

2. 工作量法

工作量法是指按照固定资产预计所完成工作量作为计算折旧额依据的一种方法。工作量法计提折旧考虑了固定资产在各个期间的磨损情况，通过固定资产承担的工作量大小来分摊固定资产折旧。这种方法一般适用于一些专用设备、运输工具等。计算公式如下：

单位工作量折旧额＝（固定资产原价－预计净残值）÷预计总工作量

固定资产月折旧额＝固定资产当月工作量 × 单位工作量折旧额

3. 双倍余额递减法

双倍余额递减法是指在不考虑固定资产预计净残值的情况下，根据每期期初固定资产原价减去累计折旧后的金额和双倍的直线法折旧率计算固定资产折旧的一种方法。应用这种方法计算折旧额时，由于每年年初固定资产净值没有扣除预计净残值，所以在计算固定资产折旧额时，应在其折旧年限到期前两年内，将固定资产净值扣除预计净残值后的余额平均摊销。计算公式如下：

固定资产年折旧率＝ 2÷预计使用年限 × 100%

固定资产月折旧率＝固定资产年折旧率÷12

固定资产月折旧额＝（固定资产原价－累计折旧）× 月折旧率

4. 年数总和法

年数总和法是指将固定资产的原价减去预计净残值后的余额，乘一个以固定资产尚可使用年限为分子、以预计使用年限逐年数字之和为分母的逐年递减的分数计算每年的折旧额的一种方法。计算公式如下：

固定资产年折旧率＝尚可使用寿命÷预计使用寿命的年数总和 × 100%

固定资产月折旧率＝年折旧率÷12

固定资产月折旧额＝（固定资产原价－预计净残值）× 月折旧率

【例题 7-6】桂海商业有限公司有一幢厂房，原价为 5 000 000 元，预计可使用 20 年，预计净残值率为 4%，采用年限平均法计算月折旧额。

年折旧额＝5 000 000 ×（1－4%）÷20＝240 000（元）

月折旧额＝240 000÷12＝20 000（元）

【例题 7-7】桂海商业有限公司的一辆运货卡车的原价为 600 000 元，预计总行驶里程为 500 000 千米，预计报废时的净残值率为 5%，本月行驶 4 000 千米。该辆汽车的当月折旧额计算如下。

单位里程折旧额=600 000 ×（1-5%）÷500 000=1. 14（元/千米）

本月折旧额=4 000 × 1. 14=4 560（元）

【例题 7-8】桂海商业有限公司购入的一项生产经营用家具，原价为 100 000 元，预计使用年限为 5 年，预计净残值率为 4%，按双倍余额递减法计提折旧，每年的折旧额计算如下。

年折旧率=2÷5 × 100%=40%

预计净残值=100 000 × 4%=4 000（元）

第 1 年计提的折旧额=100 000 × 40%=40 000（元）

第 2 年计提的折旧额=（100 000-40 000）× 40%=24 000（元）

第 3 年计提的折旧额=（100 000-40 000-24 000）× 40%=14 400（元）

最后 2 年的折旧额：从第 4 年起改用年限平均法（直线法）计提折旧。

第 4、5 年的折旧额=［（100 000-40 000-24 000-14 400）-4 000］÷2=8 800（元）

【例题 7-9】承【例题 7-8】，假如采用年数总和法，计算各年折旧额。

应计提折旧总额=原价-预计净残值=100 000 ×（1-4%）=96 000（元）

第 1 年的折旧额=96 000 × 5÷15=32 000（元）

第 2 年的折旧额=96 000 × 4÷15=25 600（元）

第 3 年的折旧额=96 000 × 3÷15=19 200（元）

第 4 年的折旧额=96 000 × 2÷15=12 800（元）

第 5 年的折旧额=96 000 × 1÷15=6 400（元）

（三）固定资产折旧的业务处理

商业企业计提固定资产折旧，应当根据固定资产的用途计入相关资产的成本或者当期损益。一般，行政管理部门使用的固定资产，计提的折旧应计入管理费用；销售部门使用的固定资产，计提的折旧应计入销售费用；研发无形资产使用的固定资产，计提的折旧计入研发支出；工程使用的固定资产，计提折旧计入在建工程；出租的固定资产，计提的折旧计入其他业务成本。

计提固定资产折旧时的会计分录：

借：管理费用

　　销售费用

　　其他业务成本等

　　贷：累计折旧

【例题 7-10】桂海商业有限公司采用年限平均法对固定资产计提折旧。202 × 年 8 月确定折旧额如下：管理部门 8 000 元、外设销售机构 3 000 元、经营性出租固定资产折旧 1 600 元。编制如下会计分录。

借：管理费用 8 000
　　销售费用 3 000
　　其他业务成本 1 600
　　贷：累计折旧 12 600

五、固定资产的后续支出

固定资产的后续支出是指固定资产使用过程中发生的更新改造支出、修理费用等。商业企业将固定资产投入使用后，因为市场的变化、技术的进步等因素，导致固定资产的目前状态无法满足经营需要，商业企业为了获取更多的经济利益，往往会对现有固定资产进行维修、改建、扩建或者提升性能。固定资产的后续支出，有些满足资本化条件，应当计入固定资产的成本，有些不满足资本化条件，在发生时计入当期损益。

固定资产的后续支出，应当遵循相关规定和处理原则，即固定资产的后续支出如果符合固定资产确认条件的，应当计入固定资产成本，同时将被替换部分的账面价值扣除；固定资产的后续支出如果不符合固定资产确认条件的，应当计入当期损益。

（一）资本化支出

固定资产的后续支出符合固定资产确认条件的，应当计入固定资产成本，同时将被替换部分的账面价值扣除。固定资产发生可资本化的后续支出时，商业企业应当将该固定资产的原价、已计提的累计折旧、已计提的固定资产减值准备转销，将其账面价值转入在建工程，并停止计提折旧。发生的可资本化的后续支出，通过“在建工程”科目核算。在固定资产发生的可资本化后续支出完成并达到预定可使用状态时，再从在建工程转为固定资产，并按重新确定的使用寿命、预计净残值和折旧方法计提折旧。

（二）费用化支出

固定资产投入使用后，由于固定资产磨损、各组成部分耐用程度不同，可能导致固定资产的局部损坏。为了保证固定资产的正常生产能力，商业企业应当加强对固定资产的维护和修理。固定资产的日常维护支出通常不满足固定资产的确认条件，应在发生时直接计入当期损益。商业企业行政管理部门发生的固定资产修理费用等后续支出计入管理费用；专设销售机构发生的与专设销售机构相关的固定资产修理费用等后续支出计入销售费用。固定资产更新改造支出不满足固定资产确认条件的，也应在发生时直接计入当期损益。

六、固定资产的处置

固定资产处置是商业企业将不需用、不能用或其他原因需要处置的固定资产进行处置。一般，固定资产处置包括固定资产的出售、转让、报废或毁损、对外投资、非货币性资产交换、债务重组等。

（一）固定资产终止确认的条件

固定资产满足下列条件之一的，应当予以终止确认。

1. 该固定资产处于处置状态

处于处置状态的固定资产不再用于生产商品、提供劳务、出租或经营管理，因此不再符合固定资产的定义，应予终止确认。

2. 该固定资产预期通过使用或处置不能产生经济利益

如果一项固定资产预期通过使用或处置不能产生经济利益，就不再符合固定资产的概念和确认条件，应予终止确认。

（二）固定资产处置的业务处理

商业企业出售、转让、报废固定资产或发生固定资产毁损，应当将处置收入扣除账面价值和相关税费后的金额计入当期损益。固定资产的账面价值是固定资产成本扣减累计折旧和累计减值准备后的金额。固定资产处置一般通过“固定资产清理”科目进行核算。

1. 转入固定资产清理时的处理

转入固定资产清理时的会计分录：

借：固定资产清理（按处置时固定资产的账面价值）
　　累计折旧（按处置时累计计提的折旧额）
　　固定资产减值准备（按处置时累计计提的减值准备）
　　贷：固定资产（按固定资产的账面余额）

2. 发生清理费用的处理

清理过程发生相关费用时的会计分录：

借：固定资产清理
　　贷：银行存款
　　　　应交税费等

3. 出售收入、残料等的处理

收回出售固定资产的价款、残料变价收入时的会计分录：

借：银行存款等
　　贷：固定资产清理
　　　　应交税费——应交增值税（销项税）

4. 保险赔款的处理

确认或收到的应由保险公司或过失人赔偿的损失时的会计分录：

借：其他应收款
　　银行存款等
　　贷：固定资产清理

5. 清理净损益的处理

固定资产清理完成后的净损失的会计分录：

借：营业外支出（非流动资产毁损报废损失）
　　资产处置损益（日常活动非流动资产销售等形成的损失）
　　贷：固定资产清理

固定资产清理完成后的净收益的会计分录：

借：固定资产清理

　　贷：营业外收入（非流动资产毁损报废利得）

　　　　资产处置损溢（日常活动非流动资产销售等形成的利得）

【例题 7-11】桂海商业有限公司出售一台办公电脑，原价为 20 000 元，已计提折旧 10 000 元，未计提减值准备，实际出售价不含增值税为 11 000 元，款项已通过银行收回价款，不考虑其他因素。

将出售固定资产转入清理时的会计分录：

借：固定资产清理	10 000	
累计折旧	10 000	
贷：固定资产		20 000

收回出售固定资产价款时的会计分录：

借：银行存款	12 430	
贷：固定资产清理		11 000
应交税费——应交增值税（销项税）		1 430

结转出售固定资产实现的利得时的会计分录：

借：固定资产清理	1 000	
贷：资产处置损溢		1 000

七、固定资产清查与期末计价

（一）固定资产清查

商业企业应当定期或不定期对持有的固定资产进行清查，确定固定资产的实有数量，并和账面记录进行核对，确保固定资产核算资料的真实、准确。在固定资产清查过程中，如果发现盘盈、盘亏的固定资产，应填制固定资产盘盈盘亏报告表。盘盈、盘亏固定资产，应当按照规定的程序报董事会批准并处理。

1. 盘盈固定资产

固定资产单位价值比较高，在财产清查中盘盈的固定资产，商业企业应当作为以前年度差错处理。商业企业在财产清查中盘盈的固定资产，在按管理权限报经批准处理前应先通过“以前年度损溢调整”科目核算。盘盈的固定资产，应按重置成本确定其入账价值。

盘盈固定资产时的会计分录：

借：固定资产

　　贷：以前年度损溢调整

确认应交所得税时的会计分录：

借：以前年度损溢调整

　　贷：应交税费——应交所得税

结转为留存收益时的会计分录：

借：以前年度损溢调整

　　贷：盈余公积——法定盈余公积利润分配——未分配利润

【例题 7-12】桂海商业有限公司在固定资产清查中，发现一台设备没有在账簿中记录。该设备当前市场价格 50 000 元，根据其新旧程度估计价值损耗 10 000 元，编制如下会计分录。

借：固定资产	40 000	
贷：以前年度损溢调整		40 000

2. 盘亏固定资产

在财产清查中发现盘亏的固定资产，按盘亏固定资产的账面价值转入“待处理财产损溢”科目。

盘亏固定资产时的会计分录：

借：待处理财产损溢（盘亏固定资产的账面价值）

　　累计折旧（累计计提的折旧）

　　固定资产减值准备（累计计提的减值准备）

　　贷：固定资产（固定资产原值）

按管理权限报经批准后处理时的会计分录：

借：其他应收款（保险公司或责任人赔偿部分）

　　营业外支出——盘亏损失（净损失部分）

　　贷：待处理财产损溢

【例题 7-13】桂海商业有限公司在固定资产盘点时，发现盘亏一台电脑，固定资产账簿上记录其原价为 7 500 元，已计提折旧 4750 元，已计提减值准备 1 500 元，收到保险公司赔偿 1 000 元。编制如下会计分录。

在未报批处理前，注销电脑的账面价值。

借：待处理财产损溢——待处理固定资产损溢	1 250	
累计折旧	4 750	
固定资产减值准备	1 500	
贷：固定资产		7 500
经批准后		
借：银行存款	1 000	
营业外支出——盘亏损失	250	
贷：待处理财产损溢——待处理固定资产损溢		1 250

（二）固定资产期末计价

商业企业应当在资产负债表日对固定资产进行估值，判断其是否存在可能发生减值的迹象；固定资产存在减值迹象的，应当进行减值测试，计算可收回金额，可收回金额低于账面价值的，应当按照可收回金额低于账面价值的金额，计提固定资产减值准备。

1. 固定资产等资产发生减值的判断

存在下列迹象的，表明固定资产可能发生了减值。

（1）固定资产的市价当期大幅度下跌，其跌幅明显高于因时间的推移或者正常使用而预计的下跌。

（2）企业经营所处的经济、技术或者法律等环境以及资产所处的市场在当期或者将在近期发生重大变化，从而对企业产生不利影响。

（3）市场利率或者其他市场投资报酬率在当期已经提高，从而影响企业计算资产预计未来现金流量现值的折现率，导致资产可收回金额大幅度降低。

（4）有证据表明固定资产已经陈旧过时或者其实体已经损坏。

（5）固定资产已经或者将被闲置终止使用或者计划提前处置。

（6）企业内部报告的证据表明资产的经济绩效已经低于或者将低于预期，如资产所创造的净现金流量或者实现的营业利润（或者亏损）远远低于（或者高于）预计金额等。

（7）其他表明资产可能已经发生减值的迹象。在判断资产是否存在可能发生减值的迹象时，应当考虑重要性原则。

2. 固定资产减值的业务处理

固定资产的可收回金额低于其账面价值的，商业企业应当将固定资产的账面价值减记至可收回金额，减记的金额确认为资产减值损失，计入当期损益，同时计提固定资产减值准备。固定资产减值损失一经确认，在以后会计期间不得转回。

确定固定资产发生减值时的会计分录：

借：资产减值损失

贷：固定资产减值准备

【例题 7-14】 202×年12月31日，桂海商业有限公司的办公设备存在可能发生减值的迹象，经计算该设备的可收回金额合计为10 000元，账面价值为14 000元，以前年度未对该办公设备计提过减值准备，不考虑其他因素。

确认减值准备时的会计分录：

借：资产减值损失 4 000

贷：固定资产减值准备 4 000

第二节 商业企业无形资产与核算

一、无形资产的含义及特征

无形资产是指企业拥有或者控制的不具有实物形态的可辨认非货币性资产，主要包括专利权、非专利技术、商标权、著作权、特许权、土地使用权等。

无形资产具有以下特点。

（1）无形资产是能给企业带来经济利益的资源；

（2）无形资产不具有实物形态；

（3）无形资产具有可辨认性；

（4）无形资产属于非货币性长期资产。

二、无形资产的内容和应设置的会计科目

（一）无形资产的内容

无形资产是一项非货币性长期资产，主要包括专利权、商标权、土地使用权、非专利技术、著作权、特许权等内容。

1. 专利权

专利权是指国家专利管理机关依法授予发明创造专利申请人对其发明创造在法律规定期限内所享有的专有权利，主要包括发明专利权、实用新型专利权和外观设计专利权。专利权给予持有人独家使用或者控制某项发明的特殊权利，从而给持有人带来特殊的经济利益；但是，不是所有的专利都能带来经济利益。

2. 商标权

商标是用来辨别特定的商品或劳务的标记。商标权是指专门在某类指定的商品或产品上使用特定的名称或图案的权利。商标经过注册登记，就获得了法律上的保护。

商业企业自创的商标并将其注册登记，花费一般比较小。实际上，能够给企业带来经济利益的商标，一般都是经过长时间的广告宣传以及客户对商标的信赖树立起来的。如果商业企业购买他人的商标，一次性支出费用较大的，可以将其资本化，作为无形资产核算，根据购入商标的价款、支付的手续费及有关费用作为商标的成本。

3. 土地使用权

土地使用权是指国家准许企业或单位在一定时间内对国有土地享有开发、利用、经营的权利。企业取得土地使用权，应将取得时发生的合理的支出予以资本化，计入无形资产。

4. 非专利技术

非专利技术也叫专有技术或技术秘密，是指独特的、先进的、未公开的、未申请专利、可以带来经济利益的技术和秘密。非专利技术主要包括：工业专有技术，即在生产上已经采用，仅限于少数人知道，不享有专利权或发明权的生产、装配、修理、工艺或加工方法的技术知识；商业（贸易）专有技术，即具有保密性质的市场情报、原材料价格情报以及用户、竞争对象的情况和有关知识；管理专有技术，即生产组织的经营方式、管理方式、培训职工方法等保密知识。非专利技术并不是专利法的保护对象，专有技术所有人依靠自我保密的方式来维持其独占权，可以用于转让和投资。

5. 著作权

著作权又称版权，是作者对其创作的文学、科学和艺术作品依法享有的某种特殊权利。著作权包括两方面的权利，即精神权利（人身权利）和经济权利（财产权利）。前者指作品署名权、发表作品、确认作者身份、保护作品完整性、修改已经发表的作品等各项权利，包括发表权、署名权、修改权和保护作品完整权；后者指以出版、表演、广播、展览、录制唱片、摄制影片等方式使用作品以及因授权他人使用作品而获得经济利益的权利。

6. 特许权

特许权是指企业在某一地区经营或销售某种特定商品的权利，或是一家企业接受另一

家企业使用其商标、商号、技术秘密等的权利。前者一般是指政府机关授权、准许企业使用或在一定地区享有经营某种业务的特权，如水、电、邮电通信等专营权，烟草专卖权等；后者指企业间依照签订的合同，有期限或无期限使用另一家企业的某些权利，如连锁店分店使用总店的名称等。

（二）应设置的会计科目

为了核算无形资产的取得、摊销、减值和处置等情况，企业应当设置“研发支出”“无形资产”“累计摊销”“无形资产减值准备”等科目。

1. 研发支出

为了核算内部研发无形资产所发生费用，商业企业应设置“研发支出”科目。该科目属于成本类，借方登记研究、开发无形资产发生的成本，贷方登记结转费用化支出以及结转形成无形资产的成本，期末余额在借方，表示研发无形资产的成本。

2. 无形资产

为了核算持有的无形资产成本及其增、减变动情况，商业企业应设置“无形资产”科目。该科目属于资产类，借方登记取得无形资产的成本，贷方登记出售或报废无形资产转出的无形资产账面余额，期末余额在借方，表示无形资产的成本。

3. 累计摊销

为了核算对使用寿命有限的无形资产计提的累计摊销情况，商业企业应设置“累计摊销”科目。该科目属于“无形资产”的调整项目，贷方登记企业计提的无形资产摊销，借方登记处置无形资产转出的累计摊销，期末余额在贷方，表示无形资产的累计摊销额。

4. 无形资产减值准备

为了核算计提的无形资产减值准备的情况，商业企业应设置“无形资产减值准备”科目。该科目属于“无形资产”的调整项目，贷方登记企业计提的无形资产减值准备，借方登记处置无形资产转出的无形资产减值准备，期末余额在贷方，表示无形资产累计计提的减值准备。

三、无形资产的核算

（一）外购无形资产的核算

外购无形资产是商业企业通过买卖交换的方式从其他企业获得的无形资产。外购无形资产的成本主要包括购买价款、相关税费以及直接归属于使该项资产达到预定用途所发生的合理的必要的支出。

外购无形资产时的会计分录：

借：无形资产

　　应交税费——应交增值税（进项税额）

　　贷：银行存款

　　　　应付票据等

【例题7-15】202×年12月6日，桂海商业有限公司因生产产品的需要，购入一项专利技术，支付专利转让费及相关手续费400 000元，企业用银行存款支付。编制如下会计分录。

借：无形资产——专利权　　400 000

　　贷：银行存款　　400 000

（二）内部研发无形资产的核算

商业企业内部研发形成的无形资产的成本，主要包括可直接归属于该无形资产的各项开发耗费以及达到预定可使用状态前所发生的合理的支出构成。

商业企业内部研究开发的无形资产，应当区分研究阶段支出和开发阶段支出，研究阶段的支出全部费用化，记入“研发支出——费用化支出”科目，开发阶段发生的各项支出，不满足资本化条件的支出，记入“研发支出——费用化支出”科目，满足资本化条件的支出，记入“研发支出——资本化支出”科目，费用化支出在期末转入管理费用，资本化支出在无形资产开发完成时转入无形资产。

1. 发生不满足资本化条件支出时的会计分录

借：研发支出——费用化支出

　　贷：原材料

　　　　银行存款

　　　　应付职工薪酬等

期末将研发支出转入管理费用时的会计分录：

借：管理费用

　　贷：研发支出——费用化支出

2. 发生满足资本化条件支出时的会计分录

借：研发支出——资本化支出

　　贷：原材料

　　　　银行存款

　　　　应付职工薪酬等

期末将研发支出转入无形资产时的会计分录：

借：无形资产

　　贷：研发支出——资本化支出

【例题7-16】202×年1月1日，桂海商业有限公司经董事会批准研发某项软件。该公司董事会认为，研发该项目具有可靠的技术和财务等资源的支持，并且一旦研发成功将降低该公司配货成本。2月发生研究阶段相关支出20万元，银行存款支付；6月开发阶段发生材料费50万元、人工薪酬20万元，其中符合资本化条件的支出为60万元；8月31日，该项专利技术已经到达预定使用用途。编制会计分录如下。

（1）2021年2月

借：研发支出——费用化支出　　200 000
　　贷：银行存款　　200 000

2 月末：

借：管理费用　　200 000
　　贷：研发支出——费用化支出　　200 000

（2）2021 年 6 月

借：研发支出——费用化支出　　100 000
　　　　　　——资本化支出　　600 000
　　贷：原材料　　500 000
　　　　应付职工薪酬　　200 000

6 月末：

借：管理费用　　100 000
　　贷：研发支出——费用化支出　　100 000

（3）8 月 31 日，达到预定使用用途

借：无形资产　　600 000
　　贷：研发支出——资本化支出　　600 000

（三）无形资产摊销的核算

商业企业取得无形资产时应当分析判断其使用寿命，对使用寿命有限的无形资产应当计提摊销，使用寿命不确定和使用寿命无限的无形资产不计提摊销。一般，使用寿命有限的无形资产，其净残值应当视为零。对于使用寿命有限的无形资产应当自达到预定用途的当月开始摊销，处置当月不再摊销。无形资产摊销方法包括直线法、生产总量法等。商业企业选择的无形资产的摊销方法，应当反映与该项无形资产有关的经济利益的预期实现方式。无法可靠确定预期实现方式的，应当采用直线法摊销。

商业企业应当按月对无形资产进行摊销。无形资产的摊销额一般应当计入当期损益，管理用的无形资产，其摊销金额计入管理费用；出租的无形资产，其摊销金额计入其他业务成本；专设销售机构用的无形资产，其摊销金额计入销售费用。

计提无形资产摊销时的会计分录：

借：管理费用
　　销售费用
　　其他业务成本
　　贷：累计摊销

【例题 7-17】 202 × 年 1 月 1 日，桂海商业有限公司购入专利权 A，购买成本为 240 000元，根据相关法律的规定，购买时该项专利权的使用寿命为 10 年，企业采用直线法按 10 年期限进行摊销。编制如下会计分录。

买入专利权 A 时：

借：无形资产——A 专利权　　240 000
　　贷：银行存款　　240 000

月末对 A 专利进行摊销：

借：管理费用　　2 000（240 000÷10÷12）
　　贷：累计摊销　　2 000

（四）无形资产的减值核算

商业企业取得无形资产时，应当合理地估计无形资产的使用寿命。如果有确凿证据表明无法合理估计其使用寿命，应作为使用寿命不确定的无形资产。对于使用寿命不确定的无形资产，在持有期间内不需要进行摊销，但应当至少在每年年度终了进行减值测试。在减值测试中如果有迹象表明无形资产的可收回金额低于账面价值的，应当将该无形资产的账面价值减记至可收回金额，减记的金额确认为减值损失，计入资产减值损失，同时计提无形资产减值准备。无形资产减值损失一经确认，在以后会计期间不得转回。

计提无形资产减值准备时的会计分录：

借：资产减值损失——计提的无形资产减值准备
　　贷：无形资产减值准备

【例题 7-18】桂海商业有限公司为增值税一般纳税人，202 × 年 11 月 20 日将拥有的一项非专利技术出售，取得收入 80 000 元，应交增值税为 4 800 元。该非专利技术的账面余额为 70 000 元，累计摊销额为 35 000 元，已计提的减值准备为 10 000 元。编制如下会计分录。

借：银行存款　　80 000
　　累计摊销　　35 000
　　无形资产减值准备　　10 000
　　贷：无形资产——非专利技术　　70 000
　　　　应交税费——应交增值税（销项税额）　　4 800
　　　　营业外收入——处置非流动资产利得　　50 200

（五）无形资产的处置和报废

无形资产的处置和报废，是指无形资产对外出售、投资、非货币化资产交换、债务重组和报废。

1. 无形资产出售

商业企业出售无形资产，应将出售时取得的价款与该无形资产账面价值的差额计入资产处置损益。

出售无形资产时的会计分录：

借：银行存款
　　应收票据等累计摊销

无形资产减值准备
资产处置损益（日常活动出售无形资产的净亏损）
贷：无形资产
应交税费
资产处置损益（日常活动出售无形资产的净收益）

【例题 7-19】桂海商业有限公司出售一项专利权，价款为 120 000 元，应缴纳的税费为 6 000 元。已知专利权成本为 300 000 元，出售时已摊销金额为 180 000 元，已计提的减值准备为 30 000 元。

出售无形资产时的会计分录：

	借方	贷方
借：银行存款	120 000	
累计摊销	180 000	
无形资产减值准备——专利权	300 000	
贷：无形资产——专利权		300 000
应交税费		6 000
资产处置损益		24 000

2. 无形资产报废

无形资产预期不能带来经济利益，则不再符合无形资产的概念，应将其报废并予以转销，其账面价值转入营业外支出。

转销时的会计分录：

借：累计摊销
无形资产减值准备
营业外支出
贷：无形资产

【例题 7-20】桂海商业有限公司拥有的一项专利权，因其生产的产品已经没有市场，该公司决定将其做报废处理，报废时，实际成本 400 000 元，已累计摊销 320 000 元，累计计提减值 20 000 元。编制如下会计分录。

	借方	贷方
借：累计摊销	320 000	
无形资产减值准备	20 000	
营业外支出——处置非流动资产损失	60 000	
贷：无形资产——专利权		400 000

第三节 商业企业其他资产与核算

一、认识投资性房地产

投资性房地产是指企业为赚取租金或资本增值，或者两者兼有而持有的房地产，主要包括：已出租的土地使用权、持有并准备增值后转让的土地使用权、已出租的建筑物。

（一）投资性房地产的范围

1. 已出租的土地使用权

已出租的土地使用权是商业企业通过出让或转让方式取得并以经营租赁方式出租的土地使用权。商业企业计划用于出租但尚未出租的土地使用权，不属于此类。对于以经营租赁方式租入土地使用权再转租给其他单位的，不能确认为投资性房地产。

2. 持有并准备增值后转让的土地使用权

持有并准备增值后转让的土地使用权是商业企业通过出让或转让方式取得并准备增值后转让的土地使用权。但是，按照国家有关规定认定的闲置土地，不属于持有并准备增值的土地使用权。

3. 已出租的建筑物

已出租的建筑物是商业企业拥有产权并以经营租赁方式出租的房屋等建筑物，包括自行建造或开发活动完成后用于出租的建筑物。

（二）应设置的会计科目

为了核算投资性房地产的取得、摊销、减值和处置等情况，商业企业应当设置“投资性房地产”“投资性房地产累计摊销”“投资性房地产累计折旧”“投资性房地产减值准备”“公允价值变动损益”“其他业务收入”“其他业务成本”等科目。

1. 投资性房地产

为了核算采用成本模式计量的投资性房地产的成本或采用公允价值模式计量投资性房地产的公允价值，商业企业应设置“投资性房地产”科目。该科目属于资产类，借方登记取得投资性房地产的成本，贷方登记改变用途、出售等原因转出投资性房地产的账面余额，期末余额在借方，表示投资性房地产的余额。

2. 投资性房地产累计摊销

为了核算对采用成本模式核算的投资性房地产（已出租的土地使用权部分）计提的累计摊销情况，商业企业应设置“投资性房地产累计摊销”科目。该科目属于“投资性房地产”的调整项目，贷方登记计提的投资性房地产摊销，借方登记处置投资性房地产等原因转出的累计摊销，期末余额在贷方，表示投资性房地产的累计摊销额。

3. 投资性房地产累计折旧

为了核算对采用成本模式核算的投资性房地产（已出租的建筑物部分）计提的累计折旧情况，商业企业应设置“投资性房地产累计折旧”科目。该科目属于“投资性房地产”的调整项目，贷方登记计提的投资性房地产折旧，借方登记处置投资性房地产等原因转出的累计折旧，期末余额在贷方，表示投资性房地产的累计折旧额。

4. 投资性房地产减值准备

为了核算计提的投资性房地产减值准备的情况，商业企业应设置“投资性房地产减值准备”科目。该科目属于“投资性房地产”的调整项目，贷方登记计提的投资性房地产减值准备，借方登记处置投资性房地产等原因转出的投资性房地产减值准备，期末余额在贷方，表示投资性房地产累计计提的减值准备。

二、投资性房地产的取得

（一）外购投资性房地产的确认和初始计量

商业企业外购的房地产，只有在购入的同时开始对外出租或用于资本增值，才能作为投资性房地产。如果购入房地产，自用一段时间之后再改为出租或用于资本增值的，应当先将外购的房地产确认为固定资产或无形资产，自租赁期开始日或用于资本增值之日起，才能从固定资产或无形资产转换为投资性房地产。

商业企业外购投资性房地产时，应当按照取得时的实际成本进行初始计量，包括购买价款、相关税费和可直接归属于该资产的其他支出。

购入投资性房地产时的会计分录：

借：投资性房地产（采用成本模式进行后续计量的）

　　应交税费——应交增值税（进项税额）

　　贷：银行存款等

购入投资性房地产时的会计分录：

借：投资性房地产——成本（采用公允价值模式进行后续计量的）

　　应交税费——应交增值税（进项税额）

　　贷：银行存款等

（二）自行建造投资性房地产的确认和初始计量

商业企业自行建造的房地产，只有在达到预定可使用状态的同时开始对外出租或用于资本增值，才能将自行建造的房地产确认为投资性房地产。自行建造投资性房地产的成本，由建造该项房地产达到预定可使用状态前发生的合理的必要的支出构成。

商业企业自行建造房地产达到预定可使用状态后一段时间才对外出租或用于资本增值的，应当先将自行建造的房地产确认为固定资产、无形资产或存货，自租赁期开始日或用于资本增值之日开始，从固定资产、无形资产或存货转换为投资性房地产。

自行建造投资性房地产，其成本由建造该项资产达到预定可使用状态前发生的必要支出构成，包括土地开发费、建筑成本、安装成本、应予资本化的借款费用、支付的其他费用和分摊的间接费用等。

采用成本模式进行后续计量的会计分录：

借：投资性房地产

　　贷：在建工程

　　　　开发产品

采用公允价值模式进行后续计量的会计分录：

借：投资性房地产——成本

　　贷：在建工程

开发产品

【例题 7-21】202 × 年 2 月，桂海商业有限公司以 780 万元的成本从其他单位购入一项土地使用权，用于建造办公楼。办公楼建造成本为 3 000 万元，202 × 年 11 月 1 日达到预定可使用状态并通过完工验收。办公楼完工该公司与 A 公司签订经营租赁合同，将办公楼租给 A 公司使用，租赁期为 5 年，租赁起始日为 202 × 年 11 月 1 日。假定不考虑相关税费，采用成本模式进行初始计量。

借：投资性房地产——办公楼　　37 800 000

　贷：在建工程　　30 000 000

　　无形资产——土地使用权　　7 800 000

三、投资性房地产后续计量

投资性房地产的后续计量有成本模式和公允价值模式，商业企业一般应当采用成本模式进行后续计量，满足特定条件时也可以采用公允价值模式计量。但是，同一商业企业只能采用一种模式对所有投资性房地产进行后续计量，并且已采用公允价值模式计量的投资性房地产不能转为成本模式计量。

（一）采用成本模式计量的投资性房地产

采用成本模式进行后续计量的投资性房地产，应当在持有期间计提折旧或摊销，发生减值时，应当计提减值准备。

1. 按照固定资产或无形资产的有关规定，按期（月）计提折旧或摊销

计提折旧或摊销时的会计分录：

借：其他业务成本

　贷：投资性房地产累计折旧（摊销）

2. 取得租金收入时的会计分录

借：银行存款等

　贷：其他业务收入

3. 投资性房地产存在减值迹象，经减值测试后确定发生减值的，应当计提减值准备

计提减值准备时的会计分录：

借：资产减值损失

　贷：投资性房地产减值准备

【例题 7-22】桂海商业有限公司将一栋写字楼出租给 L 公司使用，确认为投资性房地产，采用成本模式进行后续计量，假设这栋办公楼的成本为 7 200 000 元，按照年限平均法计提折旧，使用寿命为 20 年，预计净残值为零。经营租赁合同约定，L 公司每月等额向桂海商业有限公司支付租金 40 000 元。

出租写字楼取得收入时的会计分录：

借：银行存款　　40 000

　贷：其他业务收入——出租写字楼租金收入　　40 000

计提折旧时的会计分录：

借：其他业务成本——出租写字楼折旧　　30 000

　　贷：投资性房地产累计折旧　　30 000

（二）采用公允价值模式计量的投资性房地产

投资性房地产的公允价值能够持续可靠取得的情况下，商业企业可以采用公允价值模式进行后续计量。一旦选择采用公允价值计量模式，后期不得转为成本模式。采用公允价值模式进行后续计量的投资性房地产，应当同时满足以下两个条件：一是投资性房地产所在地有活跃的房地产交易市场，二是企业能够从活跃的房地产交易市场上取得同类或类似房地产的市场价格及其他相关信息，从而对投资性房地产的公允价值作出合理的估计。

采用公允价值模式计量，平时不对投资性房地产计提折旧或摊销；以资产负债表日投资性房地产的公允价值为基础调整其账面价值，公允价值与原账面价值之间的差额计入当期损益。

公允价值高于原账面价值时的会计分录：

借：投资性房地产——公允价值变动

　　贷：公允价值变动损益

公允价值低于原账面价值时的会计分录：

借：公允价值变动损益

　　贷：投资性房地产——公允价值变动

取得的租金收入时的会计分录：

借：银行存款等

　　贷：其他业务收入

【例题 7-23】 202×年5月20日，桂海商业有限公司与D公司签订经营租赁协议，约定将一栋写字楼于完工后租赁给D公司使用，租赁期为8年。该公司对写字楼采用公允价值模式进行后续计量。6月1日，写字楼正式完工，实际造价为7 500万元，即日租赁。12月31日，该写字楼公允价值为8 000万元。假定不考虑相关税费。

出租写字楼时的会计分录：

借：投资性房地产——写字楼（成本）　　75 000 000

　　贷：开发成本　　75 000 000

确认投资性房地产公允价值变动时的会计分录：

借：投资性房地产——写字楼（公允价值变动）　　5 000 000

　　贷：公允价值变动损益　　5 000 000

（三）投资性房地产后续计量模式的变更

在房地产市场比较成熟、能够满足采用公允价值模式条件的情况下，商业企业可以对投资性房地产从成本模式计量变更为公允价值模式计量。成本模式转为公允价值模式的，应当作为会计政策变更处理，按计量模式变更时公允价值与账面价值的差额，调整期初留存收益。

转换计量模式时的会计分录：

借：投资性房地产——成本

  投资性房地产累计折旧（摊销）

  投资性房地产减值准备

  贷：投资性房地产（按照原账面余额）

    利润分配——未分配利润（可能出现借方）

    盈余公积等（可能出现借方）

【例题 7-24】桂海商业有限公司于 202×年 8 月 13 日将原价为 1 200 万元，已计提折旧 400 万元，已计提减值准备 1 000 万元，账面价值为 700 万元的一栋写字楼，由成本模式转换为公允价值模式计量。转换当日该写字楼的公允价值为 780 万元，桂海商业有限公司按净利润的 10%计提法定盈余公积。

科目	借方	贷方
借：投资性房地产——成本	7 800 000	
投资性房地产累计折旧	4 000 000	
投资性房地产减值准备	10 000 000	
贷：投资性房地产		12 000 000
利润分配——未分配利润		720 000
盈余公积		80 000

四、投资性房地产的处置

（一）成本模式计量下投资性房地产的处置

采用成本模式计量的投资性房地产处置时的会计分录：

借：银行存款

  应收票据等

  贷：其他业务收入

    应交税费——应交增值税（销项税额）

同时：

借：其他业务成本（投资性房地产的账面价值）

  投资性房地产累计折旧（摊销）

  投资性房地产减值准备

  贷：投资性房地产（投资性房地产的账面余额）

【例题 7-25】桂海商业有限公司将租赁期届满后的一幢办公楼出售给 B 公司，价款为 20 000 000 元，公司已经收到 B 公司的银行转账。假定该办公楼原是采用成本计量模式，该办公楼出售时的成本为 18 000 000 元，已计提折旧 3 000 000 元，假设不考虑相关税费。

出售时的会计分录：

科目	借方	贷方
借：银行存款	20 000 000	
贷：其他业务收入		20 000 000

同时：

借：其他业务成本　　15 000 000

　　投资性房地产累计折旧　　3 000 000

　　贷：投资性房地产——写字楼　　18 000 000

（二）公允价值模式计量的投资性房地产的处置

处置采用公允价值模式计量的投资性房地产时的会计分录：

借：银行存款

　　应收票据等

　　贷：其他业务收入

　　　　应交税费——应交增值税（销项税额）

同时：

借：其他业务成本（投资性房地产的账面价值）

　　投资性房地产——公允价值变动（下降部分）

　　贷：投资性房地产——成本

　　　　投资性房地产——公允价值变动（上涨部分）

五、长期待摊费用

（一）长期待摊费用的概念

长期待摊费用是指商业企业已经发生但应由本期和以后各期负担的分摊期限在一年以上的各项费用，如以经营租赁方式租入的固定资产发生的改良支出等。

（二）长期待摊费用的主要特征

长期待摊费用属于长期资产；长期待摊费用是企业已经支出的各项费用；长期待摊费用应能使企业在以后会计期间获得收益。

（三）长期待摊费用账务处理

应由本期负担的部分不得作为长期待摊费用。

发生时：

借：长期待摊费用

　　贷：银行存款

摊销时：

借：管理费用（或制造费用、营业费用）

　　贷：长期待摊费用

【例题 7-26】桂海商业有限公司向外单位租入一栋办公用房，租赁期为 5 年，租赁资产尚可使用年限为 20 年。从承租日起，公司对该办公用房进行装修，出包工程款 480 000

元，已用银行存款付清。编制如下会计分录。

支付工程款时的会计分录：

借：在建工程　　480 000

　　贷：银行存款　　480 000

装修完工结转工程成本时的会计分录：

借：长期待摊费用　　480 000

　　贷：在建工程　　480 000

长期待摊费用的摊销的会计分录：

每月摊销额=480 000÷5÷12=8 000（元）

借：管理费用　　8 000

　　贷：长期待摊费用　　8 000

本章小结

固定资产是指企业为生产商品、提供劳务、出租或经营管理而持有的，使用寿命超过一个完整会计年度的有形资产。固定资产主要包括房屋建筑物、办公设备、运输工具以及其他设备等。

固定资产的核算包括：应设置的会计科目、外购固定资产的核算、自行建造固定资产的核算、固定资产折旧的核算、后续计量的核算、固定资产处置的核算和固定资产减值的核算。

固定资产折旧方法包括年限平均法、工作量法、双倍余额递减法和年数总和法等。固定资产的后续支出，符合固定资产确认条件的，应当计入固定资产成本，同时将被替换部分的账面价值扣除；固定资产的后续支出不符合固定资产确认条件的，应当计入当期损益。无形资产是企业拥有或者控制的不具有实物形态的可辨认非货币性资产，主要包括专利权、商标权、土地使用权、非专利技术、著作权、特许权等。

无形资产的核算包括：应设置的会计科目、外购无形资产的核算、企业内部自行开发无形资产的核算、无形资产计提摊销的核算、无形资产减值的核算、无形资产处置和报废的核算。

投资性房地产是指商业企业为赚取租金或资本增值，或者两者兼有而持有的房地产，主要包括：已出租的土地使用权、已出租的建筑物、持有并准备增值后转让的土地使用权。

投资性房地产的核算包括：投资性房地产的初始计量、投资性房地产的后续计量、投资性房地产的处置。

长期待摊费用，是指商业企业已经发生但应由本期和以后各期负担的分摊期限在一年以上的各项费用，如以经营租赁方式租入的固定资产发生的改良支出等。

《 习题与实训 》

一、思考题

1. 固定资产是如何计提折旧的？
2. 固定资产处置时如何处理？
3. 无形资产核算的内容有哪些？
4. 什么是投资性房地产？投资性房地产的核算范围有哪些？

二、单项选择题

1. 投资者投入的固定资产按（　　）作为入账价值。

A. 折余价值　　B. 市场价格
C. 预计未来现金流量现值　　D. 投资各方确认的价值

2. 1 月末企业固定资产账面原值为 900 000 元，2 月份报废设备 220 000 元，一条新建的生产线投入使用，入账原值为 350 000 元，企业采用年限平均法计提折旧，2 月末计算应提折旧的固定资产原值是（　　）元。

A. 900 000　　B. 680 000
C. 1 250 000　　D. 1 030 000

3. 下列当月不应计提折旧的固定资产是（　　）。

A. 融资租入的固定资产　　B. 经营租出的固定资产
C. 当月增加的固定资产　　D. 当月减少的固定资产

4. 因自然灾害报废的固定资产，报废时应通过（　　）账户核算。

A. 固定资产　　B. 固定资产清理
C. 营业外支出　　D. 待处理财产损溢

5. 下列项目中，应确认为无形资产的是（　　）。

A. 企业自创商誉
B. 企业内部产生的品牌
C. 企业内部研究开发项目研究阶段的支出
D. 企业购入的专利权

6. 企业出售无形资产发生的损失，应当计入（　　）。

A. 主营业务成本　　B. 营业外支出
C. 其他业务成本　　D. 管理费用

7. 在会计期末，甲公司所持有的无形资产的账面价值高于其可收回金额的差额应当计入（　　）。

A. 资产减值损失　　B. 营业外支出
C. 其他业务成本　　D. 管理费用

8. 某项固定资产使用年限为 5 年，采用年数总和法计提折旧，第一年折旧率为（　　）。

A. 20%　　B. 30%　　C. 33.33%　　D. 40%

9. 某固定资产原值为 250 000 元，预计净残值 6 000 元，预计可以使用 8 年，按照双倍余额递减法计算，第二年应提取的折旧（　　）元。

A. 46 875　　B. 45 750　　C. 61 000　　D. 30 500

10. 下列项目中，属于投资性房地产的是（　　）。

A. 房地产开发企业销售的或为销售而正在开发的商品房和土地

B. 制造企业生产经营用的厂房、车间

C. 商业企业生产经营用的办公楼

D. 商业企业经营性出租用的办公楼

三、多项选择题

1. 下列属于加速折旧法的是（　　）。

A. 年限平均法　　B. 工作量法

C. 双倍余额递减法　　D. 年数总和法

2. 下列不能在“固定资产”账户核算的有（　　）。

A. 购入安装的设备　　B. 经营性租入的设备

C. 融资租入的不需安装的设备　　D. 购入的不需安装的设备

3. 影响固定资产折旧数额大小的因素是（　　）。

A. 固定资产原价　　B. 固定资产减值准备

C. 固定资产使用寿命　　D. 固定资产预计净残值

4. 下列各项中，企业应确认为无形资产的有（　　）。

A. 购入的专利权

B. 因转让土地使用权补交的土地出让金

C. 自行开发并按法律程序申请取得的无形资产

D. 无偿划拨取得的土地使用权

5. 当期发生的下列各项费用，可能影响企业营业利润的有（　　）。

A. 无形资产内部研发项目在研究阶段的有关支出

B. 无形资产内部研发项目在开发阶段的有关支出

C. 无形资产处置损溢

D. 已出租的无形资产的摊销费用

四、判断题

1. 商业企业对于季节性停用的固定资产不应该计提折旧。（　　）

2. 固定资产的各组成部分具有不同使用寿命或者以不同方式提供经济利益，适用不同折旧率或折旧方法的，应当分别将各组成部分确认为单项固定资产。（　　）

3. 商业企业取得的使用寿命有限的无形资产均应按直线法摊销。（　　）

4. 对投资性房地产进行后续计量，可以同时采用成本模式和公允价值模式计量。（　　）

5. 投资性房地产的计量模式一经确定，不得随意变更。只有存在确凿证据表明其公允价值能够持续可靠取得的，才允许采用公允价值计量模式。 ( )

五、实训题

1. 桂海商场 2021 年 7 月 3 日从乙企业采购机器设备一台给生产部门使用，专用发票上注明价款 50 万元，增值税税额 8. 5 万元，安装费 1 万元，取得合法发票，均用银行存款支付。2021 年 7 月 25 日，机器设备安装完毕，达到预定使用状态。

要求：编制以上经济业务的会计分录。

2. 桂海商场 2021 年 1 月 1 日购入一台设备，原值为 220 000 元，预计净残值为 10 000 元，预计使用 10 年，采用年限平均法计提折旧。2021 年 12 月 31 日，该设备发生减值，可收回金额为 150 000 元。

要求：编制以上经济业务的会计分录。

第八章 商业企业负债与核算

知识与能力目标

1. 了解负债的定义、特点、分类，流动负债的范围、非流动负债的范围；
2. 理解流动负债和非流动负债的核算；
3. 掌握流动负债和非流动负债的业务处理与应用。

思政目标

引导学生坚持社会主义核心价值观——诚信观，培养学生精打细算、节约成本的意识。

第一节 商业企业负债概述

一、负债的定义

负债是指企业过去的交易或者事项形成的，预期会导致经济利益流出企业的现时义务。商业企业常见的负债有短期借款、应付票据、应付账款、预收账款、其他应付款、应交税费、应付利息、长期借款、应付债券等。

负债有以下三个方面的特点。

(1) 负债是一项企业承担的现时义务。

(2) 负债预期会导致经济利益流出企业。

(3) 负债是由企业过去的交易或事项形成的。

负债应同时满足以下两个条件。

(1) 与该义务有关的经济利益很可能流出企业。

(2)未来流出的经济利益的金额能够可靠地计量。

二、负债的分类

(一)流动负债与长期负债

负债一般按其偿还时间的长短划分为流动负债和长期负债。其中，流动负债是指将在1年或不超过1年的一个营业周期内偿还的债务，主要包括短期借款、应付票据、应付账款、预收账款、应付利息、应付股利等。长期借款是指偿还期在1年或超过1年的一个营业周期以上的债务，包括长期借款、应付债券、长期应付款等。

(二)货币性负债与非货币性负债

负债按其偿还方式划分为货币性负债与非货币性负债。其中，货币性负债是指企业以货币偿还的债务，如应交税费。非货币性负债是指企业以实物资产或提供劳务偿还的债务，如预收账款。

第二节　商业企业借款业务的核算

借款是指企业为周转或长期发展的需要向银行或其他金融机构等借入的各种款项，包括民间借贷。借款按偿还时间不同划分为短期借款和长期借款。

一、短期借款的账务处理

短期借款是指企业为维持正常的经营周转而向银行或其他金融机构等借入的还款期限在一年内(含一年)的各种借款。商业企业的短期借款主要有经营周转借款、临时借款、结算借款、票据贴现借款和卖方信贷等。

为了核算短期借款的增、减变动及其余额，商业企业应设置“短期借款”科目。该科目属于负债类，贷方登记短期借款本金的借入数，借方登记短期借款本金的偿还数，期末余额在贷方，表示尚未归还的短期借款本金余数。

1. 借入短期借款的核算

商业企业借入各种短期借款，按借款合同或协议约定的金额入账(合同或协议约定的金额不公允的除外)。

借入短期款项时的会计分录：

借：银行存款

　　贷：短期借款

2. 短期借款利息的核算

在实务中，短期借款利息按季度结算，因此，商业企业应当采用月末计提利息、季度末支付利息的方式入账；在资产负债表日按计算确定的短期借款利息费用计入财务费用，按应付但尚未支付的利息计入应付利息。

计提利息费用时的会计分录：

借：财务费用

　　贷：应付利息

实际偿还利息时，一方面减少应付利息的金额，另一方面减少银行存款的金额。偿还利息时的会计分录：

借：应付利息（根据月末累计计提的利息）

　　财务费用（根据当月应计提的利息）

　　贷：银行存款（根据实际偿还的利息数额）

3. 短期借款归还的核算

到期归还各种短期借款本金时的会计分录：

借：短期借款

　　贷：银行存款

【例题 8-1】桂海商业有限公司于 2021 年 1 月 1 日向银行借入一笔生产经营用短期借款，共计 100 000 元，期限为 9 个月，年利率为 6%。根据与银行签署的借款协议，该项借款的本金到期一次归还，利息按季支付。编制如下相关会计分录。

1 月 1 日借入款项时的会计分录：

	借方	贷方
借：银行存款	100 000	
贷：短期借款		100 000

1 月底计提当月利息时的会计分录：

	借方	贷方
借：财务费用	500	
贷：应付利息		500

2 月末计提 2 月利息费用的处理方式与 1 月相同。

3 月底支付第一季度银行借款利息时的会计分录：

	借方	贷方
借：财务费用	500	
应付利息	1 000	
贷：银行存款		1 500

第二、第三季度的会计处理同上。

10 月 1 日偿还银行借款本金时的会计分录：

	借方	贷方
借：短期借款	100 000	
贷：银行存款		100 000

二、长期借款的账务处理

长期借款的账务处理是指企业向银行或其他金融机构借入的偿还期限在 1 年以上（不含 1 年）的各种借款，包含民间借贷。商业企业借入长期借款主要是为了扩张、改变资本结构、满足其他长期资本的需要。

为了核算企业长期借款的增、减变动及其余额的情况，商业企业应当设置“长期借款”科目。该科目属于负债类，贷方登记企业借入的长期借款的本金、到期一次还本付息方式下计提的利息，借方登记偿还的长期借款本金及利息，期末余额在贷方，表示尚未偿还的本金和利息。

1. 借入长期借款的核算

借入长期借款时的会计分录：

借：银行存款（按实际收到金额）

　　长期借款——利息调整（按差额）

　　贷：长期借款——本金（按借款合同或协议约定的借款本金）

2. 长期借款利息的核算

长期借款利息费用应当在资产负债表日按照实际利率法计算确定。商业企业的利息费用应按以下原则计入费用：属于筹建期间的，计入管理费用；属于经营期间的，计入财务费用；用于购建固定资产满足借款费用资本化条件的，计入在建工程成本。

确认利息费用时的会计分录：

借：管理费用

　　财务费用、在建工程等

　　贷：应付利息（分期付息，到期还本的方式）

　　　　长期借款——应计利息（到期一次还本付息的方式）

3. 归还借款的核算

归还长期借款的本金时的会计分录：

借：长期借款——本金应付利息

　　长期借款——应计利息

　　贷：银行存款

【例题 8-2】桂海商业有限公司为建办公楼，于 2019 年 1 月 1 日从银行取得 3 年期借款 5 000 000 元，借款利率按市场利率确定为 6%，单利计算，到期一次还本，每年付息一次。工程以出包方式进行，建造期间企业以银行存款支付工程价款 5 100 000 元，办公楼于 202 × 年 6 月 30 日竣工，达到预定使用状态并交付使用。假设该笔借款符合资本化利息确认条件。编制如下相关会计分录。

2019 年 1 月 1 日借入长期借款时的会计分录：

借：银行存款　　5 100 000

　　贷：长期借款　　5 100 000

2019 年 12 月 31 日计提和支付利息时的会计分录：

借：在建工程　　300 000

　　贷：应付利息　　300 000

借：应付利息　　300 000

　　贷：银行存款　　300 000

2020 年 6 月 30 日交付使用时：

计算半年利息 = 5 000 000 × 6% ÷ 2 = 150 000（元）

借：在建工程　　150 000
　　贷：应付利息　　150 000

支付工程款：

借：在建工程　　5 100 000
　　贷：银行存款　　5 100 000

工程交付使用结转固定资产成本：

借：固定资产　　5 550 000
　　贷：在建工程　　5 550 000

2020 年 12 月 31 日计提和支付利息时：

借：财务费用　　150 000
　　贷：应付利息　　150 000

借：应付利息　　300 000
　　贷：银行存款　　300 000

2021 年 12 月 31 日计提利息时：

借：财务费用　　300 000
　　贷：应付利息　　300 000

2021 年 12 月 31 日还本付息时：

借：长期借款　　5 000 000
　　应付利息　　300 000
　　贷：银行存款　　5 300 00

第三节　商业企业应付职工薪酬业务的核算

职工薪酬是指企业为获得职工提供的各项服务而给予职工各种形式的报酬以及其他相关支出，包括职工在职期间和离职后提供给职工的全部货币性薪酬和非货币性福利。

商业企业的职工薪酬主要包括以下几个方面内容。

（1）职工工资、奖金、津贴和补贴；

（2）职工福利费；

（3）社会保险费；

（4）住房公积金；

（5）工会经费和职工教育经费；

（6）非货币性福利；

（7）辞退福利。

为了核算职工薪酬的提取、结算、使用等情况，商业企业应当设置“应付职工薪酬”科目。该科目属于负债类，贷方登记已分配计入有关成本费用的职工薪酬数额，借方登记实际发放的职工薪酬数额以及代扣代缴的款项等，期末余额一般在贷方，表示应付未付的职工薪酬。

（一）货币性职工薪酬

商业企业应当在职工为其提供服务的时间段，根据职工提供服务的受益对象，将发生的职工薪酬计入相关费用。

分配职工薪酬时的会计分录：

借：管理费用

　　销售费用

　　贷：应付职工薪酬

（二）发放货币性职工薪酬

商业企业按照劳动合同或协议规定向职工支付工资、奖金、津贴等，按实际支付的金额入账。

发放职工薪酬时的会计分录：

借：应付职工薪酬

　　贷：银行存款

商业企业从职工薪酬中扣减代垫的药费、房租、个人所得税等，按实际扣减的金额入账。

扣减各种代垫款项时的会计分录：

借：应付职工薪酬

　　贷：其他应收款

　　　　应交税费——应交个人所得税

商业企业支付职工福利费、工会经费、职工教育经费、缴纳社会保险费和住房公积金等，按实际支付的金额入账。

计提职工福利费、工会经费、职工教育经费、缴纳社会保险费和住房公积金等时的会计分录：

借：管理费用

　　销售费用

　　贷：应付职工薪酬

支付职工福利费、工会经费、职工教育经费、缴纳社会保险费和住房公积金等时的会计分录：

借：应付职工薪酬

　　贷：银行存款

【例题 8-3】WXR 商业有限公司实际发放工资时，应付工资总额为 231 000 元，其中代扣代缴的个人所得税为 4 000 元，代扣代缴的应由职工个人负担的各种社会保险 8 100 元。实际支付部分以银行存款转账支付。应编制如下会计分录。

借：应付职工薪酬——工资、奖金、津贴和补贴　　231 000

　　贷：银行存款　　218 900

应交税费——应交个人所得税　　4 000

其他应付款　　8 100

【例题 8-4】根据规定的计提标准计算，桂海商业有限公司本月应向社会保险机构缴纳单位承担的职工社会保险费共计 46 200 元，其中，应计入管理费用的金额为 6 040 元，计入销售费用的金额为 1 160 元，不考虑其他因素。编制如下相关会计分录。

借：管理费用　　6 040

　　销售费用　　1 160

　　贷：应付职工薪酬——社会保险费　　7 200

（三）确认和发放非货币性职工薪酬

1. 以外购商品作为福利

商业企业以外购商品发放给职工作为非货币性福利的，应按外购商品的公允价值加上相关税费作为应付职工薪酬计入相关资产费用。

计提非货币性福利时的会计分录：

借：管理费用

　　销售费用等

　　贷：应付职工薪酬（产品的含税价款）

商业企业将外购商品发放给职工作为非货币性福利，应当将商品购进时抵扣的增值税转出，计入进项税额转出项目。

将外购商品作为福利发放时的会计分录：

借：应付职工薪酬

　　贷：库存商品

　　　　应交税费——应交增值税（进项税额转出）

【例题 8-5】桂海商业有限公司将自产产品 400 件，作为职工福利分发给员工。公司现有职工 400 名，其中 340 名为直接参加生产的职工，总部管理人员 60 名。该型号的产品市场不含税售价为每台 1 000 元（增值税税率为 13%），成本价 860 元。编制如下相关会计分录。

计提非货币性职工薪酬时：

借：生产成本　　384 200

　　管理费用　　67 800

　　贷：应付职工薪酬——非货币性福利　　452 000

实际发放非货币性职工薪酬时：

借：应付职工薪酬——非货币性福利　　452 000

　　贷：主营业务收入　　400 000

　　　　应交税费——应交增值税（销项税额）　　52 000

结转产品成本：

借：主营业务成本　　344 000

贷：库存商品　　344 000

2. 以自有住房作为福利

商业企业将自有的住房无偿提供给职工居住的，应将计提的固定资产折旧作为应付职工薪酬计入相关费用。

将自有住房免费提供给职工居住的会计分录：

借：管理费用

　　销售费用等

　　贷：应付职工薪酬（按自有住房每月应计提的折旧额）

实际分摊住房折旧时的会计分录：

借：应付职工薪酬

　　贷：累计折旧

3. 将经营租入的住房作为福利

商业企业将经营租入的住房无偿提供给职工居住的，应将每期应付的租金作为应付职工薪酬计入相关费用。

将经营租入的住房免费居住时的会计分录：

借：管理费用

　　销售费用等

　　贷：应付职工薪酬（按经营租入住房应支付的租金）

实际支付租金时的会计分录：

借：应付职工薪酬

　　贷：银行存款（实际支付的租金）

注意：对于难以认定收益对象的非货币性福利，直接计入管理费用和应付职工薪酬。

【例题 8-6】桂海商业有限公司为总部各部门经理级别以上职工提供汽车免费使用，同时为副总裁以上高级管理人员每人租赁一套住房。公司总部共有经理以上职工 20 名，每人提供一辆现代汽车免费使用，假定每辆现代汽车每月计提的折旧为 1 000 元。该公司共有 5 名副总裁以上高级管理人员，公司为其每人租赁一套月租 6 000 元的公寓。不考虑其他因素。编制相关会计分录如下。

该公司应确认的应付职工薪酬 = 20 × 1 000+5 × 6 000 = 50 000（元）

借：管理费用　　50 000

　　贷：应付职工薪酬——非货币性福利　　50 000

借：应付职工薪酬——非货币性福利　　50 000

　　贷：累计折旧　　20 000

　　　　其他应付款　　30 000

第四节　商业企业应交税费业务的核算

应交税费是指企业按照法律法规规定应交纳的各种税费，主要包括增值税、消费税、所得税、资源税、土地增值税、城市维护建设税、房产税、土地使用税、车船使用税、教育费附加、矿产资源补偿费等。

为了核算各项应交税费的增、减变动及其余额，商业企业应设置“应交税费”科目。该科目属于负债类，贷方登记应交的各项税费，借方登记实际交纳的各项税费，期末余额一般在贷方，表示企业尚未交纳的税费，如果出现借方余额，表示多交或尚未抵扣的各项税费。

一、应交增值税

增值税是指对从事销售货物或提供应税劳务，以及进口货物的单位和个人取得的增值额为征税对象收取的一种流转税。按照纳税人的经营规模及会计核算的健全程度，增值税纳税人分为一般纳税人和小规模纳税人。其中，一般纳税人应纳增值税税额，根据当期销项税额减去当期进项税额计算确定；小规模纳税人应纳增值税税额，按照销售额和规定的征收率计算确定。

我国采用增值税税款抵扣的办法，即根据销售商品或劳务的销售额，按规定的税率计算出销项税额，然后扣除取得该商品或劳务时所支付的增值税税额，即进项税额，其差额就是增值部分应交的税额。

增值税的计算公式如下：

当期应纳税额=销项税额-进项税额

不含税销售额=含税销售额÷（1+增值税税率）

销项税额=不含税销售额 × 增值税税率

（一）应设置的科目

为了核算应交增值税的发生、抵扣、缴纳、退税及转出等情况，商业企业应在“应交税费”科目下设置“应交增值税”明细科目进行核算。“应交增值税”明细科目借方登记企业购进货物或接受应税劳务支付的进项税额、实际已交纳的增值税等，贷方登记销售货物或提供应税劳务应交纳的销项税额、出口货物退税、转出已支付或应分担的增值税等，期末余额在贷方，表示尚未交纳的增值税，期末余额在借方，表示多交或尚未抵扣的增值税。

（二）一般纳税人的增值税账务处理

1. 进项税项目

一般纳税人商业企业从国内采购物资或接受应税劳务，按专用发票上记载的采购成本入账。

采购物资或接受应税劳务时的会计分录：

借：库存商品

　　管理费用等

　　应交税费——应交增值税（进项税额）

　　贷：应付账款

银行存款等

【例题 8-7】桂海是商品流通企业并且为增值税一般纳税人，12 月 6 日购进商品一批，买价 200 000 元，增值税税额 26 000 元，均取得增值税专用发票，商品已入库，货款已用银行存款支付。编制如下相关会计分录。

借：库存商品——A 商品　　200 000

应交税费——应交增值税（进项税额）　　26 000

贷：银行存款　　226 000

【例题 8-8】桂海是商品流通企业并且为增值税一般纳税人，12 月 11 日，公司销售产品 100 件，不含税单价 3 000 元/件，开出增值税专用发票，货已发往外地，款项尚未收到，该批商品的成本为 200 000 元。编制如下相关会计分录。

借：应收账款　　339 000

贷：主营业务收入　　300 000

应交税费——应交增值税（进项税额）　　39 000

同时结转成本：

借：主营业务成本　　200 000

贷：库存商品　　200 000

2. 进项税额转出项目

商业企业购进的商品发生管理不善损失，以及将购进商品如用于非应税项目、集体福利或个人消费等，其进项税额不能抵扣，应转入“进项税额转出”项目。

商业企业发生非常损失、改变商品用途时的会计分录：

借：待处理财产损溢

应付职工薪酬等

贷：库存商品

应交税费——应交增值税（进项税额转出）

【例题 8-9】桂海是商品流通企业并且为增值税一般纳税人，12 月 10 日由于仓管人员失职，造成商品毁损一批，实际成本为 40 000 元，购入时的增值税进项税额为 5 200 元。编制如下相关会计分录。

借：待处理财产损溢——A 待处理流动资产损溢　　45 200

贷：库存商品　　40 000

应交税费——应交增值税（进项税额转出）　　5 200

3. 销项税项目

商业企业销售商品或提供应税劳务，按照不含税收入和增值税税率计算确认“增值税销项税额”。

销售确认销项税时的会计分录：

借：银行存款

贷：主营业务收入

其他收入

应交税费——应交增值税（销项税额）

【例题 8-10】桂海是商品流通企业并且为增值税一般纳税人，12 月 18 日，公司基建人员领用商品一批用于营业部改扩建，成本 35 000 元，该产品不含税市价总额为 50 000 元。编制如下相关会计分录。

借：在建工程　　41 500

　　贷：库存商品　　35 000

　　　　应交税费——应交增值税（销项税额）　　6 500

4. 出口退税项目

商业企业出口商品按规定可以申请退税的，按应收的出口退税金额入账。

申请出口退税时的会计分录：

借：其他应收款

　　贷：应交税费——应交增值税（出口退税）

5. 交纳增值税

商业企业实际交纳当期增值税，通过“应交税费——应交增值税（已交税金）”科目核算。

实际缴纳增值税时的会计分录：

借：应交税费——应交增值税（已交税金）

　　贷：银行存款

【例题 8-11】桂海商业有限公司 6 月 30 日缴纳本期增值税税额 20 000 元，已用银行存款进行款项支付。编制如下相关会计分录。

借：应交税费——应交增值税（已交税金）　　20 000

　　贷：银行存款　　20 000

（三）小规模纳税人的账务处理

小规模纳税人企业销售货物或者提供应税劳务，实行简易办法计算应纳增值税税额。小规模纳税人企业一般在“应交税费”科目下设“应交增值税”明细科目，该科目贷方登记应交纳的增值税，借方登记已交纳的增值税，期末余额在贷方，表示尚未交纳的增值税，期末余额借方，表示多交纳的增值税。

小规模纳税人企业购入货物无论是否具有增值税专用发票，其支付的增值税税额均计入购入货物的成本。小规模纳税企业的销售收入按不含税价格计算。

不含税销售额 = 含税销售额 ÷（1+增值税税率）

应纳税额 = 不含税销售额 × 增值税税率

【例题 8-12】桂海商业有限公司为小规模纳税人，2021 年 8 月 20 日，公司销售一批 A 商品，含税价为 10 300 元，款项已通过银行收款。编制如下相关会计分录。

借：银行存款　　10 300

　　贷：主营业务收入　　10 000

　　　　应交税费——应交增值税　　300

二、应交消费税

消费税是指在我国境内生产、委托加工和进口应税消费品的单位和个人，按其流转额交纳的一种税。消费税是价内税，对在我国境内生产、委托加工、进口应税消费品征收；消费税征收依据包括从价定率、从量定额和混合征税三种方式。消费税按从价定率征收的，按不含增值税（但包含消费税）的销售额乘消费税税率。

（一）应设置的会计科目

为了核算应交消费税的发生、交纳情况，商业企业应设置“应交消费税”明细科目。该科目贷方登记应交纳的消费税，借方登记已交纳的消费税，期末余额在贷方，表示尚未交纳的消费税，期末余额在借方，表示多交纳的消费税。

（二）应交消费税的业务处理

1. 销售应税消费品

商业企业销售应税消费品，应当按照税法规定计算确定应交消费税额，记入“税金及附加”科目。

计算消费税时的会计分录：

借：税金及附加

　　贷：应交税费——应交消费税

【例题8-13】桂海商业有限公司于2021年6月3日销售一批W商品，价款为400 000元（不含税），假定其消费税税率是30%。编制如下相关会计分录。

借：税金及附加　　　　　　　　　　　　120 000

　　贷：应交税费——应交消费税　　　　　　　120 000

2. 委托加工应税消费品

（1）商业企业委托加工商品涉及消费税的，应由受托方代收代缴消费税，受托方按照应交消费税金额入账。

代收代缴消费税时的会计分录：

借：银行存款等

　　贷：应交税费——应交消费税

（2）商业企业委托加工商品收回后，用于直接销售的，应将受托方代收代缴的消费税计入委托加工货物的成本。

收回委托加工商品时的会计分录：

借：委托加工物资

　　贷：银行存款等

（3）商业企业委托加工商品收回后用于连续生产的，按规定准予抵扣的，应按已由受托方代收代缴的消费税，记入消费税项目的借方作抵扣。

收回委托加工物资时的会计分录：

借：应交税费——应交消费税

　　贷：银行存款等

【例题 8-14】 桂海商业有限公司发出一批 A 材料，委托乙公司加工成 B 材料（属于应税消费品）。发出 A 材料的实际成本为 25 000 元，支付加工费和往返运杂费 15 000 元，支付由受托加工方代收代缴的增值税 1 760 元、消费税税额 4 000 元。委托加工的 B 材料收回后用于连续生产应税消费品。编制如下相关会计分录。

发出委托加工的 A 材料：

科目	借方	贷方
借：委托加工物资	25 000	
贷：原材料——A 材料		25 000

支付加工费和往返运杂费：

科目	借方	贷方
借：委托加工物资	15 000	
贷：银行存款		15 000

支付增值税和消费税：

科目	借方	贷方
借：应交税费——应交增值税	1 760	
应交税费——应交消费税	4 000	
贷：银行存款		5 760

收回加工完成的 B 材料：

科目	借方	贷方
借：原材料——B 材料	40 000	
贷：委托加工物资		40 000

3. 进口应税消费品

商业企业进口应税商品在进口环节应交的消费税，计入该项商品的成本。进口应税消费品时的会计分录：

借：库存商品（包含消费税的金额）

　　应交税费——应交增值税（进项税额）

　　贷：银行存款等

【例题 8-15】 桂海商业有限公司进口一批 A 商品（应税消费品），取得不含税价为 10 000元，增值税进项税额为 1 300 元，假定 A 商品适用的消费税税率为 30%，款项已通过银行存款支付。编制如下相关会计分录。

科目	借方	贷方
借：库存商品——A 商品	13 000	
应交税费——应交增值税（进项税额）	1 300	
贷：银行存款		14 300

三、其他应交税费

其他应交税费主要包括应交资源税、应交城市维护建设税、应交土地增值税、应交所得税、应交房产税、应交土地使用税、应交车船使用税、应交教育费附加、应交矿产资源补偿费、应交个人所得税等。

（一）应设置的会计科目

为了核算其他应交税费的情况，商业企业应当在“应交税费”科目下设置应交资源税、应交城市维护建设税、应交土地增值税、应交所得税、应交房产税、应交土地使用税、应交车船使用税、应交教育费附加、应交矿产资源补偿费、应交个人所得税等明细科目。贷方登记应交纳的有关税费，借方登记已交纳的有关税费，期末余额在贷方，表示尚未交纳的有关税费，期末余额在借方，表示多交纳的有关税费。

（二）应交其他税费账务处理

1. 应交资源税

资源税是指对在我国境内开采矿产品或者生产盐的单位和个人征收的一种税。资源税按照应税产品的课税数量和规定的单位税额计算确定，对外销售应税产品应交的资源税应记入“税金及附加”科目。

确认资源税时的会计分录：

借：税金及附加

　　贷：应交税费——应交资源税

交纳资源税时的会计分录：

借：应交税费——应交资源税

　　贷：银行存款

2. 应交城市维护建设税

城市维护建设税是指以增值税、消费税为计征依据征收的一种税，其纳税人为交纳增值税、消费税的单位和个人，税率因纳税人所在的地区不同，有1%、5%和7%三个等级。

计算公式：应交城市维护建设税=（已交增值税+已交消费税）×适用税率

确认应交城市维护建设税时的会计分录：

借：税金及附加

　　贷：应交税费——应交城市维护建设税

实际交纳城市维护建设税时的会计分录：

借：应交税费——应交城市维护建设税

　　贷：银行存款

3. 应交教育费附加

教育费附加是指为了发展教育事业而向企业征收的附加费。教育费附加的计算依据和城市维护建设税是一样的，只是计提的比例不同。

确认应交纳教育费附加时的会计分录：

借：税金及附加

　　贷：应交税费——应交教育费附加

实际交纳教育费附加时的会计分录：

借：应交税费——应交教育费附加

贷：银行存款

4. 应交土地增值税

土地增值税，是指在我国境内有偿转让土地使用权及地上建筑物和其他附着物产权的单位和个人，就其土地增值额征收的一种税。其中，土地增值额是转让收入减去规定扣除项目金额后的余额，扣除项目主要包括取得土地使用权所支付的金额、开发土地的费用、新建及配套设施的成本、旧房及建筑物的评估价格等。

商业企业转让的土地使用权连同地上建筑物及其附着物一并在“固定资产”科目核算的，转让时应交的土地增值税应当通过“固定资产清理”科目核算。

转让时的会计分录：

借：固定资产清理

　　贷：应交税费——应交土地增值税

土地使用权在“无形资产”科目核算的，按实际收到的金额入账。转让时的会计分录：

借：银行存款等

　　资产处置损益（按处置净亏损的金额）

　　贷：应交税费——应交土地增值税

　　　　无形资产

　　　　资产处置损益（按处置净收益的金额）

5. 应交房产税、土地使用税、车船税和矿产资源补偿费

商业企业应交的房产税、土地使用税、车船税、矿产资源补偿费应当通过“税金及附加”科目核算。

确认税费时的会计分录：

借：税金及附加

　　贷：应交税费——应交房产税

　　　　　　　　——应交土地使用税

　　　　　　　　——应交车船税

　　　　　　　　——应交矿产资源补偿费

6. 应交个人所得税

按税法规定职工个人所得税由商业企业代扣代缴。

代扣个人所得税时的会计分录：

借：应付职工薪酬

　　贷：应交税费——应交个人所得税

交纳个人所得税时的会计分录：

借：应交税费——应交个人所得税

　　贷：银行存款

第五节 商业企业应付款项、预收款项业务的核算

一、应付款项的核算

应付款项是企业因购买商品或接受劳务等，向供应单位支付的款项，主要包括应付票据、应付账款。

（一）应设置的会计科目

1. 应付账款

为了核算应付账款的发生、偿还、转销等情况，商业企业应设置“应付账款”科目。该科目属于负债类，贷方登记企业购买商品和接受劳务等而发生的应付账款，借方登记偿还的应付账款，或开出商业汇票抵付应付账款的款项，或已冲销的无法支付的应付账款，期末余额一般在贷方，表示尚未支付的应付账款余额，如果期末余额在借方，表示预付的款项。

2. 应付票据

为了核算应付票据的发生、偿还、转销等情况，商业企业应设置“应付票据”科目。该科目属于负债类，贷方登记企业购买商品和接受劳务等而签发承兑的商业汇票，借方登记到期偿还的商业汇票，期末余额在贷方，表示尚未支付的商业汇票的金额。

（二）应付款项的账务处理

1. 发生应付款项

购入商品时的会计分录：

借：库存商品等

　　应交税费——应交增值税（进项税额）

　　贷：应付账款

　　　　应付票据

【例题 8-16】WXR 商业有限公司为增值税一般纳税人，WXR 商业有限公司从 A 公司购入一批材料，货款 765 000 元，增值税税额 99 450 元，对方待垫运杂费 2 850 元，材料已验收入库（该企业材料按实际成本核算），款项尚未支付。编制如下相关会计分录。

借：材料采购	767 850	
应交税费——应交增值税（进项税额）	99 450	
贷：应付账款——A 公司		867 300

2. 偿还应付款项

偿还应付款项时的会计分录：

借：应付账款

应付票据

贷：银行存款

3. 转销应付款项

商业企业转销确实无法支付的应付款项，按其账面余额直接转入“营业外收入”科目。

转销无法支付的款项时的会计分录：

借：应付账款

贷：营业外收入

二、预收账款的核算

预收账款是指企业按照购销合同或协议约定向购货单位预收的款项。预收账款的形成，一般是由于卖方市场导致，即卖方在商品买卖中处于主导地位。

（一）应设置的会计科目

为了核算预收账款的增、减变动及结转情况，商业企业应设置“预收账款”科目。该科目属于负债类科目，贷方登记增加、借方登记减少，期末余额一般在贷方，表示预收的款项，如果期末余额在借方，表示应收的款项。预收账款不多的企业，也可以把预收账款的业务放到“应收账款”科目核算。

（二）预收账款的业务处理

收到预收的货款时的会计分录：

借：银行存款

贷：预收账款

销售实现确认收入时的会计分录：

借：预收账款

银行存款

贷：主营业务收入等

应交税费——应交增值税（销项税额）

【例题 8-17】WXR 商业有限公司为增值税一般纳税人，202×年 1 月 1 日，WXR 商业有限公司销售商品一批，价款 10 000 元，增值税税额 1 300 元。合同规定先预收货款的 30%，1 个月以后发货并收取余款及增值税。1 月 1 日，该公司预收款项 3 000 元，存入银行。2 月 1 日，该公司发货并收取剩余货款 7 000 元及增值税税额 1 300 元。已知该商品成本为8 600元。

1 月 1 日桂海商业有限公司预收款项时：

借：银行存款　　3 000

贷：预收账款　　3 000

2 月 1 日桂海商业有限公司发货并收取剩余货款时：

借：预收账款 11 300
　　贷：主营业务收入 10 000
　　　　应交税费——应交增值税（销项税额） 1 300

桂海商业有限公司收取剩余补款时：

借：银行存款 8 300
　　贷：预收账款 8 300

桂海商业有限公司结转商品成本时：

借：主营业务成本 8 600
　　贷：库存商品 8 600

第六节　商业企业应付债券、长期应付款业务的核算

一、应付债券的核算

应付债券是指企业依据法定程序发行的约定在一定期限内还本付息的具有一定价值的债务证券。

发行债券的企业，应按债券载明的付息日期和票面利率向债券持有人支付利息，在债券到期时按债券面值偿还本金。债券发行有面值发行、溢价发行和折价发行三种。

（一）应设置的会计科目

为了核算债券筹资的增、减变动及其余额情况，商业企业应设置“应付债券”科目。该科目属于负债类，贷方登记应付债券的增加，借方登记应付债券的减少，期末余额在贷方，表示期末尚未偿还的债券的本金和利息。

（二）应付债券的账务处理

1. 发行债券收到价款时的会计分录

借：银行存款（实际收到的金额）
　　贷：应付债券——面值
　　　　应付债券——利息调整（有可能在借方）

2. 发生债券利息时的会计分录

应付债券按实际利率（实际利率与票面利率差异较小时也可按票面利率）计算确定的利息费用，应按照与长期借款相一致的原则计入有关成本、费用。其中，对于分期付息、到期一次还本的债券，其按票面利率计算确定的应付未付利息通过“应付利息”科目核算；对于一次还本付息的债券，其按票面利率计算确定的应付未付利息通过“应付债券——应计利息”科目核算。确认利息时的会计分录：

借：财务费用

在建工程等

贷：应付利息（分期付息，到期还本的债券）

应付债券——应计利息（到期一次还本付息的债券）

3. 债券还本付息时的会计分录

长期债券到期支付债券本息时的会计分录：

借：应付债券——面值

应付债券——应计利息

应付利息

贷：银行存款

【例题 8-18】 2019 年 1 月 1 日，桂海商业有限公司经批准发行 5 年期、面值为 1 000 万元的债券。债券的票面利率为 6%，债券利息于每年 12 月 31 日支付。债券到期日为 2024 年 1 月 1 日，本金于到期日一次偿还。该债券发行时的市场利率为 6%。假定公司发行债券筹集的资金专门用于厂房建设，建设期为 2019 年 1 月 1 日至 2020 年 12 月 31 日，假定不考虑发行费用。编制如下相关会计分录。

2019 年 1 月 1 日，公司发行债券时的账务处理为：

借：银行存款　　10 000 000

贷：应付债券——面值　　1 000 000

2019 年 12 月 31 日和 2020 年 12 月 31 日，公司支付利息的账务处理为：

债券每期应付利息 = 10 000 000 × 6% = 600 000（元）

借：在建工程　　600 000

贷：银行存款　　600 000

2021 年 12 月 31 日、2022 年 12 月 31 日和 2023 年 12 月 31 日，公司支付利息的账务处理为：

借：财务费用　　600 000

贷：银行存款　　600 000

2024 年 1 月 1 日，债券到期日的会计分录为：

借：应付债券——面值　　10 000 000

贷：银行存款　　10 000 000

二、长期应付款的核算

长期应付款是企业除长期借款和应付债券以外的其他各种长期应付款，包括应付融资租入固定资产的租赁费、以分期付款方式购入固定资产发生的应付款项。

（一）应设置的会计科目

为了核算长期应付款的增、减变动及其余额情况，商业企业应设置“长期应付款”科目。该科目属于负债类，贷方登记发生的长期应付款，借方登记长期应付款的归还数，期末余额在贷方，表示尚未支付的各种长期应付款。

（二）长期应付款的账务处理

1. 应付融资租赁款

应付融资租赁款是指在租赁开始日承租人应向出租人支付的最低租赁付款额。融资租入固定资产时的会计分录：

借：在建工程
　　固定资产（公允价值与最低租赁付款额现值两者中较低者，加上初始直接费用）
　　未确认融资费用（按差额）
　　贷：长期应付款（最低租赁付款额）
　　　　银行存款（发生的初始直接费用）

按期支付融资租赁款时的会计分录：

借：长期应付款
　　贷：银行存款

注意：未确认融资费用应当在租赁期内各个期间进行分摊；商业企业应当采用实际利率法计算确认当期的融资费用。

2. 具有融资性质的延期付款购买资产

商业企业购买资产有可能延期支付有关价款，如果延期支付的购买价款超过正常信用条件，实质上具有融资性质的，所购资产的成本应当以延期支付购买价款的现值为基础确定。实际支付的价款与购买价款现值之间的差额，应当在信用期间内采用实际利率法进行摊销，计入相关资产成本或当期损益。

购入资产超过正常信用条件延期付款实质上具有融资性质时的会计分录：

借：在建工程
　　固定资产（购买价款的现值）
　　未确认融资费用（按差额）
　　贷：长期应付款（应支付的价款总额）

本章小结

负债是指企业过去的交易或者事项形成的，预期会导致经济利益流出企业的现时义务。负债包括短期借款、应付票据、应付账款、预收账款、应付职工薪酬、应交税费、应付利息、应付股利、其他应付款、长期借款、长期应付款、应付债券等。

短期借款是指企业用来维持正常的生产经营所需的资金等而向银行或其他金融机构等借入的、还款期限在一年以内（含一年）经营周期内的各种借款；长期借款是指企业向银行或其他金融机构借入的期限在1年以上（不含1年）的各种借款。

职工薪酬是指企业为获得职工提供的各项服务而给予职工各种形式的报酬以及其他相

关支出，包括职工在职期间和离职后提供给职工的全部货币性薪酬和非货币性福利。

增值税是对从事销售货物或提供加工、修理修配劳务，以及进口货物的单位和个人取得的增值额为征税对象征收的一种流转税。

消费税是指在我国境内生产、委托加工和进口应税消费品的单位和个人，按其流转额交纳的一种税。

资源税是对我国境内开采矿产品或者生产盐的单位和个人征收的一种税。资源税按照应税产品的课税数量和规定的单位税额计算。

城市维护建设税是以增值税、消费税、营业税为计征依据征收的一种税。教育费附加是为了发展教育事业而向企业征收的附加费。

土地增值税是指在我国境内有偿转让土地使用权及地上建筑物和其他附着物产权的单位和个人，就其土地增值额征收的一种税。

应付账款是企业因购买材料、商品或接受劳务供应等业务，向供应单位支付的购销款项时，双方在购销活动中由于取得物资与支付货款在时间上不一致而产生的负债。

预收账款是指企业按照购销合同规定向购货单位预收的款项。

应付债券是企业依照法定程序发行的约定在一定期限内还本付息的具有一定价值的债务证券。发行债券是企业筹集长期资金的方式之一。

长期应付款是指企业除长期借款和应付债券以外的其他各种长期应付款，包括应付融资租入固定资产的租赁费、以分期付款方式购入固定资产发生的应付款项。

习题与实训

一、思考题

1. 什么是负债？企业的负债包含哪些内容？
2. 职工薪酬的内容有哪些？如何进行核算？
3. 长期应付款在什么情况下使用？如何进行会计处理？

二、单项选择题

1. 商业企业经营期间发生的各项利息支出中，不应该计入财务费用的是（　　）。

A. 短期借款的利息　　B. 带息应付票据的利息

C. 财务人员的工资　　D. 长期借款费用化的利息

2. 企业为维持正常的生产经营活动所需资金而向银行等金融机构临时借入的款项称为（　　）。

A. 长期借款　　B. 短期借款

C. 长期负债　　D. 流动负债

3. 商业企业对外销售应税商品计算出的资源税，应记入（　　）科目。
A. 销售费用　　B. 管理费用
C. 财务费用　　D. 税金及附加
4. 企业计提短期借款的利息支出时应借记的账户是（　　）。
A. “财务费用”账户　　B. “短期借款”账户
C. “应付利息”账户　　D. “在建工程”账户
5. 商业企业因债权人撤销而转销无法支付的应付账款，应将所转销的应付账款计入(　　)。
A. 主营业务收入　　B. 投资收益
C. 营业外收入　　D. 其他收益
6. 某企业8月末负债总额为1 200万元，9月收回欠款150万元，用银行存款归还借款100万元，用银行存款预付购货款125万元，则9月末的负债总额为（　　）。
A. 1 100万元　　B. 1 050万元
C. 1 125万元　　D. 1 350万元
7. 由生产产品、提供劳务负担的职工薪酬，应当计入（　　）。
A. 管理费用　　B. 存货成本或劳务成本
C. 期间费用　　D. 销售费用
8. 下列项目中，应通过“其他应付款”科目核算的是（　　）。
A. 应付现金股利　　B. 应交教育费附加
C. 应付租入包装物租金　　D. 应付管理人员工资
9. 企业发生的下列税金中，与企业损益计算无关的是（　　）。
A. 消费税　　B. 一般纳税人企业的增值税
C. 所得税　　D. 城市维护建设税
10. 企业按照规定计提住房公积金时应贷记（　　）。
A. “其他应付款”账户　　B. “管理费用”账户
C. “应付职工薪酬”账户　　D. “其他应收款”账户

三、多项选择题

1. 下列属于企业职工福利费支出的有（　　）。
A. 职工的医药费　　B. 职工困难补助
C. 职工退休金　　D. 医务福利人员工资
2. 一般纳税人企业发生的下列税费应在“税金及附加”账户借方登记的内容有（　　）。
A. 增值税　　B. 消费税
C. 城市维护建设税　　D. 教育费附加
3. 以下税种应在“税金及附加”账户核算的有（　　）。
A. 城建税　　B. 房产税
C. 车船税　　D. 教育费附加

4. 下列各项内容中，应作为应付职工薪酬核算的有（　　）。

A. 工会经费　　B. 职工教育经费

C. 住房公积金　　D. 医疗保险费

5. 下列项目中，通过长期应付款核算的有（　　）。

A. 融资租入固定资产应付的款项

B. 分期付款购入固定资产延期付款具有融资性质的应付款项

C. 外购商品尚未支付的货款

D. 经营租入固定资产的租金

四、判断题

1. 企业的短期借款是为生产经营而借入，因此其利息支出应计入管理费用。（　　）

2. 对预收货款业务不多的企业，可以不单独设置"预收账款"账户，其发生的预收货款通过"应收账款"账户核算。（　　）

3. 企业的消费税是以增值税应交额作为计税依据基数乘适用的税率计算出来的。（　　）

4. 以银行长期借款等非流动负债购建的固定资产，发生的借款利息应全部包括在固定资产的取得成本中。（　　）

5. 对于到期一次还本付息的长期借款，在到期前的各个会计期末计提利息时，均不应增加长期借款的账面价值。（　　）

五、实训题

SD 股份公司 202 × 年 12 月发生下列经济业务：

（1）向银行借入偿还期为 4 个月的借款 200 000 元，已存入开户银行。

（2）用银行存款支付上月应交增值税 1 300 元。

（3）以现金发放上月员工工资 35 000 元。

（4）以银行存款支付员工各种福利费共计 4 000 元。

（5）计提应由本月负担的银行借款利息 1 200 元。

要求：编制以上业务的会计分录。

第九章　商业企业所有者权益与核算

知识与能力目标

1. 熟悉利润分配的过程及计量；
2. 理解实收资本、资本公积、盈余公积的用途；
3. 掌握实收资本（股本）、资本公积、盈余公积的计量和账务处理。

思政目标

1. 从立志、守身、处世、待人等方面建立信用，提醒学生守信为本；
2. 守底线，重诚信，帮助学生养成良好的职业操守；
3. “博观而约取，厚积而薄发”，提醒学生注重知识积累。

第一节　商业企业所有者权益

一、所有者权益概述

所有者权益是指企业资产减去负债后由所有者享有的剩余权益，在金额上等于资产与负债相抵后的金额。

所有者权益的内容主要包括所有者投入的资本、直接计入所有者权益的利得和损失、留存收益。其中，所有者投入的资本形成实收资本（股本）与资本公积，留存收益包括盈余公积和未分配利润。

（一）所有者权益的特点

（1）除非发生减资、清算或分配现金股利，否则商业企业不需要偿还所有者权益。

（2）商业企业清算时，只有偿还所有负债后，剩余部分才归属所有者。

（3）所有者凭借所有者权益可以参与商业企业的利润分配。

（二）所有者权益的构成

商业企业所有者权益按经济内容不同可以分为：实收资本（股本）、资本公积、其他综合收益、其他权益工具、盈余公积和未分配利润。

（1）实收资本（股本）是指投资者按照合同或协议的约定实际投入的企业注册资本，按投资者身份不同分为国家投资、法人投资、个人投资和外商投资。

（2）资本公积是指企业在经营过程中由于接受捐赠、股本溢价以及法定财产重估增值等原因所形成的公积金。

（3）其他综合收益是指企业根据其他会计准则规定未在当期损益中确认的各项利得和损失。

（4）其他权益工具是指企业发行的除普通股以外的归类为权益工具的各种金融工具，包括优先股和永续债两个部分。

（5）盈余公积是指企业从税后净利润中提取形成的、存留于企业内部、具有特定用途的收益积累。盈余公积按规定可用于弥补企业亏损，也可按法定程序转增资本金。

（6）未分配利润是指企业实现的净利润经过弥补亏损、提取盈余公积和向投资者分配利润后留存在企业的、历年结存的利润。

二、应设置的会计科目

（一）实收资本

为了核算投资者投入资本的增减变动情况，商业企业应设置“实收资本”（股本）科目。该科目属于所有者权益类，贷方登记实收资本的增加数额，借方登记实收资本的减少数额，期末余额在贷方，表示期末实收资本实有数额。

（二）资本公积

为了核算资本公积的增减变动及其余额情况，商业企业应设置“资本公积”科目。该科目属于所有者权益类，贷方登记资本公积的增加数额，借方登记资本公积的减少数额，期末余额在贷方，表示期末资本公积实有数额。

（三）其他综合收益

为了核算其他综合收益的增减变动及其余额情况，商业企业应设置“其他综合收益”科目。该科目属于所有者权益类，贷方登记其他综合收益的增加数额，借方登记其他综合收益的减少数额，期末余额在贷方，表示期末其他综合收益实有数额。

（四）其他权益工具

为了核算其他权益工具的增减变动及其余额情况，商业企业应设置“其他权益工具”科目。该科目属于所有者权益类，贷方登记其他权益工具的增加数额，借方登记其他权益工具的减少数额，期末余额在贷方，表示期末资本公积实有数额。

（五）盈余公积

为了核算盈余公积的增减变动及其余额情况，商业企业应设置“盈余公积”科目。该科目属于所有者权益类，贷方登记盈余资本的增加数额，借方登记盈余公积的减少数额，期末余额在贷方，表示期末盈余公积实有数额。

（六）利润分配

为了核算利润的分配（或亏损的弥补）和历年分配（或弥补亏损）后的未分配利润（或未弥补亏损）的情况，商业企业应设置该科目“利润分配”科目。该科目属于所有者权益类，贷方登记利润分配的增加数额，借方登记利润分配的减少数额。期末余额如果在贷方，表示累积未分配的利润数额；期末余额如果在借方，表示累积未弥补的亏损数额。

第二节　商业企业投入资本的核算

实收资本是投资者按照投资合同或协议的约定实际投入商业企业的注册资本（股份有限公司称为股本），投入商业企业的资本可以是货币资金，也可以是非货币性资金，如材料、商品、固定资产、无形资产等。所有者投入到商业企业的资本，属于商业企业自有资本的主要来源，除法律另有规定外，投资者不得抽回出资资本。

商业企业增加实收资本的途径主要包括投资者投入资本、资本公积转增资本、盈余公积转增资本、债务重组中债务转为股权、可转换债券转为股本等。

（一）投入货币性资产

我国公司有两种形式：股份有限公司和有限责任公司。股份有限公司的注册资本对应“股本”科目，有限责任公司的注册资本对应“实收资本”科目。

1. 有限责任公司的账务处理

有限责任公司投资者投入的货币性资产，构成实收资本的主要来源，是公司运行的基础。在实务中，投资者投入资本的比例，是确定投资者在公司所有者权益中所占的份额的基础，也是投资者参与公司经营决策的依据，同时还是公司清算时确定所有者对净资产的要求权的依据。

投入货币性资产时的会计分录：

借：银行存款

　　贷：实收资本

【例题 9-1】 202×年1月5日，甲、乙、丙共同投资设立桂海有限责任公司，注册资本为2 000 000元，甲、乙、丙持股比例分别为60%、25%和15%。按照章程规定，甲、乙、丙投入资本分别为1 200 000元、500 000元和300 000元。桂海公司已如期收到各投资者一次缴足的款项。

收到投资款时的会计分录：

借：银行存款　　2 000 000

　　贷：实收资本——甲　　1 200 000

　　　　　　　　——乙　　500 000

　　　　　　　　——丙　　300 000

【例题 9-2】一年之后如果有丁准备加入，同意出资 50 万元，占实收资本为 25 万元。则 A 公司应编制的会计分录为：

借：银行存款　　500 000

　　贷：实收资本——丁　　250 000

　　　　资本公积——资本溢价　　250 000

2. 股份有限公司的账务处理

股份有限公司可以按面值（1 元）和高于面值（溢价）发行股票，但不可以低于面值（折价）发行股票。

发行股票收到货币资产时的会计分录：

借：银行存款

　　贷：股本

　　　　资本公积——股本溢价（按收到的款项与股本之间的差额，差额有可能在借方）

【例题 9-3】桂海股份有限公司发行普通股 10 000 000 股，每股面值 1 元，每股发行价格 5 元。假定股票发行成功，股款 50 000 000 元已全部收到，不考虑发行过程中的税费等因素。根据上述资料，桂海股份有限公司应编制如下会计分录。

应记入“资本公积”科目的金额 = 50 000 000 − 10 000 000 × 1 = 40 000 000（元）

借：银行存款　　50 000 000

　　贷：股本　　10 000 000

　　　　资本公积——股本溢价　　40 000 000

股份有限公司发行股票发生的手续费、佣金等发行费用，属于溢价发行的，发行费用从溢价收入中扣除，记入“资本公积——股本溢价”科目；溢价金额不足冲减的，或者属于按面值发行无溢价的，依次冲减盈余公积和未分配利润。会计分录为：

借：资本公积——股本溢价

　　盈余公积

　　利润分配——未分配利润

　　贷：银行存款

【例题 9-4】桂海股份有限公司委托 A 证券公司发行普通股，股票面值总额 8 000 万元，发行总额 32 000 万元，发行费按发行总额的 1%计算（不考虑其他因素），股票发行净收入全部收到。桂海股份有限公司该笔业务记入“资本公积”科目的金额为多少万元？

发行股票支付的手续费应冲减资本公积，该笔业务记入“资本公积”科目的金额 = 32 000 − 8 000 − 32 000 × 1% = 23 680（万元）

甲公司应编制的会计分录为：

借：银行存款　　（320 000 000 − 320 000 000 × 1%）31 6 800 000

贷：股本　　　　　　　　　　　　　　　　　　　　80 000 000
　　资本公积——股本溢价　　　　　　　　　　　　　236 800 000

（二）投入非货币性资产

我国《公司法》第二十七条规定，股东可以用货币出资，也可以用实物、知识产权、土地使用权等可以用货币估价并可以依法转让的非货币财产作价出资；但是，法律、行政法规规定不得作为出资的财产除外。对作为出资的非货币财产应当评估作价、核实财产，不得高估或者低估作价。法律、行政法规对评估作价有规定的，从其规定。

企业接受投资者投入非现金资产的，应按投资合同或协议约定价值（但投资合同或协议约定价值不公允的除外）作为非现金资产的入账价值，按投资合同或协议约定的投资者在企业注册资本中所占份额作为实收资本入账金额，非现金资产价值超过其在注册资本（或股本）中所占份额的部分，计入资本公积（资本溢价或股本溢价）。

1. 投资者投入固定资产

商业企业收到投资者作价投入的房屋、建筑物、机器设备等固定资产，应按投资合同或协议约定价值确定固定资产成本（但投资合同或协议约定价值不公允的除外），按投资合同或协议约定占注册资本中的份额确定实收资本（股本）的金额，如有差额，作为资本溢价处理。

投资者投入固定资产时的会计分录：

借：固定资产（合同或协议约定的价值入账，不公允的除外）
　　应交税费——应交增值税（进项税额）
　　贷：实收资本（或股本）

【例题 9-5】桂海有限责任公司（以下简称桂海公司）为增值税一般纳税人，收到乙投资方作为资本投入的一台不需要安装的设备，合同约定设备价值为 100 万元，增值税为 13 万元（由乙投资方支付税款并开具增值税专用发票）。根据投资合同，乙投资方在桂海公司注册资本中所占份额为 113 万元。设备的合同约定价值与其公允价值一致，不考虑其他因素。

甲有限责任公司应编制的会计分录为：

借：固定资产　　　　　　　　　　　　　　　　1 000 000
　　应交税费——应交增值税（进项税额）　　　　130 000
　　贷：实收资本　　　　　　　　　　　　　　　　1 130 000

2. 投资者投入材料物资

商业企业收到投资者作价投入的材料、商品等，应按投资合同或协议约定价值确定材料物资成本（但投资合同或协议约定价值不公允的除外），按投资合同或协议约定占注册资本中的份额确定实收资本（股本）的金额，如有差额，作为资本溢价处理。

投资投入材料物资时的会计分录：

借：原材料
　　库存商品
　　应交税费——应交增值税（进项税额）

贷：实收资本

【例题 9-6】桂海有限责任公司于设立时收到 B 公司作为资本投入的原材料一批。该批原材料投资合同或协议约定价值（不含可抵扣的增值税进项税额部分）为 100 000 元。增值税进项税为 13 000 元（由投资方支付税款，并提供或开具增值税专用发票）。合同约定价值与公允价值相符。不考虑其他因素。桂海有限责任公司对原材料按实际成本进行日常核算。桂海有限责任公司应编制如下会计分录。

投资者投入材料时的会计分录：

借：原材料　　100 000

　　应交税费——应交增值税（进项税额）　　13 000

　　贷：实收资本——B 公司　　113 000

【例题 9-7】桂海有限公司在成立时收到 P 公司作为资本投入的商品一批，该批商品投资合同或协议约定价值（不含可抵扣的增值税进项税额部分）为 100 000 元，增值税进项税额为 13 000 元。P 公司已开具了增值税专用发票。假设合同约定的价值与公允价值相符，不考虑其他因素。

投资者投入商品时的会计分录：

借：库存商品　　100 000

　　应交税费——应交增值税（进项税额）　　13 000

　　贷：实收资本——P 公司　　113 000

3. 投资者投入无形资产

商业企业收到投资者以无形资产方式投入的资本，应按投资合同或协议约定价值确定无形资产成本（但投资合同或协议约定价值不公允的除外），按投资合同或协议约定占注册资本中的份额确定实收资本（股本）的金额，如有差额，作为资本溢价处理。

收到投入无形资产时的会计分录：

借：无形资产

　　应交税费——应交增值税（进项税额）

　　贷：实收资本

【例题 9-8】桂海初始设立时收到乙公司作为资本投入的非专利技术一项，合同约定的价值与公允价值相同，均为 50 000 元，经税务机关认证的增值税进项税额为 3 000 元（由投资方支付税款，并开具增值税专用发票）。乙公司投资额未超过其在桂海公司注册资本中所占的份额。

企业接受非现金资产投资，按投资合同或协议约定的投资者在企业注册资本中所占份额作为实收资本入账金额，桂海公司应编制的会计分录为：

借：无形资产　　50 000

　　应交税费——应交增值税（进项税额）　　3 000

　　贷：实收资本　　53 000

（三）实收资本（或股本）的增减变动

商业企业的注册资本，在一定时间内保持不变。在实务中，商业企业由于规模扩大、合并等原因会发生注册资本的增加；由于收缩规模等原因会发生注册资本的减少。

商业企业增加资本主要有以下三个途径：投资者追加投资、资本公积转增资本、盈余公积转增资本。其中，追加投资可以是原有股东按比例追加投资或不按比例追加投资，也可以是新投资者投资；需要说明的是，资本公积转增资本和盈余公积转增资本属于企业所有者权益内部的增减变动，企业所有者权益总额不发生变化。

1. 追加投资增加实收资本

投资者追加投资时的会计分录：

借：银行存款

　　固定资产

　　无形资产

　　应交税费——应交增值税（进项税）

　　贷：实收资本（或股本）

　　　　资本公积——资本溢价（或股本溢价）

【例题 9-9】桂海公司由甲、乙投资者分别出资 100 万元设立。为扩大经营规模，该公司的注册资本由 200 万元增加到 250 万元，丙企业以现金出资 100 万元享有公司 20% 的注册资本，不考虑其他因素，该公司接受丙企业出资。

由于接受丙公司增资 100 万元占桂海公司注册资本的 20%，因此桂海公司应确认实收资本增加额 = 250 × 20% = 50（万元），实际收到款项与实收资本的差额计入资本公积，该公司应编制的会计分录为：

科目	借方	贷方
借：银行存款	1 000 000	
贷：实收资本		500 000
资本公积——资本溢价		500 000

2. 资本公积转增资本

用资本公积转增资本时的会计分录：

借：资本公积

　　贷：实收资本

【例题 9-10】承【例题 9-9】9 月 10 日，经股东大会批准，用资本公积转增资本 30 万元。并办妥相关增资手续。

将资本公积转增资本时的会计分录：

科目	借方	贷方
借：资本公积	300 000	
贷：实收资本——甲		120 000
——乙		120 000
——丙		60 000

3. 盈余公积转增资本

用盈余公积转增资本时的会计分录：

借：盈余公积

　　贷：实收资本

【例题 9-11】承【例题 9-10】1 月 10 日，经股东大会批准，用盈余公积转增资本 40

万元。并办妥相关增资手续。

将盈余公积转增资本时的会计分录：

借：盈余公积　　400 000

　　贷：实收资本——甲　　160 000

　　　　　　　　——乙　　160 000

　　　　　　　　——丙　　80 000

4. 实收资本（或股本）的减少

我国《公司法》规定：有限责任公司和股份有限公司属于法人企业，拥有独立的资本，公司成立后，出资股东不得抽逃出资；但是，符合《公司法》相关规定的，可以减少注册资本（股本）。企业实收资本减少的原因一般包括以下几种：一是资本过剩；二是企业发生重大亏损而减少实收资本；三是因企业发展需要而调节资本结构。

（1）有限责任公司减少注册资本，需由董事会拟订减资方案，经过股东大会决议通过，公司减资后的注册资本不得低于法律规定的最低金额。

减少注册资本时的会计分录：

借：实收资本

　　贷：银行存款等

【例题 9-12】桂海商业有限公司拟减少注册资本，A 投资者自愿退出，经协商决定，公司按 A 投资者当时入股金额 300 000 元退还给 A 投资者，全部款项均已银行转账支付，不考虑其他因素。

减少注册资本时的会计分录：

借：实收资本——A　　300 000

　　贷：银行存款　　300 000

（2）股份有限公司采用回购本公司股票方式减少注册资本，应按股票面值和注销股数计算的股票面值总额冲减股本，按注销库存股的账面余额与所冲减股本的差额冲减股本溢价，股本溢价不足冲减的，再冲减盈余公积，盈余公积不足冲减的，再冲减未分配利润。

回购本公司股票时的会计分录：

借：库存股

　　贷：银行存款

注销本公司股票时的会计分录：

借：股本

　　资本公积

　　盈余公积

　　未分配利润

　　贷：库存股

【例题 9-13】桂海公司期初的所有者权益为：股本 5 000 万元（每股股票面值为 1 元），资本公积 1 000 万元（其中股本溢价 800 万元），盈余公积 500 万元，未分配利润 600 万元。本期经股东大会批准，以每股 7 元的价格回购本公司股票 200 万股并按期注销。

回购时：

借：库存股　　14 000 000
　　贷：银行存款　　14 000 000

注销时：

借：股本　　2 000 000
　　资本公积——股本溢价　　8 000 000
　　盈余公积　　4 000 000
　　贷：库存股　　14 000 000

第三节　商业企业资本公积业务的核算

一、资本公积的定义

资本公积是指企业收到投资者投入资本超过其在注册资本或股本中所占的份额以及直接计入所有者权益的利得和损失等，包括资本溢价（或股本溢价）和其他资本公积两部分。

资本公积的原始意思是投资者投入企业的资金大于法定资本的差额。直接计入所有者权益的利得和损失是指不应直接计入当期损益、会导致所有者权益发生增减变化的、与所有者投入资本或者向投资者分配利润无关的利得和损失。

二、资本公积的核算

（一）资本溢价

有限责任公司在成立时，投资者认缴的出资额与注册资本是一致的，通常不会产生资本溢价。但在有限责任公司重组或有投资者追加投资时，就会出现资本溢价现象。

收到投资者投入资本时的会计分录：

借：银行存款
　　原材料
　　无形资产等
　　应交税费——应交增值税（进项税额）
　　贷：实收资本
　　　　资本公积——资本溢价

【例题 9-14】 桂海有限责任公司由两位投资者投资 200 000 元设立，每人各出资100 000元。一年后，为扩大经营规模，经批准，桂海有限责任公司注册资本增加到300 000元，并引入第三位投资者加入。按照投资协议，新投资者需缴入现金 110 000 元，同时享有该公司 1/3 的股份。桂海有限责任公司已收到该现金投资。假定不考虑其他因素。桂海有限责任公司应编制如下会计分录

借：银行存款　　110 000
　　贷：实收资本　　100 000
　　　　资本公积——资本溢价　　10 000

（二）股本溢价

股份公司是以发行股票的方式筹集股本的，股票可按面值发行，也可按溢价发行，但我国目前不准折价发行。在按面值发行股票的情况下，股份公司发行股票取得的收入，应全部作为股本处理；在溢价发行股票的情况下，股份公司发行股票取得的收入，等于股票面值部分作为股本处理，超出股票面值的溢价收入应作为股本溢价处理。

发行股票相关的手续费、佣金等交易费用直接冲减资本公积、冲减盈余公积和未分配利润。

发行股票时的会计分录：

借：银行存款

　　贷：股本

　　　　资本公积——股本溢价

支付手续费、佣金等费用时的会计分录：

借：资本公积——股本溢价

　　贷：银行存款

【例题 9-15】桂海股份有限公司首次公开发行普通股 50 000 000 股，每股面值 1 元，每股发行价格为 4 元。证券公司与桂海股份有限公司约定，按发行收入的 3%收取佣金，从发行收入中扣除。假定收到的股款已存入银行。桂海股份有限公司应编制如下会计分录。

公司收到证券公司转来的发行收入 = 50 000 000 × 4 ×（1−3%）= 194 000 000（元），应计入“资本公积”的金额 = 溢价收入 − 发行佣金 = 50 000 000 ×（4−1）−50 000 000 × 4 × 3% = 144 000 000（元）

借：银行存款　　　　194 000 000

　　贷：股本　　　　50 000 000

　　　　资本公积——股本溢价　　　　144 000 000

（三）其他资本公积的核算

其他资本公积，是指被投资单位除净损益、其他综合收益和利润分配以外的所有者权益的其他变动。例如，企业对被投资单位的长期股权投资采用权益法核算的，在持股比例不变的情况下，对因被投资单位除净损益、其他综合收益和利润分配以外所有者权益的其他变动，投资企业按应享有或分担份额而增加或减少其他资本公积。

1. 采用权益法核算的长期股权投资

企业对被投资单位的长期股权投资采用权益法核算的，在持股比例不变的情况下，对因被投资单位除净损益、其他综合收益和利润分配以外的所有者权益的其他变动，应按持股比例计算其应享有或应分担被投资单位所有者权益的增减数额，调整长期股权投资的账面价值和资本公积（其他资本公积）。在处置长期股权投资时，应转销与该笔投资相关的其他资本公积。

【例题 9-16】桂海有限责任公司于 202 × 年 1 月 1 日向 F 公司投资 8 000 000 元，拥有该公司 20%的股份，并对该公司有重大影响，对 F 公司长期股权投资采用权益法核算。

202 × 年 12 月 31 日，F 公司除净损益、其他综合收益和利润分配之外的所有者权益增加了 1 000 000 元。假定除此以外，F 公司的所有者权益没有变化，桂海有限责任公司的持股比例没有变化，F 公司资产的账面价值与公允价值一致，不考虑其他因素。桂海有限责任公司应编制如下会计分录。

桂海有限责任公司对 F 公司投资增加的资本公积 = 1 000 000 × 20% = 200 000（元）

借：长期股权投资——F 公司　　200 000

　　贷：资本公积——其他资本公积　　200 000

本例中，桂海有限责任公司对 F 公司的长期股权投资采用权益法核算，持股比例未发生变化，F 公司发生了除净损益、其他综合收益和利润分配之外的所有者权益的其他变动，桂海有限责任公司应按其持股比例计算应享有的 F 公司权益的数额 200 000 元作为增加其他资本公积处理。

2. 以权益结算的股份支付

以权益结算的股份支付换取职工或其他方提供服务的，应按照确定的金额，记入“管理费用”科目，同时增加资本公积（其他资本公积）。在职工或其他方行权日，应按实际行权的权益数量计算确定的金额，借记“资本公积——其他资本公积”科目，按计入实收资本或股本的金额，贷记“实收资本”或“股本”科目，并将其差额记入“资本公积——资本溢价”或“资本公积——股本溢价”科目。

第四节　商业企业留存收益业务的核算

一、留存收益的定义

留存收益是企业从历年实现的净利润中提取或留存在企业的内部积累，它来源于企业的生产经营活动所实现的净利润。留存收益与实收资本和资本公积的区别在于，实收资本和资本公积来源于企业的资本投入，而留存收益则来源于企业的收益留存。

商业企业持有留存收益的目的是保证其实现的净利润有一部分保留在企业，不全部分配给投资者。这样，一方面可以满足商业企业维持或扩大再生产经营活动的资金需要，保持或提高商业企业的获利能力；另一方面可以保证商业企业有足够的资金用于偿还债务，保护债权人的权益。留存收益包括企业的盈余公积和未分配利润两个部分，其中盈余公积是有特定用途的累积盈余（包括法定盈余公积和任意盈余公积），未分配利润是尚未指定用途的累积盈余。

二、留存收益的管理

（一）盈余公积的管理

1. 概念

盈余公积是指企业按照有关规定从净利润（减弥补以前年度亏损）中提取的积累资

金。公司制企业的盈余公积包括法定盈余公积和任意盈余公积。

(1) 法定盈余公积是指企业按照规定的比例从净利润中提取的盈余公积。

(2) 公司制企业可根据股东会或股东大会的决议提取任意盈余公积，非公司制企业经类似权力机构批准也可提取。

(3) 如果以前年度有未弥补的亏损（即年初未分配利润余额为负数），应先弥补以前年度亏损再提取盈余公积。

2. 用途

企业提取的盈余公积经批准可用于弥补亏损、转增资本、发放现金股利或利润等。

（二）未分配利润的管理

利润分配是指企业根据国家有关规定和企业章程、投资者协议等，对企业当年可供分配的利润所进行的分配。

可供分配的利润=当年实现的净利润（或净亏损）+年初未分配利润（或-年初未弥补亏损）+其他转入

需要说明的是，可供分配利润与未分配利润并不一致，可供分配利润应严格按上述公式进行计算。

根据我国《公司法》规定，公司分配当年税后利润时，一般按照下列顺序分配。

1. 计提法定公积金

公司实现利润，按照当年实现利润抵减以前年度亏损后余额的10%计提法定盈余公积，法定公积累计计提金额达到公司注册资本50%以上，后续可以不再计提。

2. 计提任意公积金

公司按规定计提法定盈余公积金后，可以根据经股东会或者股东大会决议，按一定的比例计提任意公积金。公司是否计提任意盈余公积以及任意盈余公积的计提比例不受法律规定，由公司内部决定。

3. 向投资者分配利润

公司弥补亏损和计提盈余公积后所剩余利润，有限责任公司按照股东实缴的出资比例分配；股份有限公司按照股东持有的股份比例分配，但公司章程规定不按持股比例分配的除外。

股东会、股东大会或者董事会违反前款规定，在公司弥补亏损和计提法定公积之前向股东分配利润，股东必须将违反规定分配的利润退还公司。

三、留存收益的账务处理

（一）盈余公积的核算

1. 提取盈余公积时

借：利润分配——提取法定盈余公积、提取任意盈余公积

　　贷：盈余公积

【例题 9-17】 桂海股份有限公司本年实现净利润为 5 000 000 元，年初未分配利润为

0。经股东大会批准，桂海股份有限公司按当年净利润的10%提取法定盈余公积。假定不考虑其他因素。桂海股份有限公司应编制如下会计分录。

本年提取法定盈余公积金额=5 000 000 × 10% =500 000（元）

借：利润分配——提取法定盈余公积　　500 000

　　贷：盈余公积——法定盈余公积　　500 000

2. 盈余公积补亏时

按照《中华人民共和国企业所得税暂行条例》的规定：“纳税人发生年度亏损的，可以用下一纳税年度的所得弥补；下一纳税年度的所得不足弥补的，可以逐年延续弥补，但是延续弥补期最长不得超过五年。”在税前利润不足以弥补亏损的情况下，可以用以前年度的盈余公积补亏。以前年度盈余公积仍不足弥补亏损的，用计提盈余公积前的税后利润补亏。《公司法》规定：“公司的法定公积金不足以弥补以前年度亏损的，在依照前款规定计提法定公积金之前，应当先用当年利润弥补亏损。”

用盈余公积弥补亏损时的会计分录：

借：盈余公积

　　贷：利润分配——盈余公积补亏

年度终了的会计分录：

借：利润分配——盈余公积补亏

　　贷：利润分配——未分配利润

【例题 9-18】经股东大会批准，桂海股份有限公司用以前年度提取的盈余公积弥补当年亏损，当年弥补亏损的金额为600 000元。假定不考虑其他因素。桂海股份有限公司应编制如下会计分录。

借：盈余公积　　600 000

　　贷：利润分配——盈余公积补亏　　600 000

3. 盈余公积转增资本（或股本）时

盈余公积可以用来转增资本，但转为实收资本（股本）后，所留存的该项盈余公积不得少于转增前公司注册资本的25%。

盈余公积转增资本时的会计分录：

借：盈余公积

　　贷：实收资本（或股本）

【例题 9-19】因扩大经营规模需要，经股东大会批准，桂海股份有限公司将盈余公积400 000元转增股本。假定不考虑其他因素。桂海股份有限公司应编制如下会计分录。

借：盈余公积　　400 000

　　贷：股本　　400 000

4. 盈余公积分派现金股利时

借：盈余公积

　　贷：应付股利

【例题 9-20】桂海股份有限公司2020年12月31日股本为50 000 000元（每股面值1元），可供投资者分配的利润为6 000 000元，盈余公积为20 000 000元。2021年3月20

日，股东大会批准了2020年度利润分配方案，按每10股2元发放现金股利。桂海公司共需要分派10 000 000元现金股利，其中动用可供投资者分配的利润6 000 000元、盈余公积4 000 000元。假定不考虑其他因素。桂海股份有限公司应编制如下会计分录。

（1）发放现金股利时

借：利润分配——应付现金股利或利润　　6 000 000

　　盈余公积　　4 000 000

　　贷：应付股利　　10 000 000

（2）支付股利时

借：应付股利　　10 000 000

　　贷：银行存款　　10 000 000

（二）利润分配的核算

利润分配，是指企业根据国家相关规定和章程、投资者合同或协议等，对当年可供分配的利润进行分配，利润分配是将一段时间内的经营成果在各个利益相关者中进行分配，保证企业正常有序的发展，保障股东的合法权益等。为了核实利润的分配情况，商业企业应当在"利润分配"科目下设置计提法定盈余公积、任意盈余公积、应付现金股利、盈余公积补亏、未分配利润等明细科目，反映商业企业利润的分配过程或亏损的弥补情况以及历年分配或弥补亏损后的累计余额。"利润分配"科目在最终只有"利润分配——未分配利润"明细科目有余额，其他明细科目的余额全部转入"利润分配——未分配利润"明细科目。

1. 年度终了将全年实现的净利润转入利润分配时的会计分录

借：本年利润

　　贷：利润分配——未分配利润（净利润转入）

或

借：利润分配——未分配利润（净亏损转入）

　　贷：本年利润

2. 按规定计提盈余公积时的会计分录

借：利润分配——提取法定盈余公积

　　　　　　——提取任意盈余公积

　　贷：盈余公积——法定盈余公积

　　　　　　　　——任意盈余公积

3. 宣告发放现金股利时的会计分录

借：利润分配——应付现金股利

　　贷：应付股利（应付现金股利或利润）

期末利润分配结束，只有"利润分配——未分配利润"科目有余额，利润分配其他明细科目的余额全部转入"利润分配——未分配利润"明细科目。

结转利润分配明细科目时的会计分录：

借：利润分配——未分配利润

贷：利润分配——提取法定盈余公积
——提取任意盈余公积
——应付现金股利等

【例题 9-21】桂海股份有限公司年初未分配利润为 1 000 000 元，本年实现净利润 2 000 000元，本年提取法定盈余公积 200 000 元，宣告发放现金股利 800 000 元，假定不考虑其他因素。桂海股份有限公司应编制如下会计分录。

（1）结转实现净利润时

借：本年利润　2 000 000
贷：利润分配——未分配利润　2 000 000

（2）提取法定盈余公积、宣告发放现金股利时

借：利润分配——提取法定盈余公积　200 000
——应付现金股利或利润　800 000
贷：盈余公积　200 000
应付股利　800 000

将“利润分配”科目所属其他明细科目的余额结转至“未分配利润”明细科目。

借：利润分配——未分配利润　1 000 000
贷：利润分配——提取法定盈余公积　200 000
——应付现金股利或利润　800 000

本章小结

所有者权益，是指企业资产减去负债后由所有者享有的剩余权益，在金额上等于资产与负债相抵后的金额。

实收资本是投资者按照投资合同或协议的约定实际投入商业企业的注册资本，按投资者身份不同分为国家投资、法人投资、个人投资和外商投资。资本公积是指企业在经营过程中由于接受捐赠、股本溢价以及法定财产重估增值等原因所形成的公积金。盈余公积是指企业从税后净利润中提取形成的、存留于企业内部、具有特定用途的收益积累。未分配利润是指企业实现的净利润经过弥补亏损、提取盈余公积和向投资者分配利润后留存在企业的、历年结存的利润。

所有者权益的核算一般应当设置实收资本（股本）、资本公积、盈余公积、利润分配等会计科目。

所有者权益的核算包括投资者投入资本的核算（投入货币资产和非货币资产）、资本公积（资本溢价和其他资本公积）的核算、盈余公积（法定盈余公积和任意盈余公积）的核算和利润分配的核算等。

留存收益的分配包括提取法定盈余公积、提取任意盈余公积和向所有者分配利润。

习题与实训

一、思考题

1. 所有者权益通常由哪些内容构成？
2. 实收资本的来源包括哪些？
3. 一般企业增加资本主要有哪三个途径？
4. 股份有限公司注销库存股的账面余额大于其股本金额的部分，应依次冲减哪些科目余额？
5. 资本公积同实收资本、留存收益的区别是什么？
6. 盈余公积的来源及主要用途包括哪些？
7. 企业如何计算年末的未分配利润？

二、单项选择题

1. 甲有限责任公司（以下简称甲公司）为增值税一般纳税人，收到乙投资方作为资本投入的一台不需要安装的设备，合同约定设备价值为100万元，增值税税额为13万元（由乙投资方支付税款并开具增值税专用发票）。根据投资合同，乙投资方在甲公司注册资本中所占份额为113万元。设备的合同约定价值与其公允价值一致，不考虑其他因素，下列各项中，甲公司接受投资的会计处理正确的是（　　）。

A. 借：固定资产　　1 000 000
　　应交税费——应交增值税（进项税额）　　130 000
　　贷：资本公积　　1 130 000

B. 借：固定资产　　1 130 000
　　贷：实收资本　　1 130 000

C. 借：固定资产　　1 000 000
　　应交税费——应交增值税（进项税额）　　130 000
　　贷：实收资本　　1 130 000

D. 借：固定资产　　1 000 000
　　应交税费——应交增值税（进项税额）　　130 000
　　贷：股本　　1 130 000

2. 某上市公司经股东大会批准以现金回购并注销本公司股票1 000万股，每股面值为1元，回购价为每股1.5元。该公司注销股份时“资本公积——股本溢价”科目余额为2 000万元，“盈余公积”科目余额为800万元。不考虑其他因素。该公司注销股份的会计处理正确的是（　　）。

A. 借记“盈余公积”科目500万元

B. 借记“库存股”科目1 000万元

C. 借记“股本”科目 1 500 万元
D. 借记“资本公积——股本溢价”科目 500 万元

3. 下列各项中，关于股份有限公司溢价发行股票相关会计处理表述正确的是(　　)。
A. 发行股票溢价计入盈余公积
B. 发行股票相关的佣金计入股本
C. 发行股票相关的手续费应从溢价中扣减
D. 发行股票取得的款项全部计入股本

4. 上市公司以回购本公司股票方式减资，其支付的价款低于股票面值总额的差额应计入(　　)。
A. 其他综合收益　　B. 利润分配——未分配利润
C. 资本公积——股本溢价　　D. 盈余公积

5. 2022 年 8 月 1 日，某股份有限公司委托证券公司发行股票 5 000 万股，每股面值 1 元，每股发行价格 6 元，向证券公司支付佣金 900 万元，从发行收入中扣除。不考虑其他因素，该公司发行股票记入“资本公积——股本溢价”科目的金额为（　　）万元。
A. 30 000　　B. 5 000
C. 24 100　　D. 29 100

6. 下列各项中，关于股份有限公司溢价发行股票相关会计处理表述正确的是（　　）。
A. 发行股票发生的交易费用应单独计入当期损益
B. 溢价总额不足以抵扣发行股票发生的交易费用差额应冲减股本
C. 溢价总额高于发行股票发生的交易费用差额作为资本公积入账
D. 溢价总额不足以抵扣发行股票发生的交易费用差额应计入当期损益

7. 下列各项中，不影响留存收益总额的是（　　）。
A. 以盈余公积发放现金股利　　B. 以盈余公积转增资本
C. 以盈余公积弥补亏损　　D. 以实现的净利润分配现金股利

8. 下列各项中，会直接引起企业留存收益总额发生变动的是（　　）。
A. 以资本公积转增资本　　B. 提取任意盈余公积
C. 接受非关联方现金资产捐赠　　D. 盈余公积转增资本

9. A 企业留存收益年初余额为 100 万元，本年利润总额为 800 万元，所得税税率为 25%，按净利润的 10%提取法定盈余公积，按净利润的 5%提取任意盈余公积，将盈余公积 20 万元、30 万元分别用于转增资本、发放现金股利。不考虑其他因素，则 A 企业留存收益年末余额为（　　）万元。
A. 650　　B. 740　　C. 700　　D. 790

10. 某企业年初所有者权益总额为 500 万元，当年以资本公积转增资本 50 万元，实现净利润 300 万元，提取盈余公积 30 万元，向投资者分配现金股利 70 万元。不考虑其他因素，该企业年末所有者权益为（　　）万元。
A. 650　　B. 730
C. 680　　D. 700

11. 下列各项中，企业应通过“利润分配”科目核算的是（　　）。

A. 支付已宣告的现金股利　　B. 以盈余公积转增资本

C. 以股票溢价抵扣股票发行手续费　　D. 以盈余公积弥补亏损

12. 下列各项经济业务中，会导致企业盈余公积减少的是（　　）。

A. 股东大会宣告分派股票股利　　B. 以资本公积转增资本

C. 提取盈余公积　　D. 以盈余公积弥补亏损

13. 2022 年年初某企业“利润分配——未分配利润”科目借方余额为 25 万元，2022 年度该企业实现净利润为 180 万元，按净利润的 10%提取盈余公积，以资本公积转增资本 15 万元。不考虑其他因素，2022 年年末该企业可供分配利润的金额为（　　）万元。

A. 155　　B. 139. 5

C. 126　　D. 180

14. 下列各项中，导致企业所有者权益总额增加的是（　　）。

A. 以盈余公积发放现金股利　　B. 以盈余公积弥补以前年度亏损

C. 资本公积转增资本　　D. 当年实现净利润

三、多项选择题

1. 下列各项中，应计入资本公积的有（　　）。

A. 注销的库存股账面余额低于所冲减股本的差额

B. 投资者超额缴入的资本

C. 交易性金融资产发生的公允价值变动

D. 按净利润的一定比例提取的公积金

2. 下列各项中，属于企业留存收益的有（　　）。

A. 提取的任意盈余公积　　B. 发行股票取得的溢价收入

C. 提取的法定盈余公积　　D. 历年积累的未分配利润

3. 下列各项中，企业有关现金股利的会计处理表述正确的有（　　）。

A. 分配现金股利时企业所有者权益减少

B. 支付现金股利时不影响企业所有者权益

C. 支付现金股利时企业资产减少

D. 分配现金股利时企业负债增加

4. 下列各项中，会引起企业留存收益总额发生增减变动的有（　　）。

A. 向投资者宣告分配现金股利　　B. 本年度实现净利润

C. 提取法定盈余公积　　D. 用盈余公积转增资本

5. 甲公司年初“利润分配——未分配利润”科目贷方余额为 70 万元，本年实现净利润 500 万元，本年提取法定盈余公积 50 万元。宣告分配现金股利 200 万元。不考虑其他因素，甲公司下列会计处理正确的有（　　）。

A. 结转本年实现净利润时：

借：本年利润　　5 000 000

　　贷：利润分配——未分配利润　　5 000 000

B. 结转本年实现净利润时：

借：利润分配——未分配利润　　5 000 000

　贷：本年利润　　5 000 000

C. 结转“利润分配”科目所属明细科目余额时：

借：利润分配——提取法定盈余公积　　500 000

　　　　　——应付现金股利或利润　　2 000 000

　贷：利润分配——未分配利润　　2 500 000

D. 结转“利润分配”科目所属明细科目余额时：

借：利润分配——未分配利润　　2 500 000

　贷：利润分配——提取法定盈余公积　　500 000

　　　　　　——应付现金股利或利润　　2 000 000

四、判断题

1. 企业回购并注销股票支付的价款高于股票面值时，其差额应计入财务费用。（　　）

2. 企业接受新投资者投资会导致所有者权益总额增加。（　　）

3. 股份有限公司溢价发行股票时，按股票面值计入股本，溢价收入扣除发行手续费、佣金等发行费用后的金额计入资本公积。（　　）

4. 企业收到的投资者超出其在企业注册资本中所占份额的投资，应直接计入当期损益。（　　）

5. 如果以前年度未分配利润有盈余，在计算提取法定盈余公积的基数时，应包括企业年初未分配利润。（　　）

6. 企业向投资者宣告发放现金股利，应在宣告时确认为费用。（　　）

7. 企业以当年实现的净利润弥补以前年度亏损，应借记“盈余公积”科目，贷记“本年利润”科目。（　　）

8. 企业年终结账后，“利润分配”科目所属明细科目除“未分配利润”外，其他明细科目均无余额。（　　）

五、不定项选择题

1. 2022 年 1 月 1 日，某股份有限公司资产负债表中股东权益各项目年初余额为股本 3 000万元，资本公积 4 000 万元，盈余公积 400 万元，未分配利润 2 000 万元。2022 年公司发生相关业务资料如下：

（1）经股东大会批准，宣告发放 2021 年度现金股利 1 500 万元。

（2）经股东大会批准已履行相应增资手续，将资本公积 4 000 万元转增股本。

（3）经批准增资扩股，委托证券公司发行普通股 400 万股，每股面值 1 元，每股发行价 6 元，按照发行价的 3%向证券公司支付相关发行费用（不考虑增值税）。

（4）当年实现净利润 3 000 万元，提取法定盈余公积和任意盈余公积的比例分别为 10%和 5%。

要求：根据上述资料，不考虑其他因素，分别回答下列小题（答案中的金额单位用万元表示）。

1）根据期初资料和资料（1），下列各项中，关于宣告发放现金股利对该公司股东权益和负债项目影响结果表述正确的是（　　）。

A. “负债合计”项目增加 1 500 万元

B. “未分配利润”项目减少 1 500 万元

C. “股东权益合计”项目减少 1 500 万元

D. “盈余公积”项目减少 1 500 万元

2）根据资料（2），下列各项中，关于该公司以资本公积转增股本的会计处理表述正确的是（　　）。

A. 股东权益总额减少 4 000 万元　　B. 股东权益总额不变

C. 留存收益减少 4 000 万元　　D. 股本增加 4 000 万元

3）根据资料（3），该公司增发股票计入资本公积的金额是（　　）万元。

A. 2 000　　B. 2 328　　C. 1 928　　D. 1 940

4）根据期初资料和资料（4），下列各项中，关于该公司盈余公积计算结果正确的是（　　）。

A. 本年增加盈余公积 450 万元　　B. 期末盈余公积余额为 1 100 万元

C. 本年增加盈余公积 300 万元　　D. 期末盈余公积余额为 850 万元

5）根据期初资料和资料（1）至（4），下列各项中，关于 2022 年 12 月 31 日该公司资产负债表“股东权益”有关项目期末余额计算结果正确的是（　　）。

A. “股本”项目为 7 400 万元　　B. “股东权益合计”项目为 17 626 万元

C. “资本公积”项目为 5 928 万元　　D. “未分配利润”项目为 3 050 万元

2. 甲公司为上市公司，适用的企业所得税税率为 25%，2022 年度甲公司有关资料如下：

（1）1 月 1 日，所有者权益总额为 11 100 万元，其中股本为 8 000 万元（每股面值 1 元），资本公积（股本溢价）为 2 000 万元，盈余公积为 800 万元，未分配利润为 300 万元。

（2）6 月 18 日，经股东大会批准，甲公司按每股 2 元的价格回购本公司股票 1 000 万股并注销。

（3）截至 12 月 31 日，甲公司实现营业收入 8 100 万元，发生营业成本 4 500 万元，税金及附加 500 万元，销售费用 400 万元，管理费用 400 万元，财务费用 350 万元，资产减值损失 250 万元，营业外收入 150 万元，营业外支出 50 万元。

（4）经股东大会批准，甲公司本年度按净利润的 10% 提取法定盈余公积，按每 10 股 0.5 元发放现金股利 350 万元。

要求：根据上述资料，假定不考虑其他因素，分析回答下列小题（答案中的金额单位用万元表示）。

1）根据资料（1）和（2），下列各项中，关于甲公司的会计处理正确的是（　　）。

A. 回购本公司股份时：

借：股本　　20 000 000

　　贷：银行存款　　20 000 000

B. 回购本公司股份时：

借：库存股　　20 000 000

　　贷：银行存款　　20 000 000

C. 注销本公司股份时：

借：股本　　10 000 000

　　资本公积——股本溢价　　10 000 000

　　贷：库存股　　20 000 000

D. 注销本公司股份时：

借：股本　　20 000 000

　　贷：库存股　　20 000 000

2）根据资料（3），2022 年度甲公司实现营业利润为（　　）万元。

A. 1 700　　B. 1 650　　C. 1 800　　D. 1 850

3）根据资料（4），下列会计处理正确的是（　　）。

A. 借：利润分配——提取法定盈余公积　　1 350 000

　　贷：盈余公积　　1 350 000

B. 借：利润分配——提取法定盈余公积　　1 800 000

　　贷：盈余公积　　1 800 000

C. 借：利润分配——未分配利润　　1 800 000

　　贷：盈余公积　　1 800 000

D. 借：利润分配——未分配利润　　1 350 000

　　贷：利润分配——提取法定盈余公积　　1 350 000

4）根据资料（1）至（4），下列表述正确的是（　　）。

A. 甲公司回购本公司股票，会减少所有者权益 2 000 万元

B. 甲公司回购库存股注销后的资本公积余额为 1 000 万元

C. 甲公司 2022 年年末的盈余公积为 935 万元

D. 甲公司分派现金股利后的未分配利润为 1 300 万元

5）根据资料（1）至（4），甲公司 2022 年 12 月 31 日的所有者权益总额为（　　）万元。

A. 10 450　　B. 10 650　　C. 10 100　　D. 11 950

第十章　商业企业收入、费用、利润与核算

知识与能力目标

1. 掌握一般销售商品收入的核算、在某一时段内完成的销售商品收入的核算、合同取得成本与合同履约成本的核算、期间费用的核算、利润的核算；
2. 熟悉收入确认与计量的步骤、费用的内容及其分类、利润的构成等；
3. 了解收入确认的可变对价、结转本年利润的方法。

思政目标

1. 培养学生脚踏实地、勤于创业、善于创造的实践理念；
2. 静以修身、俭以养德、量入为出，防止铺张浪费。

第一节　商业企业收入与核算

收入是指企业日常活动中形成的、会导致所有者权益增加的、与所有者投入资本无关的经济利益的总流入。日常活动，是指企业为完成其经营目标所从事的经常性活动以及与之相关的其他活动。

一、认识商品销售收入

商品销售收入是商业企业从事商品销售活动实现的经济利益的总流入，是主营业务活动。销售商品收入确认和计量大致分为五步，即按照“五步法”模型进行处理。

（一）识别与客户订立的合同

（1）合同是指双方或多方之间订立有法律约束力的权利义务的协议。合同有书面形

式、口头形式以及其他形式。

（2）合同的存在是企业确认合同收入的前提，企业与客户之间的合同一经签订，企业即享有从客户取得与转移商品和服务对价的权利，同时负有向客户转移商品和服务的履约义务。

（二）识别合同中的单项履约义务

（1）履约义务是指合同中企业向客户转让可明确区分商品或服务的承诺。

（2）企业应当将向客户转让可明确区分商品（或者商品的组合）的承诺以及向客户转让一系列实质相同且转让模式相同的、可明确区分商品的承诺作为单项履约义务。

例如，甲公司向乙公司销售商品并提供安装服务，该项安装服务简单，其他供应商也可以提供类似安装服务，该合同中销售商品和提供安装服务为两项履约义务；但如果安装服务复杂且商品需要按乙公司要求定制修改，则合同中销售商品和提供安装服务合并为单项履约义务。

（三）确定交易价格

（1）交易价格是指企业因向客户转让商品而预期有权收取的对价金额，不包括企业代第三方收取的款项（如增值税）以及企业预期将退还给客户的款项。

（2）合同条款所承诺的对价，可能是固定金额、可变金额或两者兼有。

例如，甲公司与乙公司签订合同，为其建造一栋厂房，固定合同价款为 3 000 万元，工期为 6 个月，如果甲公司能够在保证质量的前提下提前 1 个月完工，乙公司额外奖励甲公司 100 万元，甲公司根据以往同类合同经验数据估计，提前 1 个月完工的概率为 90%。此时，甲公司此合同的交易价格为 3 100 万元，交易价格中 3 000 万元为固定金额，100 万元为可变金额。

（3）可变对价的会计处理。

若合同中存在可变对价，企业应当对计入交易价格的可变对价进行估计。企业应当按照期望值或最可能发生金额确定可变对价的最佳估计数。需要说明的是，企业确定可变对价金额之后，计入交易价格的可变对价金额还应满足限制性条件，即包含可变对价的交易价格，应当不超过在相关不确定性消除时，累计已确认的收入极可能不会发生重大转回的金额。最可能发生金额是一系列可能发生的对价金额中最可能发生的单一金额，即合同最可能产生的单一结果。当合同仅有两个可能结果时，通常按照最可能发生金额估计可变对价金额。

【例题 10-1】桂海公司与乙公司签订了一项合同，合同总价款为 300 万元（不含增值税），根据合同约定，若桂海公司完成合同约定业绩目标即可获得 10 万元的额外奖励，未完成则没有奖励。桂海公司估计完成该项业绩目标可能性为 80%，不能完成的可能性为 20%。不考虑其他因素，桂海公司应取得的可变对价最佳估计数是多少万元？

本题考查的是交易价格中可变对价最佳估计数的计算。最可能发生金额是一系列可能发生的对价金额中最可能发生的单一金额，即合同最可能产生的单一结果。当合同仅有两个可能结果时，通常按照最可能（完成可能性为 80%）发生金额估计可变对价金额，即桂海公司应取得的可变对价最佳估计数为 10 万元。

（四）将交易价格分摊至各单项履约义务

当合同中包含两项或多项履约义务时，需要将交易价格分摊至各单项履约义务，分摊的方法是在合同开始日，按照各单项履约义务所承诺商品的单独售价（企业向客户单独销售商品的价格）的相对比例，将交易价格分摊至各单项履约义务。

【例题 10-2】桂海公司与乙公司签订合同，向乙公司销售 E、F 两种产品，不含增值税的合同总价款为 3 万元。E、F 产品不含增值税的单独售价分别为 2.2 万元和 1.1 万元。该合同包含两项可明确区分的履约义务。不考虑其他因素，按照交易价格分摊原则，E 产品应分摊的交易价格为多少万元？

本题考查的是收入中关于交易价格分摊的计算。交易价格分摊的方法是在合同开始日，按照各单项履约义务所承诺商品单独售价的相对比例，将交易价格分摊至各单项履约义务，E 产品应分摊的交易价格＝［2.2/（2.2+1.1）］× 3 ＝ 2（万元）。

（五）履行各单项履约义务时确认收入

当企业将商品转移给客户，客户取得了相关商品的控制权，意味着企业履行了合同履约义务，此时，企业应确认收入。企业将商品控制权转移给客户，可能是在某一时段内（即履行履约义务的过程中）发生，也可能在某一时点（即履约义务完成时）发生。企业应当根据实际情况，首先判断履约义务是否满足在某一时段内履行的条件，如不满足，则该履约义务属于在某一时点履行的履约义务。

二、商品销售收入的核算

（一）在某一时段内履行履约义务确认收入

对于在某一时段内履行的履约义务，企业应当在该段时间内按照履约进度确认收入，履约进度不能合理确定的除外。满足下列条件之一的，属于在某一时段内履行的履约义务。

其一，客户在企业履约的同时即取得并消耗企业履约所带来的经济利益；

其二，客户能够控制企业履约过程中在建的商品；

其三，企业履约过程中所产出的商品具有不可替代用途，且该企业在整个合同期间内有权就累计至今已完成的履约部分收取款项。

当履约进度不能合理确定时，企业已经发生的成本预计能够得到补偿的，应当按照已经发生的成本金额确认收入，直到履约进度能够合理确定为止。

【例题 10-3】桂海企业为建筑施工单位，202 × 年 9 月 1 日与客户签订一份施工合同，属于在某一时段内履行的单项履约义务。合同总金额为 3 500 万元，预计总成本为 2 000 万元。截至 202 × 年 12 月 31 日，该企业为履行合同实际发生成本 800 万元，履约进度不能合理确定，已经发生的成本预计能够得到补偿。不考虑相关税费和其他因素，202 × 年该企业应确认的收入为多少万元？

本题考查的是履约进度不能合理确定时收入的确认。当履约进度不能合理确定时，企业已经发生的成本预计能够得到补偿的，应当按照已经发生的成本金额确认收入，直到履约进度能够合理确定为止。本题中，桂海企业履约进度不能合理确定，且企业已经发生的成本预计能够得到补偿，企业实际发生成本为 800 万元，应按 800 万元确认收入。

1. 客户在企业履约的同时即取得并消耗企业履约所带来的经济利益("边履约边受益")

企业在进行判断时，可以假定在企业履约的过程中更换为其他企业继续履行剩余履约义务，如果该继续履行合同的企业实质上无须重新执行企业累计至今已经完成的工作，则表明客户在企业履约的同时即取得并消耗了企业履约所带来的经济利益。

【例题 10-4】企业承诺将客户的一批货物从 A 市运送到 B 市，假定该批货物在途经 C 市时，由另外一家运输公司接替企业继续提供该运输服务。

由于 A 市到 C 市之间的运输服务是无须重新执行的，因此，表明客户在企业履约的同时即取得并消耗了企业履约所带来的经济利益，所以，企业提供的运输服务属于在某一时间段内履行的履约义务。

2. 客户能够控制企业履约过程中在建的商品（"边建造边转移"）

企业在履约过程中创建的商品包括在产品、在建工程、尚未完成的研发项目、正在进行的服务等，如果客户在企业创建该商品的过程中就能够控制这些商品，应当认为企业提供该商品履约义务属于在某一时段内履行的履约义务。

【例题 10-5】企业与客户签订合同，在客户拥有的土地上按照客户的设计要求为其建造厂房。在建造过程中客户有权修改厂房设计，并与企业重新协商设计变更后的合同价款。客户每月末按当月工程进度向企业支付工程款。如果客户终止合同，已完成建造部分的厂房归客户所有。

企业为客户建造厂房，该厂房位于客户的土地上，客户终止合同时，已建造的厂房归客户所有。这些均表明客户在该厂房建造的过程中就能够控制该在建的厂房。因此，企业提供的该建造服务属于在某一时段内履行的履约义务，企业应当在提供该服务的期间内确认收入。

3. 企业履约过程中所产出的商品具有不可替代用途，且该企业在整个合同期间内有权就累计至今已完成的履约部分收取款项（"不可替代用途+合格收款权"）

有权就累计至今已完成的履约部分收取款项，是指由于客户或其他方原因终止合同的情况下，企业有权就累计至今已完成的履约部分收取能够补偿其已发生成本和合理利润的款项，并且该权利具有法律约束力。

【例题 10-6】桂海公司是一家造船企业，与乙公司签订了一份船舶建造合同，按照乙公司的具体要求设计和建造船舶。桂海公司在自己的厂区内完成该船舶的建造，乙公司无法控制在建过程中的船舶。桂海公司如果想把该船舶出售给其他客户，需要发生重大的改造成本。双方约定，如果乙公司单方面解约，乙公司需向桂海公司支付相当于合同总价 30%的违约金，且建造中的船舶归桂海公司所有。假定该合同仅包含一项履约义务，即设计和建造船舶。

船舶是按照乙公司的具体要求进行设计和建造的，桂海公司需要发生重大的改造成本将该船舶改造之后才能将其出售给其他客户，因此，该船舶具有不可替代用途。然而，如果乙公司单方面解约，仅需向桂海公司支付相当于合同总价 30%的违约金，表明桂海公司无法在整个合同期间内都有权就累计至今已完成的履约部分收取能够补偿其已发生成本和合理利润的款项。因此，桂海公司为乙公司设计和建造船舶不属于在某一时段内履行的履约义务。

【例题 10-7】桂海公司为增值税一般纳税人，装修服务适用增值税税率为 9%。

20 × 2 年 12 月 1 日，桂海公司与乙公司签订一项为期 3 个月的装修合同，合同约定装修价款为 500 000 元，增值税税额为 45 000 元，装修费用每月末按完工进度支付。

20 × 2 年 12 月 31 日，经专业测量师测量后，确定该项劳务的履约进度为 25%；乙公司按完工进度支付价款及相应的增值税款。截至 20 × 2 年 12 月 31 日，桂海公司为完成该合同累计发生劳务成本 100 000 元（假定均为装修人员薪酬），估计还将发生劳务成本 300 000元。

20 × 3 年 1 月 31 日，经专业测量师测量后，确定该项劳务的履约进度为 70%；乙公司按履约进度支付价款的同时支付对应的增值税税款。20 × 3 年 1 月，为完成该合同发生劳务成本 180 000 元（假定均为装修人员薪酬），为完成该合同估计还将发生劳务成本 120 000元。

20 × 3 年 2 月 28 日，装修完工；乙公司验收合格，按履约进度支付价款的同时支付对应的增值税税款。20 × 3 年 2 月，为完成该合同发生劳务成本 120 000 元（假定均为装修人员薪酬）。

假定该业务属于桂海公司的主营业务，全部由其自行完成；该装修服务构成单项履约义务，并属于在某一时段内履行的履约义务；桂海公司按照实际测量的完工进度确定履约进度。

要求：编制桂海公司上述业务相关会计分录。

桂海公司应编制如下会计分录：

（1）20 × 2 年 12 月实际发生劳务成本 100 000 元

借：合同履约成本　　100 000

　　贷：应付职工薪酬　　100 000

（2）20 × 2 年 12 月 31 日确认劳务收入并结转劳务成本

20 × 2 年 12 月 31 日确认的劳务收入 = 500 000 × 25% − 0 = 125 000（元）

借：银行存款　　136 250

　　贷：主营业务收入　　125 000

　　　　应交税费——应交增值税（销项税额）　　11 250

借：主营业务成本　　100 000

　　贷：合同履约成本　　100 000

（3）20 × 3 年 1 月实际发生劳务成本 180 000 元

借：合同履约成本　　180 000
　　贷：应付职工薪酬　　180 000

（4）20 × 3 年 1 月 31 日确认劳务收入并结转劳务成本

20 × 3 年 1 月 31 日确认的劳务收入 = 500 000 × 70% − 125 000 = 225 000（元）

借：银行存款　　245 250
　　贷：主营业务收入　　225 000
　　　　应交税费——应交增值税（销项税额）　　20 250

借：主营业务成本　　180 000
　　贷：合同履约成本　　180 000

（5）20 × 3 年 2 月实际发生劳务成本 120 000 元

借：合同履约成本　　120 000
　　贷：应付职工薪酬　　120 000

（6）20 × 3 年 2 月 28 日确认劳务收入并结转劳务成本

20 × 3 年 2 月 28 日确认的劳务收入 = 500 000 − 125 000 − 225 000 = 150 000（元）

借：银行存款　　163 500
　　贷：主营业务收入　　150 000
　　　　应交税费——应交增值税（销项税额）　　13 500

借：主营业务成本　　120 000
　　贷：合同履约成本　　120 000

【例题 10-8】桂海公司为增值税一般纳税人，经营一家健身俱乐部。202 × 年 7 月 1 日，某客户与桂海公司签订合同，成为桂海公司的会员，并向桂海公司支付会员费 3 816元（含增值税税额 216 元），可在未来的 12 个月内在该俱乐部健身，且没有次数的限制。该业务适用的增值税税率为 6%。

客户在会籍期间可随时来俱乐部健身，且没有次数限制，客户已使用俱乐部健身的次数不会影响其未来继续使用的次数，桂海公司在该合同下的履约义务是承诺随时准备在客户需要时为其提供健身服务，因此，该履约义务属于在某一时段内履行的履约义务，并且该履约义务在会员的会籍期间内随时间的流逝而被履行。因此，桂海公司按照履约进度（时间）确认收入，每月应当确认的收入为 300 元［3 816÷（1+6%）÷12］。

桂海公司应编制如下会计分录：

（1）202 × 年 7 月 1 日收到会员费时

借：银行存款　　3 816
　　贷：合同负债　　3 600
　　　　应交税费——待转销项税额　　216

客户签订合同时支付了合同对价，可在未来的 12 个月内在该俱乐部进行健身消费，且没有次数的限制。企业在向客户转让商品之前已经产生一项负债，即合同负债。

（2）202 × 年 7 月 31 日确认收入，开具增值税专用发票并收到税款时

借：合同负债　　300

应交税费——待转销项税额　　18

贷：主营业务收入　　300

应交税费——应交增值税（销项税额）　　18

202 × 年 8 月至第二年 6 月，每月确认收入同上。

（二）在某一时点履行履约义务确认收入

对于在某一时点履行的履约义务，企业应当在客户取得相关商品控制权时点确认收入。在判断客户是否已取得商品控制权时，企业应当综合考虑下列迹象。

（1）企业就该商品享有现时收款权利，即客户就该商品负有现时付款义务。如果企业就该商品享有现时的收款权利，则可能表明客户已经有能力主导该商品的使用并从中获得几乎全部的经济利益。

（2）企业已将该商品的法定所有权转移给客户，即客户已拥有该商品的法定所有权。客户如果取得了商品的法定所有权，则可能表明其已经有能力主导该商品的使用并从中获得大部分的经济利益，或者能够阻止其他企业获得这些经济利益。

（3）企业已将该商品实物转移给客户，即客户已占有该商品实物。客户如果已经占有商品实物，则可能表明其有能力主导该商品的使用并从中获得其大部分的经济利益，或者使其他企业无法获得这些利益。需要注意的是，客户占有了某项商品的实物并不意味着其一定取得了该商品的控制权，反之亦然。例如，采用支付手续费方式的委托代销安排。

（4）企业已将该商品所有权上的主要风险和报酬转移给客户，即客户已取得该商品所有权上的主要风险和报酬。

（5）客户已接受该商品。

（6）其他表明客户已取得商品控制权的迹象。

1. 一般情况

实现收入时的会计分录：

借：银行存款

应收票据

应收账款

贷：主营业务收入

应交税费——应交增值税（销项税额）

借：主营业务成本

贷：库存商品

【例题 10-9】 202 × 年 7 月 1 日，桂海公司向乙公司赊销一批商品，开具的增值税专用发票上注明售价为 50 000 元，增值税税额为 6 500 元；桂海公司以银行存款 1 090 元代乙公司垫付运费。当日乙公司收到商品并验收入库，桂海公司将委托收款凭证和债务证明提交开户银行，办妥托收手续；该批商品的实际成本为 40 000 元。7 月 6 日，桂海公司收到银行转来的收款通知，货款已全部收存银行。本例中桂海公司已向银行办妥委托收款手续，客户乙公司收到商品并验收入库，因此，该项业务为单项履约义务且属于在某一时点履行的履约义务。

桂海公司应编制如下会计分录：

(1) 7月1日，确认收入时

借：应收账款　　57 590
　　贷：主营业务收入　　50 000
　　　　应交税费——应交增值税（销项税额）　　6 500
　　　　银行存款　　1 090

同时，结转销售商品成本：

借：主营业务成本　　40 000
　　贷：库存商品　　40 000

(2) 7月6日，收到收款通知

借：银行存款　　57 590
　　贷：应收账款　　57 590

【例题 10-10】 桂海公司向乙公司销售商品一批，开具的增值税专用发票上注明售价为400 000元，增值税税额为52 000元；桂海公司收到乙公司开出的不带息银行承兑汇票一张，票面金额为452 000元，期限为2个月；桂海公司以银行存款支付代垫运费，增值税专用发票上注明运输费2 000元，增值税税额为180元，所垫运费尚未收到；该批商品成本为320 000元；乙公司收到商品并验收入库。

桂海公司已经收到乙公司开出的不带息银行承兑汇票，客户乙公司收到商品并验收入库，因此，销售商品为单项履约义务且属于在某一时点履行的履约义务。桂海公司应编制如下会计分录。

确认收入时：

借：应收票据　　452 000
　　贷：主营业务收入　　400 000
　　　　应交税费——应交增值税（销项税额）　　52 000

结转成本时：

借：主营业务成本　　320 000
　　贷：库存商品　　320 000

代垫运费时：

借：应收账款　　2 180
　　贷：银行存款　　2 180

2. 商品销售采用预收款结算的业务处理

商业企业的商品销售活动采用预收款方式结算的，通常在收到最后一笔货款时才将商品交付给购买方，与商品所有权相关的主要的风险和报酬只有在收到最后一笔货款时才转移给购货方。商业企业在发出商品之前所收到的款项应当计入预收账款，作为负债处理。

预收货款时的会计分录：

借：银行存款
　　贷：预收账款

确认收入时的会计分录：

借：预收账款

　　银行存款

　　贷：主营业务收入

　　　　应交税费——应交增值税（销项税额）

借：主营业务成本

　　贷：库存商品

【例题 10-11】202 × 年 6 月 28 日，桂海商业有限公司与 A 商场签订购销合同，桂海商业有限公司向 A 商场销售一批商品，该批商品的售价为 500 000 元，增值税税额为 65 000 元，A 商场于 202 × 年 7 月 2 日向桂海商业有限公司预付货款 300 000 元，桂海商业有限公司于 7 月 30 日将货物发给 A 商场，并结清余款。该批商品的成本为 400 000 元，不考虑其他因素。

预收货款时的会计分录：

科目	借方	贷方
借：银行存款	300 000	
贷：预收账款		300 000

发出货物确认收入时的会计分录：

科目	借方	贷方
借：预收账款	300 000	
银行存款	265 000	
贷：主营业务收入		500 000
应交税费——应交增值税（销项税额）		65 000
借：主营业务成本	400 000	
贷：库存商品		400 000

3. 商品销售的特殊业务处理

（1）商业折扣业务

商业折扣是商业企业为了促销商品而在价格上给予客户一定的优惠。商业折扣，是指企业为促进商品销售而给予的价格扣除。其本质影响的是收入“五步法”的第三步，即确定交易价格。

企业应按扣除商业折扣后的金额确认交易价格，在满足收入确认条件时确认收入。

确认收入时的会计分录：

借：银行存款等

　　贷：主营业务收入

　　　　应交税费——应交增值税（销项税额）

借：主营业务成本

　　贷：库存商品

【例题 10-12】桂海公司为增值税一般纳税人。202 × 年 12 月 22 日销售 M 商品 200 件，每件商品的标价为 6 万元（不含增值税），给予购货方 200 万元的商业折扣。M 商品适用的增值税税率为 13%，甲公司已开具增值税专用发票，销售商品符合收入确认条件。

不考虑其他因素，甲公司202×年度利润表中“营业收入”项目“本期金额”栏的填列金额增加（　　）万元。

A. 1 130　　B. 1 000　　C. 1 356　　D. 1 200

本题考查的是关于商业折扣对收入的影响。合同中存在商业折扣的，应按扣除商业折扣后的金额确认交易价格，在满足收入条件时确认收入。本题中，应确认收入的金额=200×6-200（商业折扣）=1 000（万元），选项B正确；选项A错误，误将增值税税额计入营业收入；选项C错误，误将未扣除商业折扣的金额和对应的增值税税额计入营业收入；选项D错误，未扣除商业折扣。

（2）销售折让业务

销售折让是商业企业因售出商品存在质量、规格等方面的瑕疵，不符合协议要求而在售价上给予的减让。

对于销售折让，企业应分别不同情况进行处理。一般情况下，已确认收入的售出商品发生销售折让，不属于资产负债表日后事项的，应当在发生时冲减当期销售商品收入；已确认收入的售出商品发生销售折让，属于资产负债表日后事项的，应按照有关资产负债表日后事项的相关规定进行处理。

在确认收入后发生的销售折让确认收入时的会计分录：

借：银行存款等

　　贷：主营业务收入

　　　　应交税费——应交增值税（销项税额）

借：主营业务成本

　　贷：库存商品

确认销售折让时的会计分录：

借：主营业务收入

　　应交税费——应交增值税（销项税额）

　　贷：银行存款等

【例题10-13】202×年8月8日，桂海商业有限公司采用委托收款方式销售一批M商品给E公司，增值税发票注明的售价为400 000元，增值税税额为52 000元，该批商品的成本为380 000元。8月25日货到后E公司发现商品质量与合同要求不一致，要求给予价款5%的折让。桂海商业有限公司同意对方提出的折让条件，当日收回货款，不考虑其他因素。

确认销售收入时的会计分录：

借：应收账款　　452 000

　　贷：主营业务收入　　400 000

　　　　应交税费——应交增值税（销项税额）　　52 000

借：主营业务成本　　380 000

　　贷：库存商品　　380 000

发生销售折让时的会计分录：

借：主营业务收入　　20 000
　　应交税费——应交增值税（销项税额）　　2 600
　　贷：应收账款　　22 600

实际收到货款时的会计分录：

借：银行存款　　429 400
　　贷：应收账款　　429 400

（3）现金折扣业务

现金折扣，是指债权人为鼓励债务人在规定的期限内付款而向债务人提供的债务扣除。商业企业销售商品涉及现金折扣的，应当按照扣除现金折扣前的金额确定销售商品收入。现金折扣在实际发生时计入当期财务费用。一般现金折扣的表示方法为：2/10，1/20，N/30（10 天内付款给予 2%的折扣，20 天内付款给予 1%的折扣，20 天以后付款没有现金折扣，最迟的付款期为 30 天）。

对于现金折扣，一般采用总价法处理，即销售商品涉及现金折扣的，应当按照扣除现金折扣前的金额确定销售商品收入金额。现金折扣在实际发生时计入当期财务费用。现金折扣额是否包含增值税主要取决于交易双方的合同或协议约定。

确认涉及现金折扣的销售收入时的会计分录：

借：应收账款
　　贷：主营业务收入
　　　　应交税费——应交增值税（销项税额）

借：主营业务成本
　　贷：库存商品

确认折扣并收回货款时的会计分录：

借：银行存款
　　财务费用
　　贷：应收账款

【例题 10-14】 202×年 7 月 10 日，桂海商业有限公司向 N 公司销售一批 W 商品，开出的增值税专用发票上注明的销售价款为 500 000 元，增值税税额为 65 000 元。为及早收回货款，桂海商业有限公司和 N 公司约定的现金折扣条件为：2/10，1/20，N/30。假定计算现金折扣时不考虑增值税，不考虑其他因素。

确认收入时的会计分录：

借：应收账款　　565 000
　　贷：主营业务收入　　500 000
　　　　应交税费——应交增值税（销项税额）　　65 000

假设 N 公司在 7 月 19 日付清货款，则按销售总价 500 000 元的 2%享受的现金折扣 10 000元（500 000 × 2%），实际付款 555 000 元（565 000-10 000）。

收回货款时的会计分录：

借：银行存款　　555 000

财务费用　　10 000
　　贷：应收账款　　565 000

（4）销售退回业务

销售退回，是指企业售出的商品由于质量、规格型号、品种不符合要求等原因而发生的退货。对于销售退回，商业企业应分别不同情况进行会计处理。

对于尚未确认收入的售出商品发生销售退回，按发出商品的成本记入“发出商品”科目。

发出商品时的会计分录：

借：发出商品
　　贷：库存商品

退回商品时的会计分录：

借：库存商品
　　贷：发出商品

对于已确认收入的商品发生退回，商业企业应在发生时冲减当期商品销售收入，同时冲减当期商品销售成本。如该项商品销售退回已发生现金折扣的，应同时调整相关财务费用的金额；如该项销售退回允许扣减增值税税额的，应同时调整“应交税费——应交增值税（销项税额）”科目的相应金额。

确认收入时的会计分录：

借：银行存款等
　　贷：主营业务收入
　　　　应交税费——应交增值税（销项税额）

借：主营业务成本
　　贷：库存商品

确认退回商品时的会计分录：

借：主营业务收入
　　应交税费——应交增值税（销项税额）
　　贷：银行存款等

【例题 10-15】桂海公司 202 × 年 5 月 20 日销售 A 商品一批，增值税专用发票上注明售价为 350 000 元，增值税税额为 45 500 元，该批商品成本为 182 000 元。A 商品于 202 × 年 5 月 20 日发出，客户于 5 月 27 日付款。该项业务属于在某一时点履行的履约义务并确认销售收入。202 × 年 9 月 16 日，该商品质量出现严重问题，客户将该批商品全部退回给甲公司。桂海公司同意退货，于退货当日支付了退货款，并按规定向客户开具了增值税专用发票（红字）。假定不考虑其他因素。

桂海公司应编制如下会计分录：

（1）202 × 年 5 月 20 日确认收入时

借：应收账款　　395 500
　　贷：主营业务收入　　350 000

应交税费——应交增值税（销项税额）　　45 500

借：主营业务成本　　182 000

贷：库存商品　　182 000

（2）202×年5月27日收到货款时

借：银行存款　　395 500

贷：应收账款　　395 500

（3）202×年9月16日销售退回时

借：主营业务收入　　350 000

应交税费——应交增值税（销项税额）　　45 500

贷：银行存款　　395 500

借：库存商品　　182 000

贷：主营业务成本　　182 000

（4）销售材料等存货的账务处理

企业在日常活动中会发生对外销售不需用的原材料、随同商品对外销售单独计价的包装物等业务。会计分录为：

借：银行存款等

贷：其他业务收入

应交税费——应交增值税（销项税额）

借：其他业务成本

贷：原材料等

三、合同成本

企业在与客户建立合同关系过程中发生的成本主要有合同取得成本和合同履约成本。

（一）合同取得成本

企业为取得合同发生的增量成本预期能够收回的，应当作为合同取得成本确认为一项资产。

增量成本是指企业不取得合同就不会发生的成本，例如销售佣金等。企业取得合同发生的增量成本已经确认为资产的，应当采用与该资产相关的商品收入确认相同的基础进行摊销，计入当期损益。该资产摊销期限不超过一年的，可以在发生时计入当期损益。

企业因现有合同续约或发生合同变更需要支付的额外佣金，也属于为取得合同发生的增量成本。

企业为取得合同发生的、除预期能够收回的增量成本之外的其他支出，例如，无论是否取得合同均会发生的差旅费、投标费、为准备投标资料发生的相关费用等，应当在发生时计入当期损益，除非这些支出明确由客户承担。

【例题 10-16】桂海公司是一家咨询公司，通过竞标赢得一个服务期为5年的客户，该客户每年末支付含税咨询费1 908 000元，适用的增值税税率为6%。为取得该客户的合同，桂海公司聘请外部律师进行尽职调查支付相关费用15 000元，为投标而发生的差旅费10 000元，支付销售人员佣金60 000元。桂海公司预期这些支出未来均能够收回。此外，桂海公司根据其年度销售目标、整体盈利情况及个人业绩等，向销售部门经理支付年度奖金10 000元。

桂海公司因签订该客户合同而向销售人员支付的佣金属于取得合同发生的增量成本，应当将其作为合同取得成本确认为一项资产；桂海公司聘请外部律师进行尽职调查发生的支出、为投标发生的差旅费以及向销售部门经理支付的年度奖金（不能直接归属于可识别的合同）不属于增量成本，应当于发生时直接计入当期损益。

桂海公司应编制如下会计分录：

（1）支付相关费用

	借方	贷方
借：合同取得成本	60 000	
管理费用	25 000	
贷：银行存款		85 000

（2）每月确认服务收入，摊销销售佣金

服务收入＝1 908 000÷（1+6%）÷12＝150 000（元）

销售佣金摊销额＝60 000÷5÷12＝1 000（元）

	借方	贷方
借：应收账款	159 000	
销售费用	1 000	
贷：合同取得成本		1 000
主营业务收入		150 000
应交税费——应交增值税（销项税额）		9 000

（3）确认销售部门经理奖金时

	借方	贷方
借：销售费用	10 000	
贷：应付职工薪酬		10 000

（4）发放销售部门经理奖金时

	借方	贷方
借：应付职工薪酬	10 000	
贷：银行存款		10 000

（二）合同履约成本

1. 合同履约成本的确认条件

同时满足下列条件的，通常应当作为合同履约成本确认为一项资产。

（1）该成本与一份当前或预期取得的合同直接相关。

包括直接人工、直接材料、制造费用或类似费用（如组织和管理生产、施工、服务等活动发生的费用等）、明确由客户承担的成本以及仅因该合同而发生的其他成本（如支付给分包商的成本、机械使用费、设计和技术援助费用、施工现场二次搬运费、生产工具和用具使用费、检验试验费、工程定位复测费、工程点交费用、场地清理费等）。

（2）该成本增加了企业未来用于履行（包括持续履行）履约义务的资源。

(3) 该成本预期能够收回。

会计分录为：

借：合同履约成本

　　贷：原材料、应付职工薪酬、银行存款等

借：主营业务成本等

　　贷：合同履约成本

2. 计入当期损益的支出

企业应当在下列支出发生时，将其计入当期损益。

(1) 管理费用，除非这些费用明确由客户承担；

(2) 非正常消耗的直接材料、直接人工和制造费用（或类似费用），这些支出为履行合同发生，但未反映在合同价格中；

(3) 与履约义务中已履行（包括已全部履行或部分履行）部分相关的支出，即该支出与企业过去的履约活动相关；

(4) 无法在尚未履行的与已履行（或已部分履行）的履约义务之间区分的相关支出。

【例题 10-17】桂海公司经营一家酒店，该酒店是甲公司的自有资产。202×年12月桂海公司计提与酒店经营直接相关的酒店、客房以及客房内的设备家具等折旧120 000元、酒店土地使用权摊销费用65 000元。经计算，当月确认房费、餐饮等服务含税收入424 000元，适用的增值税税率为6%，全部存入银行。

桂海公司经营酒店主要是通过提供客房服务赚取收入，而客房服务的提供直接依赖于酒店物业（包含土地）以及家具等相关资产，这些资产折旧和摊销属于桂海公司为履行与客户的合同而发生的合同履约成本。已确认的合同履约成本在收入确认时予以摊销，计入营业成本。桂海公司应编制如下会计分录。

(1) 确认资产的折旧费、摊销费

	借方	贷方
借：合同履约成本	185 000	
贷：累计折旧		120 000
累计摊销		65 000

(2) 12月确认酒店服务收入并摊销合同履约成本

	借方	贷方
借：银行存款	424 000	
贷：主营业务收入		400 000
应交税费——应交增值税（销项税额）		24 000
借：主营业务成本	185 000	
贷：合同履约成本		185 000

第二节　商业企业费用与核算

费用是指企业在日常活动中发生的、会导致所有者权益减少的、与向所有者分配利润无关的经济利益的总流出。商业企业的费用主要包括构成产品成本的费用和期间费用。

应设置的会计科目有如下几种。

1. 主营业务成本

为了核算在日常活动中销售商品所发生的营业成本，商业企业应设置“主营业务成本”科目。该科目属于损益类，借方表示增加，贷方表示减少，期末结转后无余额。

2. 其他业务成本

为了核算除销售商品以外的其他辅助活动所发生的营业成本，商业企业应设置“其他业务成本”科目。该科目属于损益类，借方表示增加，贷方表示减少，期末结转后无余额。

3. 管理费用

为了核算管理活动发生的相关费用，商业企业应设置“管理费用”科目。该科目属于损益类，借方表示增加，贷方表示减少，期末结转后无余额。

4. 销售费用

为了核算销售商品等活动中所发生的相关费用，商业企业应设置“销售费用”科目。该科目属于损益类，借方表示增加，贷方表示减少，期末结转后无余额。

5. 财务费用

为了核算为筹集资金而发生的筹资费用，商业企业应设置“财务费用”科目。该科目属于损益类，借方表示增加，贷方表示减少，期末结转后无余额。

6. 税金及附加

为了核算经营活动中应负担的消费税、城市维护建设税、资源税和教育费附加、印花税、房产税、城镇土地使用税等，商业企业应设置“税金及附加”科目。该科目属于损益类，借方表示增加，贷方表示减少，期末结转后无余额。

一、营业成本

（一）主营业务成本

主营业务成本是企业销售商品所发生的成本。商业企业一般在确认销售商品收入时，或在月末，将已销售商品的成本转入主营业务成本，期末，将主营业务成本转入本年利润，结转后“主营业务成本”科目无余额。

结转主营业务成本时的会计分录：

借：主营业务成本

　　贷：库存商品

期末应将“主营业务成本”科目余额结转入“本年利润”科目时的会计分录：

借：本年利润

　　贷：主营业务成本

【例题 10-18】202×年6月20日，桂海商业有限公司向D公司销售一批A产品，提货单已经送交D公司；该批产品成本为25 000元，不考虑其他因素。

结转销售成本时的会计分录：

借：主营业务成本　　　　25 000

贷：库存商品　　25 000

期末结转损益时的会计分录：

借：本年利润　　8 000

贷：主营业务成本　　8 000

（二）其他业务成本

其他业务成本是企业确认的除主营业务活动以外的其他经营活动所发生的耗费，包括销售材料的成本、出租固定资产计提的折旧额、出租无形资产计提的摊销额、出租包装物的成本或摊销额等。期末，将“其他业务成本”的本期发生额转入“本年利润”科目，结转后无余额。

商业企业应通过“其他业务成本”科目，核算其他业务成本的确认和结转情况。发生其他业务成本时的会计分录：

借：其他业务成本

贷：累计折旧

累计摊销

银行存款等

期末应将“其他业务成本”科目余额结转入“本年利润”科目时的会计分录：

借：本年利润

贷：其他业务成本

【例题 10-19】 202×年4月1日，桂海商业有限公司出租一幢办公楼给Y公司使用，已确认为投资性房地产，采用成本模式进行后续计量。假设出租的办公楼成本为3 600 000元，按直线法计提折旧，使用寿命为30年，预计净残值为零。按照合同规定，Y公司按月支付租金。

结转成本时的会计分录：

借：其他业务成本　　10 000（3 600 000÷30÷12）

贷：投资性房地产累计折旧　　10 000

期末应将“其他业务成本”科目余额结转入“本年利润”科目时的会计分录：

借：本年利润　　10 000

贷：其他业务成本　　10 000

二、期间费用

期间费用是企业日常活动中发生的不能计入特定核算对象的耗费，而应在发生时计入当期损益的费用。商业企业的期间费用包括管理费用、销售费用和财务费用。

（一）管理费用

管理费用，是指商业企业为组织和管理经营活动而发生的各项相关费用，主要包括筹建期间发生的开办费、董事会和行政管理部门在经营管理中发生的，或者统一负担的公司经费（含行政管理部门职工工资、修理费、物料消耗、低值易耗品摊销、办公费和差旅费等）、工会经费、劳动保险费、董事会会费（包括董事会成员津贴、会议费和差旅费等）、聘请中介机构费、咨询费（含顾问费）、诉讼费、业务招待费、技术转让费、矿产资源补偿费、研究费用、排污费和行政管理部门发生的固定资产修理费等。

（二）销售费用

销售费用，是指商业企业在销售商品过程中发生的各项相关费用，主要包括销售商品过程中发生的包装费、保险费、展览费和广告费、商品维修费、预计产品质量保证损失、运输费、装卸费等，以及发生的为销售本企业商品而专设的销售机构的职工薪酬、业务费、折旧费、固定资产修理费等费用。

（三）财务费用

财务费用，是指商业企业为筹集经营所需资金等而发生的筹资费用，主要包括利息支出、汇兑损益、相关手续费和现金折扣。

发生期间费用时的会计分录：

借：管理费用

　　销售费用

　　财务费用

　　贷：银行存款

　　　　应付职工薪酬等

期末将期间费用转入本年利润时的会计分录：

借：本年利润

　　贷：管理费用

　　　　销售费用

　　　　财务费用

【例题 10-20】桂海公司为增值税一般纳税人，202×年 9 月 10 日，行政管理部门用银行存款支付接待客户的住宿费和餐费，取得的增值税专用发票上注明的住宿费为 10 000 元、增值税税额为 600 元，取得的增值税普通发票上注明的餐费为 5 000 元、增值税税额为 300 元。桂海公司应编制如下会计分录。

借：管理费用　　15 300

　　应交税费——应交增值税（进项税额）　　600

　　贷：银行存款　　15 900

【例题 10-21】202×年 9 月，桂海公司行政管理部发生费用 180 000 元，其中，行政管理人员薪酬 150 000 元，报销行政管理人员差旅费 10 000 元（假定报销人员均未预借差旅费），其他办公费、水电费 20 000 元（均用银行存款支付）。假设不考虑增值税等因素。桂海公司应编制如下会计分录。

借：管理费用　　180 000

贷：应付职工薪酬　　150 000
　　库存现金　　10 000
　　银行存款　　20 000

【例题 10-22】 桂海公司为增值税一般纳税人，202×年9月1日为宣传新产品发生广告费，取得的增值税专用发票上注明的价款为100 000元、增值税税额为6 000元，价税款项用银行存款支付。桂海公司应编制如下会计分录。

借：销售费用　　100 000
　　应交税费——应交增值税（进项税额）　　6 000
　贷：银行存款　　106 000

【例题 10-23】 202×年9月，桂海公司销售部共发生费用220 000元，其中，销售人员薪酬100 000元，销售部专用办公设备和房屋的折旧费50 000元，业务费70 000元（用银行存款支付）。假设不考虑其他因素，桂海公司应编制如下会计分录。

借：销售费用　　220 000
　贷：应付职工薪酬　　100 000
　　　累计折旧　　50 000
　　　银行存款　　70 000

【例题 10-24】 202×年9月21日，桂海公司支付本月应负担的短期借款利息25 000元。桂海公司应编制如下会计分录。

借：财务费用——利息支出　　25 000
　贷：银行存款　　25 000

【例题 10-25】 202×年9月30日，桂海公司将本月发生的管理费用195 000元，销售费用320 000元，财务费用25 000元转入本年利润。结转期间费用时的会计分录。

借：本年利润　　540 000
　贷：管理费用　　195 000
　　　销售费用　　320 000
　　　财务费用　　25 000

三、税金及附加

税金及附加，是指企业经营活动应负担的相关税费，包括消费税、城市维护建设税、教育费附加、资源税、土地增值税、房产税、车船税、城镇土地使用税、印花税等。

会计分录为：

借：税金及附加
　贷：应交税费

需要说明的是，印花税不通过“应交税费”科目核算，购买印花税票时，直接借记“税金及附加”科目，贷记“银行存款”科目。期末，应将“税金及附加”科目余额转入“本年利润”科目，结转后“税金及附加”科目无余额。

会计分录为：

借：本年利润

　　贷：税金及附加

【例题 10-26】202 × 年 5 月 11 日，桂海商业有限公司取得应纳消费税的商品销售收入为 200 000 元，该产品适用的消费税税率为 25%。不考虑其他因素。

计提消费税时的会计分录：

借：税金及附加　　50 000（200 000 × 25%）

　　贷：应交税费——应交消费税　　50 000

缴纳消费税时的会计分录：

借：应交税费——应交消费税　　50 000

　　贷：银行存款　　50 000

【例题 10-27】202 × 年 5 月，桂海商业有限公司当月实际交增值税税额为 750 000 元，实际交消费税税额 50 000 元，城建税税率 7%，教育费附加 3% 。

计提城建税、教育费附加时的会计分录：

借：税金及附加——城建税　　56 000

　　　　　　——教育附加　　24 000

　　贷：应交税费——应交城建税　　56 000（800 000 × 7%）

　　　　　　　　——应交教育费附加　　24 000（800 000 × 3%）

实际缴纳城建税和教育费附加时的会计分录：

借：应交税费——应交城建税　　56 000

　　　　　　——应交教育费附加　　24 000

　　贷：银行存款　　80 000

【例题 10-28】202 × 年 5 月 31 日，桂海商业有限公司将当月发生的税金及附加 130 000元转入本年利润。

结转税金及附加时的会计分录：

借：本年利润　　130 000

　　贷：税金及附加　　130 000

第三节　商业企业利润与核算

利润是商业企业在一定期间从事经营活动所形成的经营成果，主要表现为盈利和亏损两种情况。利润是分析、考核和评价商业企业经营成果的重要的综合性指标，也是评价管理层业绩的主要依据。利润包括收入减去费用后的净额、加上直接计入当期利润的利得减去直接计入当期利润的损失构成。

一、利润的构成

我国《企业会计企业准则》规定：商业企业利润包括营业利润、利润总额和净利润。

（一）营业利润

营业利润是日常经营活动形成的，属于商业企业利润的主要来源。计算公式为：营业利润=营业收入-营业成本-税金及附加-销售费用-管理费用-研发费用-财务费用+其他收益+公允价值变动损益（-公允价值变动损失）+投资收益（-投资损失）-信用减值损失-资产减值损失+资产处置收益（-资产处置损失）。

其中，营业收入，是指商业企业日常经营活动中各项业务所确认的收入总额，包括主营业务收入和其他业务收入。

营业成本，是指商业企业日常经营活动中各项业务所发生的实际成本总额，包括主营业务成本和其他业务成本。

其他收益，是指商业企业从各级政府部门取得的政府补助。

公允价值变动损益是指商业企业持有交易性金融资产等以公允价值作为初始计量的资产或负债，在资产负债表日公允价值发生变动形成的差额。

投资收益，是指商业企业以各种方式对外投资所取得的收益。

信用减值损失，是指商业企业对各项金融工具计提的减值准备所形成的预期信用损失。

资产减值损失，是指商业企业计提各项资产减值准备所形成的损失。

资产处置收益，是指商业企业销售固定资产、无形资产形成的净收益（亏损用“-”）。

（二）利润总额

利润总额是商业企业在日常活动和非日常活动形成的综合成果，主要由营业利润、营业外收入和营业外支出构成。计算公式如下：

利润总额=营业利润+营业外收入-营业外支出

其中，营业外收入，是指商业企业在非日常活动中发生的直接计入当期损益的各项得利，即与商业企业经营活动没有直接关系的各种利得。营业外收入实际上是一种经济利益的净流入，不可能也不需要与有关费用进行匹配。通过营业外收入核算的内容主要包括：固定资产盘盈、报废固定资产的净收益、罚款净收入、捐赠利得、非货币性资产交换、债务重组，以及确实无法支付而按规定程序经批准后转作营业外收入的应付款项等。

营业外支出，是指商业企业在非日常活动中发生的直接计入当期损益的各项损失，即商业企业发生的与日常生产经营没有关系的支出。营业外支出核算的内容主要包括：固定资产盘亏、报废固定资产的净损失、非常损失、捐赠支出、罚款支出、赔偿金、违约金、债务重组、非货币性资产交换等。

（三）净利润

利润总额扣除所得税费用后即为净利润，反映商业企业在日常活动和非日常活动形成的经营成果减去所得税费用后的净额。计算公式为：净利润=利润总额-所得税费用。

其中，所得税费用，是指商业企业依据应纳税所得额的一定比例确认应缴的税费。我国现在所得税率有三档：一是25%的基本税率，一般企业均按25%的税率征收企业所得税；二是对符合条件的小型微利企业，按20%的税率征收企业所得税；三是对国家重点扶持的高新技术企业，按15%征收企业所得税。

二、利润的核算

利润的核算主要依赖收入、费用、利得和损失的确认和计量。只有正确地核算收入、费用、利得和损失，利润的计算才会准确。

（一）公允价值变动损益的核算

公允价值变动损益反映商业企业持有金融资产等发生的价值变动。为核算商业企业发生的公允价值变动损益，应设置“公允价值变动损益”科目，期末应将“公允价值变动损益”余额转入“本年利润”科目时的会计分录。

借：本年利润

　　贷：公允价值变动损益（属于公允价值变动损失的）

或

借：公允价值变动损益（属于公允价值变动收益的）

　　贷：本年利润

（二）投资收益的核算

投资收益反映商业企业以各种方式对外投资所取得的收益。为了核算投资损益，商业企业需要设置“投资收益”科目。期末将“投资收益”科目余额转入“本年利润”时的会计分录。

借：本年利润

　　贷：投资收益（属于投资损失的）

或

借：投资收益（属于投资收益的）

　　贷：本年利润

（三）减值损失的核算

减值损失是商业企业计提各项资产减值准备所形成的损失，主要包括计提存货、长期股权投资、债权投资、固定资产、无形资产等减值准备所形成的减值损失。为核算资产发生的减值损失，商业企业应设置“资产减值损失”科目和“信用减值损失”科目。

发生减值时的会计分录：

借：资产减值损失

　　信用减值损失

　　贷：存货跌价准备

　　　　固定资产减值准备

债权投资减值准备等

商业企业计提坏账准备、存货跌价准备、债权投资减值准备等后，影响减值的因素消失，相关资产的价值得到恢复的，应在原已计提的减值准备金额内，按恢复增加的金额入账。

资产减值恢复时的会计分录：

借：存货跌价准备

坏账准备

债权投资减值准备等

贷：资产减值损失

信用减值损失

期末应将“资产减值损失”科目和“信用减值损失”、科目的余额转入、“本年利润”、科目时的会计分录：

借：本年利润

贷：资产减值损失

信用减值损失

（四）营业外收入的核算

营业外收入，是指商业企业发生的与其日常经营活动无直接关系的各项经济利益的净流入，主要包括处置非流动资产利得、非货币性资产交换利得、债务重组利得、政府补助利得、盘盈利得、捐赠利得等。

发生营业外收入业务时的会计分录：

借：银行存款

应付账款等

贷：营业外收入

期末应将“营业外收入”科目余额转入“本年利润”科目时的会计分录：

借：营业外收入

贷：本年利润

（五）营业外支出的核算

营业外支出是商业企业发生的与其日常经营活动无直接关系的各项经济利益的净流出，主要包括处置非流动资产损失、非货币性资产交换损失、债务重组损失、盘亏损失、公益性捐赠支出、非常损失等。

发生营业外支出业务时的会计分录：

借：营业外支出

贷：库存商品

银行存款等

期末应将“营业外支出”科目余额转入“本年利润”科目时的会计分录：

借：本年利润

　　贷：营业外支出

（六）政府补助

政府补助，是指商业企业无偿地从政府获取货币性资产或非货币性资产。政府补助不包括政府作为投资者身份投入的资本。

政府补助分为与资产相关的政府补助和与收益相关的政府补助。其中，与资产相关的政府补助是指商业企业取得的、用于购建或以其他方式形成长期资产的政府补助；与收益相关的政府补助是指除与资产相关的政府补助之外的政府补助。

根据政府补助准则规定，与企业日常活动相关的政府补助，应当按照经济业务实质，计入其他收益或冲减相关成本费用；与企业日常活动无关的政府补助，应当计入营业外收支。一般，政府补助的成本费用项目是营业利润之中的项目或该补助与日常销售等经营行为密切相关（如增值税即征即退等），就认为该政府补助与日常活动相关，记入“其他收益”科目。

1. 政府补助的主要形式

政府补助主要表现为政府免费地将资产转移给企业，一般转移的是货币性资产，转移非货币性资产的情况非常少。

（1）财政拨款。财政拨款是政府为了支持企业而无偿拨付的款项，一般在拨款之前就明确了资金的用途，企业拿到资金后，必须按照政府规定的用途使用，否则，政府有权将资金强制性收回。

（2）财政贴息。财政贴息主要是企业向银行贷款后，符合享受政府补助政策的企业可以得到政府的贷款利息补贴，降低企业的成本。

（3）税收返还。税收返还是政府按照先征后返（退）、即征即退等办法向企业返还的税款，属于以税收优惠形式给予的一种政府补助，增值税出口退税不属于政府补助。除税收返还外，税收优惠还包括直接减征、免征、增加计税抵扣额、抵免部分税额等形式。

2. 与资产相关的政府补助的处理

与资产相关的政府补助是为了构建企业的长期资产，因此，与资产相关的政府补助应当先确认为递延收益，并在构建资产的使用寿命内平均分摊，分期转入“其他收益科目”。如果构建的长期资产在使用寿命结束前被处置，应将尚未分摊的递延收益余额一次性转入资产处置当期的“营业外收入”科目。

获得与资产相关的政府补助时的会计分录：

借：银行存款等

　　贷：递延收益

构建长期资产时的会计分录：

借：在建工程

　　固定资产

　　研发支出

无形资产等

贷：银行存款

分摊递延收益时的会计分录：

借：递延收益

贷：其他收益

【例题 10-29】2015 年 1 月 1 日，桂海商业有限公司获得政府拨付 396 万元财政拨款（同日到账），按政府要求用于购买大型商品冷冻设备；并规定若有结余，留归企业自行支配。2015 年 2 月 1 日，桂海商业有限公司购入 1 台大型商品冷冻设备（假定不需安装），实际成本为 360 万元，使用寿命为 10 年。2023 年 2 月 1 日，出售了这台科研设备。假定该设备预计净残值为零，桂海商业有限公司采用直线法计提折旧，不考虑其他因素。

收到财政拨款时的会计分录：

借：银行存款　　3 960 000

贷：递延收益　　3 960 000

购入设备时的会计分录：

借：固定资产　　3 600 000

贷：银行存款　　3 600 000

每个月计提折旧和分配递延收益时的会计分录：

借：研发支出　　30 000

贷：累计折旧　　30 000

借：递延收益　　33 000（3 960 000÷10÷12）

贷：其他收益　　33 000

出售该设备时的会计分录：

借：固定资产清理　　720 000

累计折旧　　2 880 000（3 600 000÷10 × 8）

贷：固定资产　　3 600 000

借：递延收益　　792 000（3 960 000÷10 × 2）

贷：营业外收入　　792 000

3. 与收益相关的政府补助

与收益相关的政府补助用于补偿商业企业以后期间的相关费用或损失的，先确认为递延收益，并在以后确认相关费用的期间分摊记入“其他收益”科目；用于补偿商业企业已发生的相关费用或损失的，取得时直接记入“其他收益”科目。

收到与收益相关的政府补助时的会计分录：

借：银行存款

贷：其他收益（补偿已发生的相关费用）

或

借：银行存款

贷：递延收益（补偿未来期间发生的相关费用）

分期摊销递延收益时的会计分录：

借：递延收益

　　贷：其他收益

注意：商业企业取得与资产和收益均相关的政府补助时，应当将其分解为与资产相关的部分和与收益相关的部分，分别进行业务处理，如果不能区分与资产相关的政府补助和与收益相关的政府补助，商业企业可以将整项政府补助归类为与收益相关的政府补助。

三、所得税费用的核算

商业企业利润表中的所得税费用由两个部分组成，即当期所得税和递延所得税费用。当期所得税根据应纳税所得额与所得税税率的乘积计算确定，递延所得税根据暂时性差异与所得税税率的乘积计算确定。其中，暂时性差异包括应纳税暂时性差异和可抵扣暂时性差异。

（一）暂时性差异

暂时性差异是指资产、负债的账面价值与其计税基础不同所产生的差额。其中，账面价值是指按照会计准则规定确定的有关资产、负债在资产负债表中应列示的金额。由于资产、负债的账面价值与其计税基础不同，产生了在未来收回资产或清偿负债的期间内，应纳税所得额增加或减少并导致未来期间应交所得税增加或减少的情况，在这些暂时性差异发生的当期，一般应当确认相应的递延所得税负债或递延所得税资产。

1. 应纳税暂时性差异

（1）资产的账面价值大于其计税基础。一项资产的账面价值代表的是企业在持续使用或最终出售该项资产时会取得的经济利益的总额，而计税基础代表的是一项资产在未来期间可于税前扣除的总金额。资产的账面价值大于其计税基础，该项资产未来期间产生的经济利益不能全部税前抵扣，两者之间的差额需要交所得税，产生应纳税暂时性差异，符合条件应确认为相关递延所得税负债。

（2）负债的账面价值小于其计税基础。一项负债的账面价值为企业预计在未来期间清偿该项负债时的经济利益流出，而其计税基础代表的是账面价值在扣除税法规定未来期间允许税前扣除的金额之后的差额。因负债的账面价值与其计税基础不同产生的暂时性差异，实质上是税法规定就该项负债在未来期间可以税前扣除的金额为负数，即应在未来期间应纳税所得额的基础上调增，增加应纳税所得额和应交所得税金额，产生应纳税暂时性差异，符合条件的应确认相关的递延所得税负债。

2. 可抵扣暂时性差异

（1）资产的账面价值小于其计税基础。从经济含义来看，资产在未来期间产生的经济利益少，按照税法规定允许税前扣除的金额多，则企业在未来期间可以减少应纳税所得额并减少应交所得税，符合条件的应确认为递延所得税资产。

（2）负债的账面价值大于其计税基础。负债产生的暂时性差异实质上是税法[illegible]项负债可以在未来期间税前扣除的金额。一项负债的账面价值大于其计税基[illegible]

来期间按照税法规定构成负债的全部或部分金额可以自未来应税经济利益中扣除，减少未来期间的应纳税所得额和应交所得税，符合条件的应确认为递延所得税资产。

（二）当期所得税

当期所得税是指企业按照税法规定计算确定的针对当期发生的交易和事项应缴纳给税务机关的所得税额，即应交所得税。当期所得税应当以适用的税收法规为基础来计算确定。

企业在确定当期所得税时，对于当期发生的交易或事项，会计处理与税收处理不同的，应在会计利润的基础上，按照适用税收法规的要求进行调整（即纳税调整），计算出当期应纳税所得额，按照应纳税所得额与适用所得税税率的乘积计算确定当期应交所得税。一般情况下，应纳税所得额在会计利润的基础上经过调整得来，调整公式如下：

应纳税所得额=利润总额+纳税调整增加额-纳税调整减少额

应交所得税=应纳税所得额 × 所得税税率

【例题 10-30】桂海公司 202 × 年度利润总额为 300 万元，其中本年度国债利息收入 15 万元，税收滞纳金 5 万元，实际发生的业务招待费 25 万元（税法核定的业务招待费 15 万元）。递延所得税负债年初数为 2 万元，年末数为 3 万元，递延所得税资产年初数为 5 万元，年末数为 3 万元。适用的企业所得税税率为 25%，假定不考虑其他因素，桂海公司 202 × 年度应纳税所得额为多少万元？

应纳税所得额 = 税前会计利润 + 纳税调整增加额 - 纳税调整减少额 = 300 + 5 + （25 - 15） -15 = 300（万元）。递延所得税影响所得税费用，不影响应纳税所得额。

【例题 10-31】桂海适用的所得税税率为 25%。202 × 年该企业实现利润总额 500 万元，其中国债利息收入 20 万元，无其他纳税调整事项。桂海企业 202 × 年利润表“净利润”项目“本期金额”栏应填列的金额为多少万元？

202 × 年利润表“净利润”项目“本期金额”栏应填列的金额 = 500 - （500 - 20） × 25% = 380（万元）

【例题 10-32】桂海企业 202 × 年全年利润总额为 6 035 万元，当年实现国债利息收入 45 万元，缴纳的税收滞纳金 10 万元，所得税税率为 25%。不考虑其他因素，该企业 202 × 年度所得税费用为多少万元？

桂海企业 202 × 年度的应纳税所得额 = 6 035-45+10 = 6 000（万元），所得税费用 = 应纳税所得额 × 适用税率 = 6 000 × 25% = 1 500（万元）

（三）递延所得税

递延所得税是指按照会计准则规定应予确认的递延所得税资产和递延所得税负债在会计期末应有的金额相对于原已确认金额之间的差额，即递延所得税资产和递延所得税负债的当期发生额，但不包括计入所有者权益的交易或事项对所得税影响。计算公式如下：

递延所得税 = （递延所得税负债的期末余额-递延所得税负债的期初余额） - （递延所得税资产的期末余额-递延所得税资产的期初余额）

【例题 10-33】桂海企业 202×年当期所得税为 650 万元，递延所得税负债年初数为 45 万元、年末数为 58 万元。递延所得税资产年初数为 36 万元，年末数为 32 万元。不考虑其他因素，桂海企业 202×年应确认的所得税费用为多少万元？

递延所得税 =（递延所得税负债的期末余额-递延所得税负债的期初余额）-（递延所得税资产的期末余额-递延所得税资产的期初余额）=（58-45）-（32-36）= 17（万元）。所得税费用 = 当期所得税+递延所得税 = 650+17 = 667（万元）。

（四）所得税费用

计算确定了当期应交所得税及递延所得税以后，利润表中应予确认的所得税费用就是两者之和，计算公式如下：

所得税费用 = 当期所得税+递延所得税

【例题 10-34】桂海企业 202×年应交所得税 100 万元，"递延所得税负债" 科目期初余额为 30 万元，期末余额为 35 万元；"递延所得税资产" 科目期初余额为 20 万元，期末余额为 18 万元。桂海企业 202×年的所得税费用是多少万元？

所得税费用 = 当期所得税+递延所得税 = 当期应交所得税+（递延所得税负债的期末余额-递延所得税负债的期初余额）-（递延所得税资产的期末余额-递延所得税资产的期初余额）= 100+（35-30）-（18-20）= 107（万元）

【例题 10-35】202×年桂海公司应交所得税税额为 5000 000 元；递延所得税负债年初数为 400 000 元，年末数为 500 000 元；递延所得税资产年初数为 250 000 元，年末数为 200 000 元。

桂海公司所得税费用的计算如下：递延所得税 =（500 000-400 000）-（200 000-250 000）= 150 000（元）。所得税费用 = 5 000 000+150 000 = 5 150 000（元）

公司应编制如下会计分录：

	借方	贷方
借：所得税费用	5 150 000	
贷：应交税费——应交所得税		5 000 000
递延所得税负债		100 000
递延所得税资产		50 000

四、本年利润的核算

为了进行利润的核算，商业企业应当设置"本年利润"科目，核算企业实现的利润或发生的亏损。期末结转利润的方法有账结法和表结法两种。

（一）账结法

账结法是商业企业每月结账时，将损益类科目的余额，全部转入"本年利润"科目，通过"本年利润"科目结出本月份的利润总额或亏损总额，以及本年累计损益。采用账结法核算本年利润，月末，商业企业应将各损益类科目的余额转入"本年利润"科目，结转以后，"本年利润"科目余额如在借方，则表示商业企业发生的亏损总额，余额如在贷方则反映商业企业本年度累计实现的利润总额。

结转损益时的会计分录：

借：主营业务收入
　　其他业务收入
　　投资收益
　　营业外收入等
　　贷：本年利润

同时：

借：本年利润
　　贷：主营业务成本
　　　　税金及附加
　　　　其他业务成本销售费用
　　　　管理费用
　　　　财务费用
　　　　营业外支出等

【例题 10-36】桂海商业有限公司 202×年 1 月损益类科目结转前余额如下：主营业务收入贷方 300 000 元，其他业务收入贷方 50 000 元，投资收益贷方 30 000 元，营业外收入贷方 20 000 元，主营业务成本借方 220 000 元，税金及附加借方 20 000 元，其他业务成本借方 20 000 元，管理费用借方 3 800 元，销售费用借方 10 000 元，财务费用借方 2 000 元，营业外支出借方 8 000 元。

结转损益时的会计分录：

借：主营业务收入	300 000	
其他业务收入	50 000	
投资收益	30 000	
营业外收入	20 000	
贷：本年利润		400 000

同时：

借：本年利润	283 800	
贷：主营业务成本		220 000
税金及附加		20 000
销售费用		10 000
其他业务成本		20 000
管理费用		3 800
财务费用		2 000
营业外支出		8 000

月末经过以上结转后，1 月“本年利润”科目贷方余额增加 116 200 元（400 000-283 800）。

（二）表结法

表结法是商业企业每月结账时，不需要把损益类各科目的余额转入“本年利润”科目，而是通过结出各损益类科目的本年累计余额，就可据以逐项填制“利润表”，通过“利润表”计算出从年初到本月止的本年累计利润，然后减去上月止本表中的本年累计利润，就是本月份的利润或亏损。

商业企业在采用“表结法”的情况下，年终时仍需采用“账结法”，将损益类各科目的全年累计余额转入“本年利润”科目，在“本年利润”科目集中反映本年的全年利润及其构成情况。

（三）本年利润的结转

年终，商业企业计算出本年利润的余额后，不管是盈利还是亏损，均应按照国家税收的有关规定进行账务处理，并将“本年利润”科目的最终余额（即净利润）转入“利润分配”科目。结转后“本年利润”科目没有余额。

结转本年利润时的会计分录：

借：利润分配——未分配利润

　　贷：本年利润（结转净亏损）

借：本年利润（结转净收益）

　　贷：利润分配——未分配利润

本章小结

收入，是指企业在日常活动中形成的、会导致所有者权益增加的、与所有者投入资本无关的经济利益的总流入。

商品销售收入的核算包括一般业务的核算、预收款方式的核算和特殊业务的核算。

费用，是指企业在日常活动中发生的、会导致所有者权益减少的、与向所有者分配利润无关的经济利益的总流出。

期间费用，是指企业本期发生的、不能直接或间接归入营业成本，而是直接计入当期损益的各项费用，包括销售费用、管理费用和财务费用。

费用的核算包括营业成本的核算（主营业务成本、其他业务成本）及业务处理、管理费用的核算及业务处理、销售费用的核算及业务处理、财务费用的核算及业务处理和税金及附加的核算及业务处理等。

利润是企业在一定期间从事经营活动所形成的最终经营成果，主要表现为盈利和亏损两种情况。

利润包括企业的收入减去费用后的净额、加上直接计入当期利润的利得减去直接计入当期利润的损失构成。

企业利润包括营业利润、利润总额和净利润。

营业利润=营业收入−营业成本−税金及附加−销售费用−管理费用−研发费用−财务费+减值损失−资产减值损失+资产处置收益（−资产处置损失）

利润总额=营业利润+营业外收入−营业外支出净利润=利润总额−所得税费用

政府补助，是指企业无偿地从政府获取货币性资产或非货币性资产。政府补助不包括政府作为投资者身份投入的资本。

所得税费用包括当期所得税和递延所得税两部分。结转利润的方法有账结法和表结法两种。

《习题与实训》

一、思考题

1. 收入确认与计量的步骤是怎样的？
2. 对于在某一时段内履行的履约义务，企业应如何确认收入？
3. 对于在某一时点履行的履约义务，企业应如何确认收入？
4. 履约进度的确认方法有哪些？
5. 合同取得成本、合同履约成本的内容有哪些？
6. 期间费用的内容有哪些？
7. 营业外收入和营业外支出的内容有哪些？
8. 如何计算企业的利润总额？
9. 如何计算企业利润表中的所得税费用？
10. 表结法和账结法的主要区别有哪些？

二、单项选择题

1. 企业对已经发出但不符合收入确认条件的商品，应借记的会计科目是（　　）。

A. 在途物资　　B. 主营业务成本

C. 库存商品　　D. 发出商品

2. 下列各项中，属于制造业企业“主营业务收入”科目核算的是（　　）。

A. 销售原材料收入　　B. 出租包装物租金收入

C. 出售生产设备净收益　　D. 销售产品收入

3. 2022 年 12 月，甲公司的主营业务收入 60 万元，其他业务收入 10 万元，营业外收入 5 万元，则甲公司 12 月应确认的营业收入金额为（　　）万元。

A. 70　　B. 60　　C. 75　　D. 65

4. 下列各项中，会引起企业营业收入发生增减变动的是（　　）。

A. 转销无法支付的应付账款　　B. 接受固定资产捐赠

C. 出售原材料取得的收入　　D. 取得保险公司的灾害损失赔款

5. 2022 年 12 月 1 日，甲公司与乙公司签订一份为期 3 个月的劳务合同，合同总价款为 120 万元（不含增值税）。当日收到乙公司预付合同款 30 万元。截至月末该劳务合同的履约进度为 40%，符合按履约进度确认收入的条件。不考虑其他因素，甲公司 2022 年 12 月应确认的劳务收入为（　　）万元。

A. 30　　B. 48　　C. 78　　D. 120

6. 某企业为增值税一般纳税人，销售商品适用的增值税税率为 13%。2022 年 12 月 1 日该企业销售 M 商品 600 件，每件商品不含增值税的标价为 1.5 万元，给予客户 10%的商业折扣，销售业务符合收入确认条件，不考虑其他因素，该企业销售 M 商品应确认的收入为（　　）万元。

A. 915.3　　B. 810　　C. 1 017　　D. 900

7. 甲公司为增值税一般纳税人，2022 年 1 月 2 日销售 M 商品 1 000 件并开具增值税专用发票，每件商品的标价为 200 元（不含增值税），M 商品适用的增值税税率为 13%。每件商品的实际成本为 120 元，由于成批销售，甲公司给予客户 10%的商业折扣。M 商品于 1 月 2 日发出，客户于 1 月 9 日付款。该销售业务属于在某一时点履行的履约义务。不考虑其他因素，下列各项中，有关甲公司销售商品会计处理表述正确的是（　　）。

A. 确认主营业务收入 180 000 元　　B. 确认财务费用 20 000 元

C. 确认主营业务成本 108 000 元　　D. 确认销项税额 26 000 元

8. 甲公司系增值税一般纳税人，适用增值税税率为 13%。2022 年 12 月 12 日，甲公司与乙公司签订一项商品购销合同，该批商品注明的价格为 1 200 万元，但由于甲公司与乙公司属于长期合作关系，甲公司给予乙公司商业折扣 200 万元，商品当日已发出，并经乙公司验收合格。不考虑其他因素，甲公司此合同的交易价格是（　　）。

A. 1 000 万元　　B. 1 200 万元　　C. 1 130 万元　　D. 零

9. 甲公司与乙公司签订合同，在乙公司的厂区内为其建造一栋办公楼，合同价款为 500 万元。根据合同约定，该项工程的完工日期为 2022 年 3 月 31 日，如果甲公司能够在该日期之前完工，则每提前一天，合同价款将增加 2 万元；相反，如果甲公司未能按期完工，则每推迟一天，合同价款将会减少 2 万元。甲公司经合理评估后认为，提前一天完工的概率为 40%，提前两天完工的概率为 30%，推迟一天完工的概率为 30%。此外，合同约定，该项工程完工之后将参与省级优质工程奖的评选，如果能够获奖，乙公司将额外奖励甲公司 20 万元。甲公司经合理评估后认为，能够获奖的概率为 80%。不考虑其他因素，甲公司此项合同的交易价格为（　　）万元。

A. 500　　B. 520　　C. 501.4　　D. 521.4

10. 2022 年 1 月 1 日，甲公司与乙公司签订建造合同，合同约定甲公司在乙公司的土地上为其建造研发中心，建设期 8 个月，合同价款 3 000 万元，预计合同成本 1 800 万元。当日甲公司已预收乙公司备料款 300 万元。至 2022 年 12 月 31 日，甲公司已发生建造成本 855 万元，预计还将发生建造成本 945 万元。甲公司采用成本法确定履约进度。不考虑其他因素，甲公司 2022 年应确认的收入是（　　）。

A. 1 800 万元　　B. 1 425 万元　　C. 855 万元　　D. 300 万元

11. 下列各项相关费用均由企业承担，不考虑其他因素，属于合同取得成本的是（　　）。

A. 销售佣金　　B. 签订合同的差旅费

C. 合同投标费　　D. 尽职调查费

12. 2022 年 9 月 1 日，某企业通过竞标赢得一个服务期为三年的客户。为取得该合同，企业聘请外部律师进行尽职调查支付相关费用 20 000 元，为参加投标支付差旅费 10 000 元；支付销售人员佣金 50 000 元，预期该支出能够收回。不考虑相关税费及其他因素，该企业应确认的合同取得成本为（　　）元。

A. 60 000　　B. 50 000　　C. 20 000　　D. 30 000

13. 下列各项中，企业发生的相关税费应通过“税金及附加”科目核算的是（　　）。

A. 代扣代缴的个人所得税　　B. 计算应交纳的企业所得税

C. 计算应交纳的增值税　　D. 计算应交纳的城市维护建设税

14. 2022 年 2 月，某企业发生自用房地产应交房产税 2 000 元，应交增值税 10 000 元，车船税 3 000 元，城镇土地使用税 1 500 元，消费税 16 000 元，支付印花税 800 元。不考虑其他因素，该企业当月应计入税金及附加的金额为（　　）元。

A. 23 300　　B. 26 000　　C. 33 300　　D. 5 800

15. 下列各项中，属于企业期间费用的是（　　）。

A. 采购材料过程中发生的非合理损耗　　B. 计提已对外出租固定资产的折旧费

C. 宣传推广新产品支付的广告费　　D. 销售商品给予客户的商业折扣

三、多项选择题

1. 某公司经营一家健身俱乐部，2022 年 1 月 1 日，与客户签订合同，并收取客户会员费 6 000元，客户可在未来 12 个月内享受健身服务，且没有次数限制。不考虑其他因素，下列各项中，该公司相关会计处理表述正确的有（　　）。

A. 1 月 1 日收到会费确认合同负债 6 000 元

B. 1 月 1 日收到会费确认预计负债 6 000 元

C. 1 月 31 日确认主营业务收入的金额为 530 元

D. 1 月 31 日确认主营业务收入的金额为 500 元

2. 下列各项中，属于在某一时段内履行的履约义务的有（　　）。

A. 客户在企业履约的同时即取得并消耗企业履约所带来的经济利益

B. 客户能够控制企业履约过程中在建的商品

C. 企业履约过程中所产出的商品具有不可替代用途

D. 企业履约过程中所产出的商品具有不可替代用途，且该企业在整个合同期间内有权就累计至今已完成的履约部分收取款项

3. 下列各项中，不应作为合同履约成本确认为资产的有（　　）。

A. 为取得合同发生但预期能够收回的增量成本

B. 为组织和管理企业生产经营发生的但非由客户承担的管理费用

C. 无法在尚未履行的与已履行（或已部分履行）的履约义务之间区分的支出

D. 为履行合同发生的非正常消耗的直接材料、直接人工和制造费用

4. 2022 年 12 月，某企业当月应交纳增值税 50 万元，销售应税消费品应交纳消费税 20 万元，经营用房屋交纳房产税 10 万元。该企业适用的城市维护建设税税率为 7%，教育费附加征收率为 3%，不考虑其他因素，下列各项中，关于该企业 12 月应交纳城市维护建设税和教育费附加的相关会计科目处理正确的有（　　）。

A. 借记“税金及附加”科目 7 万元

B. 贷记“应交税费——应交教育费附加”科目 2. 1 万元

C. 贷记“应交税费——应交城市维护建设税”科目 5. 6 万元

D. 借记“管理费用”科目 7 万元

5. 下列各项中，应计入企业期间费用的有（　　）。

A. 预计产品质量保证损失　　B. 生产部门机器设备折旧费

C. 行政管理部门职工薪酬　　D. 计提无形资产减值准备

6. 下列各项中，企业销售商品时发生的支出，应通过“销售费用”科目核算的有（　　）。

A. 装卸费　　B. 保险费　　C. 包装费　　D. 代垫运费

7. 下列各项中，属于“财务费用”科目核算内容的有（　　）。

A. 支付公开发行普通股的佣金　　B. 支付的银行承兑汇票手续费

C. 确认的财务部门人员薪酬　　D. 确认的生产经营用短期借款利息费用

8. 下列各项中，影响企业营业利润的有（　　）。

A. 对出租固定资产计提折旧　　B. 销售原材料取得的收入

C. 出售交易性金融资产产生的损益　　D. 无法查明原因的现金溢余

9. 下列各项中，不应计入营业外支出的有（　　）。

A. 自然灾害造成的原材料净损失　　B. 因材料陈旧而确认的减值损失

C. 应由责任人赔偿的原材料赔款　　D. 计量差错引起的原材料盘亏

10. 下列各项中，应计入营业外收入的有（　　）。

A. 转销无法支付的应付账款　　B. 收发计量差错造成的原材料盘盈利得

C. 出租包装物租金收入　　D. 无法查明原因的现金溢余

四、判断题

1. 企业为取得合同发生的增量成本预期能够收回的，应作为合同履约成本确认为一项资产。（　　）

2. 在某一时段内履行的履约义务，若能合理确定履约进度的，企业应于资产负债表日按照合同的交易价格总额乘以履约进度扣除以前会计期间累计已确认的收入后的金额，确认当期收入。（　　）

3. 对于在某一时段内履行的履约义务，当履约进度不能合理确定时，企业已发生的成本预计能够得到补偿的，应当按照已发生的成本金额确认收入。（　　）

4. 企业未满足收入确认条件的售出商品发生销售退回时，应借记“库存商品”科目，贷记“主营业务成本”科目。（　　）

5. 企业采用支付手续费方式委托代销商品，应将支付的手续费计入其他业务成本。（　）

6. 企业采用支付手续费方式委托外单位代销商品的，应在发出商品时确认销售收入。（　）

7. 企业财务部门使用办公设备计提的折旧费用，应计入财务费用。（　）

8. 期末，企业应将“所得税费用”科目的余额转入“利润分配——未分配利润”科目。（　）

9. 年度终了，企业应将“本年利润”科目的本年累计余额转入“利润分配——未分配利润”科目。（　）

五、不定项选择题

1. 甲公司为增值税一般纳税人，销售商品适用的增值税税率为13%，确认收入的同时结转成本。2022年度甲公司发生的有关经济业务如下。

（1）5月1日，与乙公司签订协议，采用预收货款方式向乙公司销售商品一批，该批商品的实际成本为80 000元，销售价格总额为100 000元，5月2日收到乙公司预付款70 000元。5月20日，甲公司向乙公司发出该批商品，增值税专用发票注明的价款为100 000元，增值税税额为13 000元，剩余款项已收妥并存入银行，此业务符合收入确认条件。

（2）7月6日，采用赊销方式向丙公司销售商品一批，开出的增值税专用发票注明的价款为80 000元，增值税税额为10 400元，该批商品实际成本为60 000元。在销售商品时，甲公司得知丙公司发生财务困难，对价很可能无法收回，但为了保持客户关系仍将商品发出，此业务不符合收入确认条件。9月25日，甲公司得知丙公司财务状况已好转，并承诺于近期支付货款，此业务符合收入确认条件。

（3）12月15日，委托丁公司销售商品200件，每件商品的实际成本为600元，该商品已于当日发出，按照双方协议约定，丁公司应按照每件800元对外销售商品，甲公司按照售价（不含税）的10%向丁公司支付手续费。12月31日，收到丁公司开出的代销清单，实际销售100件商品，同时收到丁公司因提供代销服务开具的增值税专用发票，增值税专用发票上注明的价款为8 000元，增值税税额为480元。

要求：

根据上述资料，不考虑其他因素，分析回答下列小题。

1）根据资料（1），下列各项中，关于甲公司采用预收货款方式销售商品的会计处理正确的是（　）。

A. 5月2日，应贷记“主营业务收入”科目100 000元

B. 5月20日，应借记“主营业务成本”科目80 000元

C. 5月20日，应借记“应收账款”科目43 000元

D. 5月2日，应贷记“主营业务收入”科目70 000元

2）根据资料（2），下列各项中，关于甲公司采用赊销方式销售商品的会计处理正确的是（　）。

A. 9 月 25 日，符合收入确认条件时：

借：银行存款	90 400	
贷：主营业务收入		80 000
应交税费——应交增值税（销项税额）		10 400

B. 7 月 6 日，发出商品时：

借：应收账款	90 400	
贷：主营业务收入		80 000
应交税费——应交增值税（销项税额）		10 400

C. 9 月 25 日，符合收入确认条件时：

借：应收账款	80 000	
贷：主营业务收入		80 000
借：主营业务成本	60 000	
贷：发出商品		60 000

D. 7 月 6 日，发出商品时：

借：应收账款	10 400	
贷：应交税费——应交增值税（销项税额）		10 400
借：发出商品	60 000	
贷：库存商品		60 000

3）根据资料（3），下列各项中，关于甲公司 12 月 15 日发出委托代销商品时的会计处理结果正确的是（　　）。

A. 借记“发出商品”科目 120 000 元

B. 贷记“主营业务收入”科目 160 000 元

C. 贷记“其他业务收入”科目 160 000 元

D. 借记“主营业务成本”科目 120 000 元

4）根据资料（3），下列各项中，关于甲公司 12 月 31 日收到丁公司代销清单时的会计处理结果正确的是（　　）。

A. 贷记“其他业务收入”科目 80 000 元

B. 借记“管理费用”科目 8 000 元

C. 借记“销售费用”科目 8 000 元

D. 贷记“主营业务收入”科目 80 000 元

5）根据资料（1）至（3），下列各项中，关于甲公司 2022 年度营业收入和营业成本表述正确的是（　　）。

A. 营业成本增加 140 000 元　　B. 营业收入增加 260 000 元

C. 营业收入增加 180 000 元　　D. 营业成本增加 200 000 元

2. 甲公司为工业企业，系增值税一般纳税人，适用增值税税率为 13%。2022 年 12 月发生如下经济业务。

（1）将外购的一批原材料对外销售，取得销售价款 35 万元，增值税税额为 4.55 万元，该批原材料的成本为22万元。以上款项已存入银行。

(2) 将一批自产产品用于建设某生产线工程，该批产品成本为160万元，市场售价为200万元。

(3) 与乙公司签订2023年销售商品协议，协议中约定了拟交付的商品数量和规格，根据协议甲公司收取定金500万元，当日款项已收取并存入银行。

(4) 销售一批产品给丙公司，该批产品标价200万元，成本为100万元，由于已经陈旧过时，甲公司给予丙公司30%的商业折扣，产品控制权已转移给丙公司，款项尚未收到。

(5) 将自行研发的一项专利权出售给丁公司，当日收取出售价款106万元（含税，税率为6%）。该专利权原价300万元，已计提摊销120万元，已计提减值准备30万元。

要求：

根据上述资料，不考虑其他因素，分析回答下列问题（答案中金额单位以万元表示）。

1）根据上述资料，下列说法中正确的是（　　）。

A. 销售材料应作为甲公司其他业务收入核算

B. 将自产产品用于工程建设应确认收入

C. 将收取乙公司定金应作为预收账款核算

D. 出售专利权应在当年确认收入

2）根据资料（2），下列会计处理正确的是（　　）。

A. 借：在建工程　　160
　　贷：库存商品　　160

B. 借：在建工程　　186
　　贷：库存商品　　160
　　　　应交税费——应交增值税（销项税额）　　26

C. 借：在建工程　　226
　　贷：主营业务收入　　200
　　　　应交税费——应交增值税（销项税额）　　26

D. 借：主营业务成本　　160
　　　　贷：库存商品　　160

3）根据资料（4），下列说法中正确的有（　　）。

A. 甲公司应按200万元确认收入，按60万元确认销售费用

B. 甲公司应按扣除商业折扣后的金额确认收入

C. 甲公司应按扣除商业折扣前的金额确认收入

D. 甲公司应确认应收账款158.2万元

4）根据资料（5），该业务对甲公司当期损益的影响金额是（　　）万元。

A. 44　　B. 50　　C. −50　　D. −44

5）根据上述资料，甲公司2022年12月应确认的营业收入为（　　）万元。

A. 245　　B. 835　　C. 175　　D. 1 035

第十一章　商业企业财务报告与应用

知识与能力目标

1. 掌握资产负债表的作用、结构原理、内容及其编制方法，利润表的作用、结构原理、内容及其编制方法，现金流量表的作用、结构原理、内容及其编制方法，现金流量表补充资料的作用、结构原理、内容及其编制方法；

2. 熟悉所有者权益变动表的作用、结构内容及其编制，财务报告概念及其内容体系，财务报表附注的内容，财务报告编制的基本要求；

3. 了解财务报告信息披露的基本要求，财务报告的管理，会计信息披露的管理及披露的主要内容、方式。

思政目标

1. 贯彻谨慎性原则，摸清企业家底，挤干表中“水分”；
2. 运用辩证的思维看待“底子”与“面子”；
3. 自觉维护国家利益、社会利益、集体利益；
4. 信息披露须充分可信，言务清、言务尽。

第一节　商业企业财务报告

一、财务报告概述

财务报告是企业对外提供的反映企业某一特定日期财务状况和某一会计期间经营成果、现金流量等会计信息的文件。财务报告由财务报表及其他应当在财务报告中披露的相关信息构成，一套完整的财务报告应当包括“四表一注”，即资产负债表、利润表、现金流量表、所有者权益变动表和附注。

财务报告的目标是向财务报告使用者提供与企业财务状况、经营成果和现金流量等有关的会计信息，反映企业管理层受托责任履行情况，有助于财务会计报告使用者作出正确的经济决策。

商业企业财务报告应当首先满足投资者的信息需要，将投资者作为财务报告的首要使用者，凸显出投资者的地位和价值，体现保护投资者相关利益的真实要求。如果商业企业在财务报告中提供的会计信息与投资者的经济决策没有关系，那么财务报告就失去了其存在的意义。除了投资者之外，财务报告的使用者还有债权人、政府及有关部门、社会公众等。因此，增强会计信息的相关性，为财务报告使用者提供相关的会计信息，有助于财务报告使用者作出正确的决策。

二、财务报表的分类

财务报表按照不同的标准可以分为以下四类。

（一）按编制范围分类

财务报表按编制的范围不同分为个别财务报表和合并财务报表。其中个别财务报表是由编制企业根据自身的账簿及有关资料编制而成，单独反映企业本身的财务状况、经营成果和现金流量等信息的财务报表；合并财务报表是指由母公司编制的，综合反映以母公司为首的具有控股关系的多个母子公司组成的集团的财务状况、经营成果和现金流量等信息的财务报表。

（二）按编制期间分类

按编制期间不同分为中期报表和年度报表。其中，年度财务报表是商业企业按年度数据编制的财务报表，以每年的 1 月 1 日至 12 月 31 日的数据为基础编制，包括资产负债表、利润表、现金流量表、所有者权益变动表以及附注；中期财务报表是短于一个完整会计年度的财务报表，包括月报、季报和半年报，中期财务报表至少应当包括资产负债表、利润表、现金流量表和附注。

（三）按反映财务活动方式分类

按反映财务活动方式的不同分为静态报表和动态报表。其中，静态财务报表是反映商业企业在某一特定日期财务状况的财务报表，如资产负债表；动态财务报表是反映商业企业一定会计期间经营成果、现金流量的报表，如利润表、现金流量表和所有者权益变动表。

（四）按报送对象分类

按报送对象不同分为对外报表和对内报表。其中，对外财务报表是商业企业为满足外部会计信息使用者对会计信息的需求，根据企业会计准则的要求编制，定期对外提供的财务报表；对内财务报表是为了满足商业企业内部经营管理的需求而编制的报表，对内报表没有统一的格式和编制要求。

三、财务报告编制要求

财务报告按照编报时间，分为年报和中期报告。中期财务报告（中期报告），是指以中期为基础编制的财务报告。中期，是指短于一个完整的会计年度的报告期间。中期财务报告至少应当包括资产负债表、利润表、现金流量表和附注。财务报告编制要求主要包括：

（1）除现金流量表信息外，企业应当按照权责发生制编制财务报表。

（2）企业财务报表项目的列报应当在各个会计期间保持一致。

（3）企业单独列报或汇总列报相关项目时应当遵循重要性原则。

（4）企业财务报表项目一般不得以金额抵销后的净额列报。

（5）企业应当列报可比会计期间的比较数据等。

第二节　商业企业资产负债表与应用

资产负债表，是指反映企业在某一特定日期财务状况的报表。它是根据“资产与权益”的恒等关系，把企业在某一特定日期的资产、负债、所有者权益项目按照流动性强弱排序，结合账簿资料和其他相关资料编制而成的。资产负债表集中反映商业企业在特定日期所拥有或控制的全部经济资源、所承担的全部债务以及所有者对企业净资产要求权的会计信息。

资产负债表是根据“资产=负债+所有者权益”这一平衡公式，按照各具体项目的性质和功能作为分类标准，将某一特定日期的资产、负债、所有者权益的具体项目予以适当的排列编制而成。我国企业的资产负债表采用账户式结构，分为左右两方。

左方为资产项目，大体按资产的流动性强弱排列，流动性强的资产如“货币资金”“交易性金融资产”等排在前面，流动性弱的资产如“长期股权投资”“固定资产”等排在后面。

右方为负债及所有者权益项目，一般按要求清偿期限长短的先后顺序排列。“短期借款”“应付票据”“应付账款”等需要在一年以内或者长于一年的一个正常营业周期内偿还的流动负债排在前面，“长期借款”等在一年以上才需偿还的非流动负债排在中间，在企业清算之前不需要偿还的所有者权益项目排在后面。

一、资产负债表的作用

资产负债表反映企业某一特定日期的财务状况会计信息，对会计信息使用者有很大的作用，主要体现在以下四方面。

（1）反映商业企业拥有或控制的全部经济资源及其分布情况；

（2）反映商业企业承担的债务总额及其分布情况；

（3）反映商业企业所有者权益总额及其分布情况；

（4）反映商业企业偿债能力情况。

二、资产负债表的格式

我国商业企业一般采用账户式的资产负债表。账户式的资产负债表一般是在报表左方列示资产类项目，右方列示负债类和所有者权益类项目，从而使资产负债表左右两方平衡。

商业企业资产负债表格式如表 11-1 所示。

表 11-1　资产负债表

编制单位：　　　　　　　　　　　　年　月　日　　　　　　　　　　　　单位：元

资产	期末余额	年初余额	负债和所有者权益（或股东权益）	期末余额	年初余额
流动资产：			流动负债：		
货币资金			短期借款		
交易性金融资产			交易性金融负债		
衍生金融资产			衍生金融负债		
应收票据			应付票据		
应收账款			应付账款		
应收款项融资			预收款项		
预付款项			合同负债		
其他应收款			应付职工薪酬		
存货			应交税费		
合同资产			其他应付款		
持有待售资产			持有待售负债		
一年内到期的非流动资产			一年内到期的非流动负债		
其他流动资产			其他流动负债		
流动资产合计			流动负债合计		
非流动资产：			非流动负债：		
债权投资			长期借款		
其他债权投资			应付债券		
长期应收款			其中：优先股		
长期股权投资			永续债		
其他权益工具投资			长期应付款		
其他非流动金融资产			预计负债		
投资性房地产			递延收益		
固定资产			递延所得税负债		
在建工程			其他非流动负债		

续表

资产	期末余额	年初余额	负债和所有者权益（或股东权益）	期末余额	年初余额
生产性生物资产			非流动负债合计		
油气资产			负债合计		
无形资产			所有者权益		
开发支出			实收资本		
商誉			其他权益工具		
长期待摊费用			其中：优先股		
递延所得税资产			永续债		
其他非流动资产			资本公积		
非流动资产合计			减：库存股		
			其他综合收益		
			盈余公积		
			未分配利润		
			所有者权益合计		
资产总计			负债和所有者权益总计		

三、资产负债表编制的基本方法

（一）“年初余额”栏填列方法

资产负债表“年初余额”栏的各项数字应根据上年度年末资产负债表“期末余额”栏内所列数字填列。如果本年度资产负债表各项目的名称和内容与上年度资产负债表所列项目不一致，应对上年度年末资产负债表各项目的名称和数字按本年度的要求进行调整，填入本年“年初余额”栏。

（二）“期末余额”栏填列方法

资产负债表“期末余额”栏各项目填列方法如表 11-2 所示。

表 11-2 资产负债表“期末余额”栏各项目填列方法

报表项目	填列说明
货币资金	应根据“库存现金”“银行存款”“其他货币资金”账户的期末借方余额合计数填列
交易性金融资产	应根据“交易性金融资产”账户的期末余额填列
应收票据	应根据“应收票据”科目的期末余额，减去“坏账准备”科目中相关坏账准备期末余额后的金额填列

续表

报表项目	填列说明
应收账款	应根据“应收账款”和“预收账款”账户所属明细账户的期末借方余额合计，减去“坏账准备”账户中有关应收账款计提的坏账准备期末余额后的净额填列
预付账款	应根据“预付账款”和“应付账款”账户所属明细账户的期末借方余额合计，减去“坏账准备”账户中有关预付账款计提的坏账准备期末余额后的净额填列
其他应收款	应根据“其他应收款”“应收利息”“应收股利”账户的期末余额合计，减去“坏账准备”账户中有关其他应收款、应收利息、应收股利计提的坏账准备期末余额后的净额填列
存货	应根据“在途物资（材料采购）”“原材料”“低值易耗品”“库存商品”“周转材料”“委托加工物资”“委托代销商品”和“生产成本”等账户的期末余额合计，减去“受托代销商品款”“存货跌价准备”账户期末余额后的净额填列
合同资产	应根据“合同资产”账户所属明细账户的期末余额分析填列
持有待售资产	应根据“持有待售资产”账户的期末余额，减去“坏账准备”账户中有关持有待售资产计提的坏账准备期末余额后的净额填列
一年内到期的非流动资产	应根据一年内到期的“债权投资”“其他债权投”，一年内摊销的“长期待摊费用”和一年内可收回的“长期应收款”账户余额之和分析计算后填列
债权投资	应根据“债权投资”账户期末借方余额减去一年内到期的投资部分和“债权投资减值准备”账户期末贷方余额后的净额填列
其他债权投资	应根据“其他债权投资”账户所属明细账户期末余额分析填列
长期应收款	根据“长期应收款”期末余额，减去一年内到期的部分、“未确认融资收益”账户期末余额、“坏账准备”账户中按长期应收款计提的坏账损失后的净额填列
长期股权投资	应根据“长期股权投资”账户的期末借方余额减去“长期股权投资减值准备”账户期末贷方余额后的净额填列
其他权益工具投资	应根据“其他权益工具投资”账户的期末余额填列
固定资产	应根据“固定资产”账户期末借方余额，减去“累计折旧”和“固定资产减值准备”账户期末贷方余额，以及“固定资产清理”账户的余额填列
在建工程	应根据“在建工程”账户期末余额，减去“在建工程减值准备”账户期末余额，以及“工程物资”账户期末余额，减去“工程物资减值准备”账户期末余额后的金额填列
生产性生物资产	应根据“生产性生物资产”账户期末余额，减去“生产性生物资产累计折旧”和“生产性生物资产减值准备”账户期末贷方余额后的净额填列
油气资产	应根据“油气资产”账户的期末余额减去“累计折耗”账户期末余额和相应减值准备后的净额填列

续表

报表项目	填列说明
无形资产	应根据“无形资产”账户期末借方余额，减去“累计摊销”和“无形资产减值准备”账户的期末贷方余额后的净额填列
开发支出	应根据“研发支出”科目中所属的“资本化支出”明细科目期末余额填列
商誉	应根据“商誉”账户期末余额减去相应减值准备后的净额填列
长期待摊费用	应根据“长期待摊费用”账户的期末余额减去将于1年内（含1年）摊销的数额后的净额填列
递延所得税资产	应根据“递延所得税资产”账户期末余额填列
其他非流动资产	应根据有关账户的期末余额填列
短期借款	应根据“短期借款”账户的期末贷方余额填列
交易性金融负债	应根据“交易性金融负债”账户期末余额填列
应付票据及应付账款	应根据“应付票据”账户的期末贷方余额填列
应付账款	应根据“应付账款”和“预付账款”账户所属明细账户的期末贷方余额合计填列
预收款项	应根据“预收账款”和“应收账款”账户所属各明细账户的期末贷方余额合计填列
合同负债	应根据“合同负债”账户所属的明细账户期末余额分析填列
应付职工薪酬	应根据“应付职工薪酬”账户的期末贷方余额填列
应交税费	应根据“应交税费”账户的期末贷方余额填列；如“应交税费”账户期末为借方余额，以“-”号填列
其他应付款	应根据“其他应付款”“应付利息”“应付股利”账户的期末余额合计数填列
一年内到期的非流动负债	应根据一年内到期的长期借款、长期应付款和应付债券、预计负债账户分析计算后填列
长期借款	应根据“长期借款”账户的期末余额减去一年内到期部分的净额填列
应付债券	应根据“应付债券”账户期末贷方余额减去一年内到期部分的净额填列
长期应付款	应根据“长期应付款”账户的期末余额，减去“未确认融资费用”账户期末余额，以及专项应付款的余额，减去一年内到期部分的长期应付款后的净额填列
预计负债	应根据“预计负债”账户期末贷方余额填列
递延所得税负债	应根据“递延所得税负债”账户期末贷方余额填列
其他非流动负债	应根据除长期借款、应付债券等以外的其他非流动负债有关账户的期末余额填列
持有待售负债	应根据“持有待售负债”账户的期末贷方余额填列

续表

报表项目	填列说明
实收资本（股本）	应根据“实收资本（股本）”账户的期末贷方余额填列
其他权益工具	应根据“其他权益工具”账户所属明细账户期末余额分析填列
资本公积	应根据“资本公积”账户的期末贷方余额填列
其他综合收益	应根据“其他综合收益”账户期末贷方余额填列
盈余公积	应根据“盈余公积”账户的期末贷方余额填列
未分配利润	根据“本年利润”账户和“利润分配”账户的期末余额计算填列，如为未弥补的亏损，在本项目内以“-”号填列

【例题 11-1】桂海商业有限公司 202 × 年 11 月 30 日有关总账和明细账的余额见表 11-3。

表 11-3　桂海商业有限公司 202 × 年 11 月 30 日有关总账和明细账的余额

单位：元

资产账户	借或贷	余额	负债和所有者权益账户	借或贷	余额
库存现金	借	21 500	短期借款	贷	250 000
银行存款	借	800 000	应付票据	贷	25 500
其他货币资金	借	155 800	应付账款	贷	71 000
交易性金融资产	借	110 000	-丙企业	贷	91 000
应收票据	借	25 000	-丁企业	借	20 000
应收账款	借	75 000	预收账款	贷	14 700
-甲公司	借	80 000	-C 公司	贷	14 700
-乙公司	贷	5 000	其他应付款	贷	12 000
坏账准备	贷	2 000	应交税费	贷	28 000
预付账款	借	36 100	长期借款	贷	506 000
-A 公司	借	31 000	应付债券	贷	563 700
-B 公司	借	5 100	其中一年到期的应付债券	贷	230 000
其他应收款	借	8 500	实收资本	贷	4 125 800
原材料	借	774 400	盈余公积	贷	158 100
生产成本	借	265 400	利润分配	贷	1 900
库存商品	借	193 200	-未分配利润	贷	1 900
固定资产	借	2 888 000	本年利润	贷	36 700
累计折旧	贷	4 900			
在建工程	借	447 400			
资产合计	借	5 793 400	负债及所有者权益合计	贷	5 793 400

要求：根据以上材料编制 202 × 年度 11 月的资产负债表。

编制的资产负债表见表 11-4。

表 11-4 资产负债表

编制单位：桂海商业有限公司 202 × 年 11 月 30 日 单位：元

资产	期末余额	年初余额	负债和所有者权益（或股东权益）	期末余额	年初余额
流动资产：		略	流动负债：		略
货币资金	977 300		短期借款	250 000	
交易性金融资产	110 000		交易性金融负债		
衍生金融资产			衍生金融负债		
应收票据	25 000		应付票据	25 500	
应收账款	78 000		应付账款	91 000	
应收款项融资			预收款项	19 700	
预付款项	56 100		合同负债		
其他应收款	8 500		应付职工薪酬		
存货	123 300		应交税费	28 000	
合同资产			其他应付款	12 000	
持有待售资产			持有待售负债		
一年内到期的非流动资产			一年内到期的非流动负债	230 000	
其他流动资产			其他流动负债		
流动资产合计	24 879 000		流动负债合计	656 200	
非流动资产：			非流动负债：		
债权投资			长期借款	506 000	
其他债权投资			应付债券	333 700	
长期应收款			其中：优先股		
长期股权投资			永续债		
其他权益工具投资			长期应付款		
其他非流动金融资产			预计负债		
投资性房地产			递延收益		
固定资产	2 883 100		递延所得税负债		
在建工程	447 400		其他非流动负债		
生产性生物资产			非流动负债合计	839 700	
油气资产			负债合计	1 495 900	

续表

资产	期末余额	年初余额	负债和所有者权益（或股东权益）	期末余额	年初余额
无形资产			所有者权益		
开发支出			实收资本	4 125 800	
商誉			其他权益工具		
长期待摊费用			其中：优先股		
递延所得税资产			永续债		
其他非流动资产			资本公积		
非流动资产合计	3 330 500		减：库存股		
			其他综合收益		
			盈余公积	158 100	
			未分配利润	38 600	
			所有者权益合计	4 322 500	
资产总计	5 818 400		负债和所有者权益总计	5 818 400	

第三节　商业企业利润表与应用

利润表，是指反映企业在一定会计期间的经营成果的会计报表。利润表属于动态会计报表，主要根据“收入-费用=利润”这条等式编制而成。

一、利润表的作用

利润表是反映一定会计期间经营成果的报表，有以下四方面的作用。

（1）有利于分析商业企业的获利能力；

（2）有利于考核商业企业管理层的业绩；

（3）有利于预测商业企业未来盈利能力；

（4）有利于商业企业提高管理水平。

二、利润表的基本格式

利润表常见的格式有两种：单步式利润表和多步式利润表。我国商业企业一般采用多步式利润表。

多步式利润表通过多步计算，确定商业企业的净利润，通常分为以下七步。

第一步反映营业收入，在主营业务收入的基础上加上其他业务收入，计算出营业收入；

第二步反映营业利润，即在营业收入的基础上减去营业成本、税金及附加、管理费用、销售费用、研发费用、财务费用，加上其他收益、投资收益（亏损用负数）、公允价值变动收益（亏损用负数）、信用减值损失（亏损用负数）、资产减值损失（亏损用负数）、资产处置收益（亏损用负数），计算得出营业利润；

第三步反映利润总额，在营业利润的基础上加上营业外收入，减去营业外支出，计算得出本期实现的利润总额，即税前的会计利润；

第四步反映净利润，在利润总额的基础上减去所得税费用，计算得出本期的净利润（或净亏损）；

第五步反映其他综合收益的税后净额，在其他综合收益总额的基础上减去所得税的影响，计算得出其他综合收益的税后净额；

第六步反映综合收益，在净利润的基础上加上其他综合收益的税后净额，计算得出综合收益总额；

第七步反映每股收益，在综合收益的基础上除以普通股的加权平均股数，计算得出每股收益。

商业企业利润表格式如表 11-5 所示。

表 11-5　利润表

编制单位：　　　　　　　　　　年　月　　　　　　　　　　单位：元

项目	本期金额	上期金额
一、营业收入		
减：营业成本		
税金及附加		
销售费用		
管理费用		
研发费用		
财务费用		
其中：利息费用		
利息收入		
加：其他收益		
投资收益（损失以“-”号填列）		
其中：对联营企业和合营企业的投资收益		
公允价值变动收益（损失以“-”号填列）		
信用减值损失（损失以“-”号填列）		
资产减值损失（损失以“-”号填列）		
资产处置收益（损失以“-”号填列）		

续表

项目	本期金额	上期金额
二、营业利润（亏损以“-”号填列）		
加：营业外收入		
减：营业外支出		
三、利润总额（损失以“-”号填列）		
减：所得税费用		
四、净利润（净亏损以“-”号填列）		
（一）持续经营净利润（净亏损以“-”号填列）		
（二）终止经营净利润（净亏损以“-”号填列）		
五、其他综合收益的税后净额		
（一）不能重分类进损益的其他综合收益		
1. 重新计量设定受益计划变动额		
2. 权益法下不能转损益的其他综合收益		
3. 其他权益工具投资公允价值变动		
4. 企业自身信用风险公允价值变动		
（二）将重分类进损益的其他综合收益		
1. 权益法下可转损益的其他综合收益		
2. 其他债权投资公允价值变动		
3. 金融资产重分类计入其他综合收益的金额		
4. 其他债权投资信用减值准备		
5. 现金流量套期储备		
6. 外币财务报表折算差额		
六、综合收益总额		
七、每股收益：		
（一）基本每股收益		
（二）稀释每股收益		

三、利润表的编制方法

利润表反映企业在一定会计期间实现利润或发生亏损的情况。利润表中“本期金额栏”内各项数据，除每股收益项目外，应当按照相关项目的发生额填列；利润表中“上期金额栏”内的各项数据，根据上期相关项目的发生额填列，如果上年度利润表的项目名称和内容与本年度利润表不一致，应对上年度利润表项目的名称和数字按本年度的规定进行调整，并按调整后的数字填入利润表的“上期金额”栏。

利润表“本期金额”栏内具体项目的填列方法如表 11-6 所示。

表 11-6 利润表“本期金额”栏内具体项目的填列方法

报表项目	填列方法（均为会计科目的发生额）
营业收入	应根据“主营业务收入”和“其他业务收入”科目的发生额分析填列
营业成本	应根据“主营业务成本”和“其他业务成本”科目的发生额分析填列
税金及附加	应根据“税金及附加”科目的发生额分析填列
销售费用	应根据销售费用科目的发生额分析填列
管理费用	应根据“管理费用”的发生额分析填列
研发支出	应根据“研发支出”所属明细科目费用化支出的发生额分析填列
财务费用	应根据“财务费用”科目的发生额分析填列
其他收益	应根据“其他收益”科目的发生额分析填列
投资收益	应根据“投资收益”科目的发生额分析填列，如为投资损失本项目以负数填列
公允价值变动收益	应根据“公允价值变动损益”科目的发生额分析填列，如为净损失本项目以负数填列
信用减值损失	应根据“信用减值损失”科目的发生额分析填列
资产减值损失	应根据“资产减值损失”科目的发生额分析填列
资产处置收益	应根据“资产处置损益”科目的发生额分析填列，如为处置损失，以“-”号填列
营业外收入	应根据“营业外收入”科目的发生额分析填列
营业外支出	应根据“营业外支出”科目的发生额分析填列
所得税费用	应根据“所得税费用”科目的发生额分析填列
其他综合收益的税后净额	应根据企业会计准则规定未在损益中确认的各项利得和损失扣除所得税影响后的净额填列
每股收益	应根据综合收益项目除以普通股股数后的净额填列

其中，营业利润、利润总额和净利润均需要按步骤计算得出，而不是根据某个会计科目的余额或发生额得出。

【例题 11-2】桂海商业有限公司所得税税率为 25%，公司 2021 年 1-11 月的利润数据如表 11-7 所示。

表 11-7 桂海商业有限公司 2021 年 1-11 月利润

单位：元

项目	本期金额	上期金额
一、营业收入	1 335 000	
减：营业成本	887 000	
税金及附加	20 400	

续表

项目	本期金额	上期金额
销售费用	35 000	
管理费用	71 200	
研发费用	0	
财务费用	1 000	
其中：利息费用	1 000	
利息收入	0	
加：其他收益	0	
投资收益（损失以“-”号填列）	0	
其中：对联营企业和合营企业的投资收益	0	
公允价值变动收益（损失以“-”号填列）	0	
信用减值损失（损失以“-”号填列）		

桂海商业有限公司2021年12月发生以下经济业务。

1. 对外销售甲商品1 000件，单价135元，增值税税率13%，收到对方开来的一张金额为157 950元的商业汇票。

2. 接受A公司捐赠现金7 000元存入银行。

3. 计算分配本月应付职工工资共计45 000元，其中管理部门30 000元，专设销售机构人员工资15 000元。

4. 计提本月办公用固定资产折旧1 200元。

5. 结转已销售的1 000件甲商品的销售成本87 000元。

6. 将本月实现的损益结转至“本年利润”账户。

要求：根据上述资料，完成会计分录并编制2021年度的利润表分录。

桂海商业有限公司编制的会计分录如下。

1. 借：应收票据　　152 550
　　贷：主营业务收入　　135 000
　　　　应交税费——应交增值税（销项税）　　17 550

2. 借：银行存款　　7 000
　　贷：营业外收入　　7 000

3. 借：管理费用　　30 000
　　销售费用　　15 000
　　贷：应付职工薪酬　　45 000

4. 借：管理费用　　1 200
　　贷：累计折旧　　1 200

5. 借：主营业务成本　87 000
　　贷：库存商品　87 000
6. 借：主营业务收入　135 000
　　营业外收入　7 000
　　贷：本年利润　142 000
7. 借：本年利润　133 200
　　贷：主营业务成本　87 000
　　　　管理费用　31 200
　　　　销售费用　15 000

编制 2021 年度利润表如表 11-8 所示。

表 11-8　利润表

编制单位：桂海商业有限公司　　2021 年　　单位：元

项目	本期金额	上期金额
一、营业收入	1 335 000	
减：营业成本	887 000	
税金及附加	20 400	
销售费用	35 000	
管理费用	71 200	
研发费用	0	
财务费用	1 000	
其中：利息费用	1 000	
利息收入	0	
加：其他收益	0	
投资收益（损失以“-”号填列）	0	
其中：对联营企业和合营企业的投资收益	0	
公允价值变动收益（损失以“-”号填列）	0	
信用减值损失（损失以“-”号填列）		
资产减值损失（损失以“-”号填列）	-3 000	
资产处置收益（损失以“-”号填列）	0	
二、营业利润（亏损以“-”号填列）	317 400	
加：营业外收入	12 000	
减：营业外支出	2 000	
三、利润总额（亏损总额以“-”号填列）	327 400	
减：所得税费用	81 850	

续表

项目	本期金额	上期金额
四、净利润（净亏损以“-”号填列）	245 550	
（一）持续经营净利润（净亏损以“-”号填列）	245 550	
（二）终止经营净利润（净亏损以“-”号填列）	0	
五、其他综合收益的税后净额	0	
（一）不能重分类进损益的其他综合收益	0	
1. 重新计量设定受益计划变动额	0	
2. 权益法下不能转损益的其他综合收益	0	
3. 其他权益工具投资公允价值变动	0	
4. 企业自身信用风险公允价值变动	0	
（二）将重分类进损益的其他综合收益	0	
1. 权益法下可转损益的其他综合收益	0	
2. 其他债权投资公允价值变动	0	
3. 金融资产重分类计入其他综合收益的金额	0	
4. 其他债权投资信用减值准备	0	
5. 外币财务报表折算差额	0	
六、综合收益总额	245 550	
七、每股收益：	略	
（一）基本每股收益		
（二）稀释每股收益		

第四节　商业企业现金流量表与应用

现金流量表是指反映企业在一定会计期间现金和现金等价物流入和流出情况的报表。现金流量表反映企业在一段时间内的现金和现金等价物流入企业、流出企业和期末净现金流量增加额，体现企业获取现金和现金等价物的能力。

通过现金流量表，可以为报表使用者提供企业一定会计期间内现金和现金等价物流入和流出情况的信息，便于信息使用者了解和评价企业获取现金和现金等价物的能力，据以预测企业未来现金流量。

一、现金流量及其分类

现金流量是一定会计期间内企业现金和现金等价物的流入和流出。但是，商业企业从银行提取现金、用现金购买短期到期的国库券等现金和现金等价物之间的转换不影响于现金流量。

这里的“现金”是商业企业库存现金以及可以随时用于支付的存款，包括库存现金、银行存款和其他货币资金（如外埠存款、银行汇票存款、银行本票存款等）等。不能随时用于支付的存款不属于现金流量表中所说的现金。

现金等价物是企业持有的期限短、流动性强、易于转换为已知金额现金、价值变动风险很小的投资。期限短，一般是指从购买日起三个月内到期。现金等价物通常包括三个月内到期的债券投资等。权益性投资变现的金额通常不确定，因而不属于现金等价物。现金流量表中的现金流量分为三类。

（一）经营活动产生的现金流量

经营活动是企业投资活动和筹资活动以外的所有交易和事项。经营活动主要包括销售商品或提供劳务、购买商品、接受劳务、支付工资和交纳税款等流入和流出现金和现金等价物的活动或事项。

（二）投资活动产生的现金流量

投资活动是企业长期资产的购建和不包括在现金等价物范围内的投资及其处置活动。投资活动主要包括购建固定资产、处置子公司及其他营业单位等流入和流出现金和现金等价物的活动或事项。

（三）筹资活动产生的现金流量

筹资活动是导致企业资本及债务规模和构成发生变化的活动。筹资活动主要包括吸收投资、发行股票、分配利润、发行债券、偿还债务等流入和流出现金和现金等价物的活动或事项。偿付应付账款、应付票据等商业应付款等属于经营活动，不属于筹资活动。

二、现金流量表的结构和内容

我国企业现金流量表采用报告式结构，分类反映经营活动产生的现金流量、投资活动产生的现金流量和筹资活动产生的现金流量，最后汇总反映企业某一期间现金及现金等价物的净增加额。我国企业现金流量表的格式如表 11–9 所示。

表 11–9 现金流量表

编制单位：　　　　　　　　　　年　月　　　　　　　　　　单位：元

一、经营活动产生的现金流量		
销售商品、提供劳务收到的现金		
收到的税费返还		
收到其他与经营活动有关的现金		
经营活动现金流入小计		
购买商品、接受劳务支付的现金		

续表

支付给职工以及为职工支付的现金		
支付的各项税费		
支付其他与经营活动有关的现金		
经营活动现金流出小计		
经营活动产生的现金流量净额		
二、投资活动产生的现金流量		
收回投资收到的现金		
取得投资收益收到的现金		
处置固定资产、无形资产和其他长期资产收回的现金净额		
处置子公司及其他营业单位收到的现金净额		
收到其他与投资活动有关的现金		
投资活动现金流入小计		
购建固定资产、无形资产和其他长期资产支付的现金		
投资支付的现金		
取得子公司及其他营业单位支付的现金净额		
支付其他与投资活动有关的现金		
投资活动现金流出小计		
投资活动产生的现金流量净额		
三、筹资活动产生的现金流量		
吸收投资收到的现金		
取得借款收到的现金		
收到其他与筹资活动有关的现金		
筹资活动现金流入小计		
偿还债务支付的现金		
分配股利、利润或偿付利息支付的现金		
支付其他与筹资活动有关的现金		
筹资活动现金流出小计		
筹资活动产生的现金流量净额		
四、汇率变动对现金及现金等价物的影响		
五、现金及现金等价物净增加额		
加：期初现金及现金等价物余额		
六、期末现金及现金等价物余额		

三、现金流量表的编制方法

商业企业应当采用直接法列示经营活动产生的现金流量。直接法是通过现金收入和现金支出的主要类别列示经营活动的现金流量。采用直接法编制经营活动的现金流量时，一般以利润表中的营业收入为起算点，调整与经营活动有关的项目的增减变动，然后计算出经营活动的现金流量。采用直接法具体编制现金流量表时，可以采用工作底稿法或T型账户法，也可以根据有关科目记录分析填列。现金流量表各项目填列的方法如下。

（一）经营活动产出的现金流量的编制方法

经营活动产出的现金流量的编制方法如表11-10所示。

表11-10 现金流量的编制方法

报表项目	填列方法
销售商品、提供劳务收到的现金	根据“主营业务收入”“其他业务收入”“应收账款”“应收票据”“预收账款”及“库存现金”“银行存款”等账户分析填列
收到的税费返还	本项目反映企业收到返还的各种税费。根据“库存现金”“银行存款”“应交税费”“税金及附加”等账户的记录分析填列
收到的其他与经营活动有关的现金	反映企业除了上述各项目以外收到的其他与经营活动有关的现金流入，如罚款收入、流动资产损失中由个人赔偿的现金收入等。根据“营业外收入”“营业外支出”“库存现金”“银行存款”“其他应收款”等账户的记录分析填列
购买商品、接受劳务支付的现金	根据“应付账款”“应付票据”“预付账款”“库存现金”“银行存款”“主营业务成本”“其他业务成本”“存货”等账户的记录分析填列
支付给职工以及为职工支付的现金	反映企业实际支付给职工以及为职工支付的工资、奖金、各种津贴和补贴等（含为职工支付的养老、失业等各种保险和其他福利费用）。但不含为离退休人员支付的各种费用和固定资产购建人员的工资。根据“库存现金”“银行存款”“应付职工薪酬”“生产成本”等账户的记录分析填列
支付的各项税费	反映的是企业按规定支付的各项税费和有关费用。但不包括已计入固定资产原价而实际支付的耕地占用税和本期退回的所得税。根据“应交税费”“库存现金”“银行存款”等账户的记录分析填列
支付的其他与经营活动有关的现金	反映企业除上述各项目外，支付的其他与经营活动有关的现金，包括罚款支出、差旅费、业务招待费、保险费支出、支付的离退休人员的各项费用等。根据“管理费用”“销售费用”“营业外支出”等账户的记录分析填列

1.“销售商品、提供劳务收到的现金”项目

本项目的现金流入可以通过下述公式计算求得：

销售商品、提供劳务收到的现金=本期营业收入净额+本期应收账款减少额（-应收账款增加额）+本期应收票据减少额（-应收票据增加额）+本期预收账款增加额（-预收账

款减少额）

2. “购买商品、接受劳务支付的现金”项目

本项目的现金流出可用以下公式计算求得：

购买商品、接受劳务支付的现金=营业成本+本期存货增加额（-本期存货减少额）+本期应付账款减少额（-本期应付账款增加额）+本期应付票据减少额（-本期应付票据增加额）+本期预付账款增加额（-本期预付账款减少额）

（二）投资活动产生的现金流量的编制方法

投资活动现金流入和现金流出的各项目的内容和填列方法如表 11-11 所示。

表 11-11　现金流入和现金流出的各项目的内容和填列方法

报表项目	填列方法
收回投资所收到的现金	反映企业出售、转让和到期收回的除现金等价物以外的交易性金融资产、长期股权投资而收到的现金，以及收回债权投资本金而收到的现金。不包括债权投资收回的利息以及收回的非现金资产。根据“交易性金融资产”“长期股权投资”“库存现金”“银行存款”等账户的记录分析填列
取得投资收益所收到的现金	反映企业因股权性投资而分得的现金股利、分红利润所收到的现金，以及债权性投资取得的现金利息收入。根据“投资收益”“库存现金”“银行存款”等账户的记录分析填列
处置固定资产、无形资产和其他长期资产所收回的现金净额	反映处置上述各项长期资产所取得的现金，减去为处置这些资产所支付的有关费用后的净额。根据“固定资产清理”“库存现金”“银行存款”等账户的记录分析填列。如本项目所收回的现金净额为负数，应在“支付的其他与投资活动有关的现金”项目填列
收到的其他与投资活动有关的现金	反映除上述各项目以外，收到的其他与投资活动有关的现金流入。根据“库存现金”“银行存款”和其他有关账户的记录分析填列
购建固定资产、无形资产和其他长期资产所支付的现金	反映企业购买、建造固定资产，取得无形资产和其他长期资产所支付的现金。其中企业为购建固定资产支付的现金，包括购买固定资产支付的价款现金及增值税税款、固定资产购建支付的现金。但不包括购建固定资产的借款利息支出和融资租入固定资产的租费。根据“固定资产”“无形资产”“在建工程”“库存现金”“银行存款”等账户的记录分析填列
投资所支付的现金	反映企业在现金等价物以外进行交易性金融资产、长期股权投资、债权投资所实际支付的现金，包括佣金手续费所支付的现金。但不包括企业购买股票和债券时，实际支付价款中包含的已宣告尚未领取的现金股利或已到付息期但尚未领取的债券利息。根据“交易性金融资产”“长期股权投资”“债权投资”“库存现金”“银行存款”等账户记录分析填列
支付的其他与投资活动有关的现金	反映企业除了上述各项以外，支付的与投资活动有关的现金流出。包括企业购买股票和债券时，实际支付价款中包含的已宣告尚未领取的现金股利或已到付息期但尚未领取的债券利息等。根据“库存现金”“银行存款”“应收股利”“应收利息”等账户的记录分析填列

（三）筹资活动产生的现金流量的编制方法

筹资活动产生的现金流入和现金流出包括的各项目的内容和填列方法如表 11–12 所示。

表 11–12　筹资活动产生的现金流入和现金流出包括的各项目的内容和填列方法

报表项目	填列方法
吸收投资所支付的现金	反映企业收到投资者投入的现金，包括以发行股票、债券等方式筹集资金实际收到的款项净额（即发行收入减去支付的佣金等发行费用后的净额）。根据“实收资本（或股本）”“应付债券”“库存现金”“银行存款”等账户的记录分析填列
借款所得到的现金	反映企业举借各种短期借款、长期借款而收到的现金。根据“短期借款”“长期借款”“银行存款”等账户的记录分析填列
收到的其他与筹资活动有关的现金	反映企业除上述各项以外，收到的其他与筹资活动有关的现金流入。根据“库存现金”“银行存款”和其他有关账户的记录分析填列
偿还债务所支付的现金	反映企业以现金偿还债务的本金，包括偿还金融机构的借款本金、偿还到期的债券本金等。根据“短期借款”“长期借款”“应付债券”“库存现金”“银行存款”等账户的记录分析填列
分配股利、利润或偿还利息所支付的现金	反映企业实际支付的现金股利、支付给投资人的利润或用现金支付的借款利息、债券利息等。根据“应付股利”“财务费用”“长期借款”“应付债券”“库存现金”“银行存款”等账户的记录分析填列
支付的其他与筹资活动有关的现金	反映除了上述各项目以外，支付的与筹资活动有关的现金流出。例如发行股票债券所支付的审计、咨询等费用。根据“库存现金”“银行存款”和其他有关账户的记录分析填列

（四）汇率变动对现金的影响的编制方法

本项目反映企业的外币现金流量发生日所采用的汇率与期末汇率的差额对现金的影响数额。

（五）“现金及现金等价物的净增加额”的编制方法

“现金及现金等价物的净增加额”，是将本表中“经营活动产生的现金流量净额”“投资活动产生的现金流量净额”“筹资活动产生的现金流量净额”“汇率变动对现金的影响”四个项目相加得出的。

（六）期末现金及现金等价物余额的填列

本项目是将计算出来的现金及现金等价物净增加额加上期初现金及现金等价物金额求得。它应该与企业期末的全部货币资金与现金等价物的合计余额相等。

四、工作底稿法和 T 型账户法

（一）工作底稿法

采用工作底稿法编制现金流量表，就是以工作底稿为手段，以利润表和资产负债表数据为基础，对每一项目进行分析并编制调整分录，从而编制出现金流量表。

在直接法下，整个工作底稿纵向分成三段。第一段是资产负债表项目，其中又分为借方项目和贷方项目两部分；第二段是利润表项目；第三段是现金流量表项目。工作底稿横向分为五栏，在资产负债表部分，第一栏是项目栏，填列资产负债表各项目名称；第二栏是期初数，用来填列资产负债表项目的期初数；第三栏是调整分录的借方；第四栏是调整分录的贷方；第五栏是期末数，用来填列资产负债表项目的期末数。在利润表和现金流量表部分，第一栏也是项目栏，用来填列利润表和现金流量表项目名称；第二栏空置不填；第三、四栏分别是调整分录的借方和贷方；第五栏是本期数，利润表部分这一栏数字应和本期利润表数字核对相符，现金流量表部分这一栏的数字可直接用来编制正式的现金流量表。

采用工作底稿法编制现金流量表的程序是：

第一步，将资产负债表的期初数和期末数过入工作底稿的期初数栏和期末数栏。

第二步，对当期业务进行分析并编制调整分录。调整分录大体有以下几类。

第一类涉及利润表中的收入、成本和费用项目以及资产负债表中的资产、负债及所有者权益项目，通过调整，将权责发生制下的收入费用转换为现金基础；

第二类是涉及资产负债表和现金流量表中的投资、筹资项目，反映投资和筹资活动的现金流量；

第三类是涉及利润表和现金流量表中的投资和筹资项目，目的是将利润表中有关投资和筹资方面的收入和费用列入现金流量表投资、筹资现金流量中去。此外，还有一些调整分录并不涉及现金收支，只是为了核对资产负债表项目的期末期初变动。

在调整分录中，有关现金和现金等价物的事项，并不直接借记或贷记现金，而是分别记入“经营活动产生的现金流量”“投资活动产生的现金流量”“筹资活动产生的现金流量”有关项目，借记表明现金流入，贷记表明现金流出。

第三步，将调整分录过入工作底稿中的相应部分。

第四步，核对调整分录，借贷合计应当相等，资产负债表项目期初数加减调整分录中的借贷金额以后，应当等于期末数。

第五步，根据工作底稿中的现金流量表项目部分编制正式的现金流量表。

（二）T 型账户法

采用 T 型账户法，就是以 T 形账户为手段，以利润表和资产负债表数据为基础，对每一项目进行分析并编制调整分录，从而编制出现金流量表。采用 T 型账户法编制现金流量表的程序如下。

第一步，为所有的非现金项目（包括资产负债表项目和利润表项目）分别开设 T 形账户，并将各自的期末期初变动数过入各账户。

第二步，开设一个大的“现金及现金等价物”T 形账户，每边分为经营活动、投资活动和筹资活动三个部分，左边记现金流入，右边记现金流出。与其他账户一样，过入期末期初变动数。

第三步，以利润表项目为基础，结合资产负债表分析每一个非现金项目的增减变动，并据此编制调整分录。

第四步，将调整分录过入各T形账户，并进行核对，该账户借贷相抵后的余额与原先过入的期末期初变动数应当一致。

第五步，根据大的“现金及现金等价物”T形账户编制正式的现金流量表。

【例题 11-3】桂海商业有限公司202×年有关资料如下：本期产品销售收入80 000元；应收账款期初余额10 000元，期末余额34 000元；本期预收的货款4 000元；本期用银行存款支付购买原材料货款40 000元；用银行存款支付工程用物资货款81 900元；本期购买原材料预付货款15 000元；本期从银行提取现金33 000元，用于发放工资；本期实际支付工资30 000元，各种奖金3 000元，其中经营人员工资18 000元，奖金2 000元，在建工程人员工资12 000元，奖金1 000元；期初未交所得税为1 600元，本期发生的应交所得税6 600元，期末未交所得税为600元。

要求：根据上述资料，计算出“销售商品、提供劳务收到的现金”项目、“购买商品、接受劳务支付的现金”项目、“支付给职工以及为职工支付的现金”项目、“支付的各种税费”项目、“购建固定资产、无形资产和其他长期资产所支付的现金”项目。

各项目计算过程如下：

“销售商品、提供劳务收到的现金”项目=80 000+（10 000−34 000）+4 000=60 000（元）。

“购买商品、接受劳务支付的现金”项目=40 000+15 000=55 000（元）。

“支付给职工以及为职工支付的现金”项目=18 000+2 000=20 000（元）。

“支付的各种税费”项目=1 600+6 600−600=7 600（元）。

“购建固定资产、无形资产和其他长期资产所支付的现金”项目=13 000+81 900=94 900（元）。

第五节　商业企业所有者权益变动表与应用

所有者权益变动表是指反映构成企业所有者权益的各组成部分当期的增减变动情况的报表。所有者权益变动表可以全面地反映企业在一定会计期间所有者权益的增减变动情况，不仅包括总量的变动，还包括具体构成项目的变动。所有者权益变动表反映一定会计期间所有者权益构成及其变动情况，属于动态会计报表。

商业企业编制所有者权益变动表有利于会计信息使用者了解所有者权益增减变动情况，有利于反映企业综合收益，有利于比较不同时期所有者权益的信息。

一、所有者权益变动表的内容和结构

在所有者权益变动表上，商业企业至少应当单独列示反映下列信息的项目：综合收益总额、会计政策变更和差错更正的累积影响金额、所有者投入资本和向所有者分配利润、提取的盈余公积、实收资本或资本公积、盈余公积、未分配利润的期初和期末余额及其调节情况。

所有者权益变动表以矩阵的形式列示。一方面，列示导致所有者权益变动的交易或事项，即所有者权益变动的来源对一定时期所有者权益的变动情况进行全面反映；另一方面，按照所有者权益各组成部分（即实收资本、其他权益工具、资本公积、其他综合收益、盈余公积、未分配利润和库存股）列示交易或事项对所有者权益各部分的影响。

所有者权益变动表如表 11-13 所示。

表 11-13　所有者权益变动表

编制单位：　　　　年度　　　　单位：元

项目	本年金额								上年金额							
	实收资本（或股本）	其他权益工具	资本公积	减：库存股	其他综合收益	盈余公积	未分配利润	所有者权益合计	实收资本（或股本）	其他权益工具	资本公积	减：库存股	其他综合收益	盈余公积	未分配利润	所有者权益合计
一、上年年末余额																
加：会计政策变更																
前期差错更正																
其他																
二、本年年初余额																
三、本年增减变动金额（减少以“-”号填列）																
（一）综合收益总额																
（二）所有者投入或减少资本																
1. 所有者投入的普通股																
2. 其他权益工具持有者投入的资本																
3. 股份支付记入所有者权益的金额																
4. 其他																
（三）分配利润																
1. 提取盈余公积																

续表

项目	本年金额								上年金额							
	实收资本（或股本）	其他权益工具	资本公积	减：库存股	其他综合收益	盈余公积	未分配利润	所有者权益合计	实收资本（或股本）	其他权益工具	资本公积	减：库存股	其他综合收益	盈余公积	未分配利润	所有者权益合计
2. 对所有者（或股东）的分配																
3. 其他																
（四）所有者权益内部结转																
1. 资本公积转增资本（或股本）																
2. 盈余公积转增资本（或股本）																
3. 盈余公积弥补亏损																
4. 设定受益计划变动额结转留存收益																
5. 其他综合收益结转留存收益																
6. 其他																
四、本年年末余额																

二、所有者权益变动表的编制

所有者权益变动表各项目均需填列“本年金额”和“上年金额”两栏。

（一）所有者权益变动表上年金额的填列方法

所有者权益表变动表“上年金额”栏内各项数字，应根据上年度所有者权益变动表“本年金额”内所列数字填列。上年度所有者权益变动表规定的各个项目的名称和内容同本年度不一致的，应对上年度所有者权益变动表各项目的名称和数字按照本年度的规定进行调整，填入所有者权益变动表的“上年金额”栏内。

（二）所有者权益变动表本年金额的填列方法

所有者权益变动表“本年金额”栏内各项数字一般应根据“实收资本（或股本）”

“其他权益工具”“资本公积”“库存股”“其他综合收益”“盈余公积”“利润分配”账户的发生额分析填列。各项目的说明及具体填列如下。

1. 上年年末余额

反映企业上年资产负债表中实收资本（或股本）、其他权益工具、资本公积、其他综合收益、盈余公积、利润分配等的年末余额，直接根据上年年末资产负债表的相关数据填列。

（1）会计政策变更：反映企业采用追溯调整法处理的会计政策变更的累积影响金额。

（2）前期差错更正：反映企业采用追溯重述法处理的会计差错更正的累积影响金额。

2. 本年年初余额

反映企业为体现会计政策变更和前期差错更正的影响，而在上年年末所有者权益余额的基础上进行调整得出的本年年初所有者权益余额。应根据“实收资本（或股本）”“其他权益工具”“资本公积”“其他综合收益”“盈余公积”“利润分配”账户的发生额分析填列。

3. 本年增减变动金额

（1）综合收益：反映企业当年实现的净利润（或净亏损）金额与其他综合收益扣除所得税影响后的净额的合计数。

（2）所有者投入和减少资本：反映企业当年所有者投入的资本和减少的资本。其中：①所有者投入资本：反映企业接受投资者投入形成的实收资本（或股本）和资本溢价或股本溢价，对应列在“实收资本”和“资本公积”栏。②股份支付计入所有者权益的金额：反映企业处于等待期中的权益结算的股份支付当年计入资本公积的金额，对应列在“资本公积”。

（3）利润分配：反映按照规定提取的盈余公积金额和当年对所有者（或股东）分配的利润（或股利）金额，对应列在“盈余公积”和“未分配利润”栏。其中：①提取盈余公积：反映企业按照规定提取的盈余公积、储备基金、企业发展基金项目、中外合作经营在合作期间归还投资者的投资等项目。②对所有者（或股东）的分配：反映对所有者（或股东）分配的利润（或股利）金额。

（4）所有者权益内部结转：反映不影响当年所有者权益总额的所有者各组成部分之间当年的增减变动。其中：①资本公积转增资本（或股本）：反映企业以资本公积转增资本或股本的金额。②盈余公积转增资本（或股本）：反映企业以盈余公积转增资本或股本的金额。③盈余公积弥补亏损：反映企业以盈余公积弥补亏损的金额。

第六节　商业企业财务报告附注与应用

附注，是指对资产负债表、利润表、现金流量表和所有者权益变动表等报表中列示项目的文字描述或明细资料，以及对未能在这些报表中列示项目的说明等。财务报表中的数据具有很强的逻辑关系，是经过多次浓缩得来的，因此有必要对财务报表相关项目的数据做补充和说明；另外有一部分经济业务是不能通过财务报表数据反映出来的，为了全面完整地反映企业真实的财务状况、经营成果、现金流量等会计信息，有必要通过报表附注做补充说明。

编制财务报表附注，有利于会计信息使用者全面、正确地理解和使用会计报表，有利于会计信息使用者作出正确的决策。通过附注与资产负债、利润表、现金流量表和所有者权益变动表列示项目的相互参照关系，以及对未能在报表中列示项目的说明，可以使报表使用者全面了解商业企业的财务状况、经营成果和现金流量。

附注是财务报告的重要组成部分。商业企业的年度会计报表附注至少应披露以下内容，法律、行政法规等另有规定的除外。

（1）不符合会计核算前提的说明；

（2）重要会计政策和会计估计的说明；

（3）重要会计政策和会计估计变更的说明，以及重大会计差错更正的说明；

（4）或有事项的说明；

（5）资产负债表日后事项的说明；

（6）关联方关系及其交易的说明；

（7）重要资产转让及其出售的说明；

（8）企业合并、分立的说明；

（9）会计报表重要项目的说明。

本章小结

财务报告是企业对外提供的反映企业在某一特定日期的财务状况、某一会计期间的经营成果和现金流量等会计信息的文件。

企业将一定会计期间确认、计量的结果通过报告的形式对外提供信息使用者所需要的会计信息，为会计信息使用者提供服务；财务会计报告属于会计核算的最后一个环节，是会计工作的重要组成部分。

财务报告的目标是向财务报告使用者提供与企业财务状况、经营成果和现金流量等有关的会计信息，反映企业管理层受托责任履行情况，有助于财务会计报告使用者作出正确的经济决策。

财务报告包括财务会计报表及附注和其他应当在财务报告中披露的相关信息和资料。资产负债表，是指反映企业在某一特定日期财务状况的报表。它是根据“资产与权益”的恒等关系，把企业在某一特定日期的资产、负债、所有者权益项目按照流动性强弱排序，结合账簿资料和其他相关资料编制而成的。

利润表，是指反映企业在一定会计期间的经营成果的会计报表。利润表属于动态会计报表，主要根据“收入-费用=利润”这条等式编制而成。

现金流量表，是指反映企业在一定会计期间现金和现金等价物流入和流出情况的报表。现金流量表反映企业在一段时间内的现金和现金等价物流入企业、流出企业和期末净现金流量增加额，体现企业获取现金和现金等价物的能力。

所有者权益变动表，是指反映构成企业所有者权益的各组成部分当期的增减变动情况的报表。

附注，是指对资产负债表、利润表、现金流量表和所有者权益变动表等报表中列示项目的文字描述或明细资料，以及对未能在这些报表中列示项目的说明等。

习题与实训

一、思考题

1. 何谓“四表一注”？企业编制财务报告有哪些作用？
2. 资产负债表的主要结构内容是怎样编排的？如何编制资产负债表？
3. 利润表的基本结构内容有哪些？其编制方法是怎样的？
4. 说说现金流量表的作用、结构内容及其编制方法。
5. 会计实务中编报现金流量表补充资料的作用有哪些？
6. “四表”之间的勾稽关系是怎样的？这种勾稽关系对识别财务报告的编制质量有何作用？
7. 财务报表附注的主要内容有哪些？
8. 财务报告信息披露的基本要求有哪些？

二、单项选择题

1. 2022 年 3 月 1 日，甲公司“银行存款”科目余额为 350 万元，“库存现金”科目余额为 0. 2 万元，“其他货币资金”科目余额为 250 万元。12 日，提取现金 5 万元，赊销商品 120 万元，收到银行承兑汇票 120 万元。不考虑其他因素，2022 年 3 月 31 日甲公司资产负债表中“货币资金”项目填列的金额为（　　）万元。

A. 600. 2　　B. 720. 2　　C. 595. 2　　D. 725. 2

2. 2022 年 12 月 31 日，某公司有关科目借方余额如下：原材料 80 万元，周转材料 10 万元，生产成本 30 万元，库存商品 60 万元。不考虑其他因素，2022 年 12 月 31 日，该公司资产负债表“存货”项目期末余额（　　）万元。

A. 140　　B. 150　　C. 180　　D. 170

3. 2022 年 12 月 31 日，某企业有关科目期末借方余额如下：原材料 55 万元，工程物资 35 万元，委托加工物资 65 万元，材料成本差异 8 万元。不考虑其他因素，2022 年 12 月 31 日，该企业资产负债表中“存货”项目期末余额填列的金额为（　　）万元。

A. 163　　B. 128　　C. 90　　D. 147

4. 某企业采用实际成本法核算存货。年末结账后，该企业“原材料”科目借方余额为 80 万元，“工程物资”科目借方余额为 16 万元，“在途物资”科目借方余额为 20 万元。

不考虑其他因素，该企业年末资产负债表“存货”项目的期末余额为（　　）万元。

A. 100　　B. 116　　C. 96　　D. 80

5. 2022 年 12 月 31 日，某公司有关科目余额如下，“在建工程”科目借方余额 80 万元，“在建工程减值准备”科目贷方余额 8 万元，“工程物资”科目借方余额 30 万元，“工程物资减值准备”科目贷方余额 3 万元。不考虑其他因素，2022 年 12 月 31 日，该公司资产负债表“在建工程”项目期末余额应填列的金额为（　　）万元。

A. 72　　B. 80　　C. 99　　D. 110

6. 下列各资产负债表项目中，根据有关科目余额减去其备抵科目余额后净额填列的是（　　）。

A. 预收款项　　B. 短期借款　　C. 无形资产　　D. 长期借款

7. 某企业“应付账款”科目年末贷方余额 20 000 元，其中：“应付账款——甲公司”明细科目贷方余额 17 500 元，“应付账款——乙公司”明细科目贷方余额 2 500 元；“预付账款”科目月末借方余额 15 000 元，其中：“预付账款——A 工厂”明细科目借方余额 25 000 元，“预付账款——B 工厂”明细科目贷方余额 10 000 元。不考虑其他因素，该企业年末资产负债表中“应付账款”项目的金额为（　　）元。

A. 10 000　　B. 15 000　　C. 20 000　　D. 30 000

8. 下列各项中，资产负债表中“期末余额”根据总账科目余额直接填列的项目是(　　)。

A. 开发支出　　B. 在建工程　　C. 应付账款　　D. 短期借款

9. 下列各项中，“预付账款”科目所属明细科目期末为贷方余额，应将其贷方余额列入资产负债表的项目是（　　）。

A. 预收款项　　B. 应付账款　　C. 预付款项　　D. 应收账款

10. 下列各项中，资产负债表日起一年内到期且企业不能自主将清偿义务展期的长期借款，应列入的资产负债表项目是（　　）。

A. 其他非流动负债　　B. 长期借款

C. 一年内到期的非流动负债　　D. 短期借款

11. 下列各项中，反映企业在一定会计期间经营成果的财务报表是（　　）。

A. 现金流量表　　B. 所有者权益变动表

C. 资产负债表　　D. 利润表

12. 2022 年 1 月，某企业“主营业务收入”科目贷方发生额为 2 000 万元，“其他业务收入”科目贷方发生额为 500 万元，“其他收益”科目贷方发生额为 300 万元，本月在结转本年利润前上述科目均没有借方发生额。不考虑其他因素，该企业 2022 年 1 月利润表中“营业收入”项目“本期金额”的列报金额为（　　）万元。

A. 800　　B. 2 800　　C. 2 500　　D. 2 000

13. 下列各项中，属于企业利润表中“营业成本”项目列报内容的是（　　）。

A. 其他业务成本　　B. 税金及附加

C. 研发费用　　D. 管理费用

14. 下列各项中，企业应在利润表“营业成本”项目填列的是（　　）。

A. 出售固定资产发生的净损失
B. 在建工程领用产品的成本
C. 为取得生产技术服务合同发生的投标费
D. 出租包装物的摊销额

15. 2022 年 11 月，某企业结转已销商品成本 10 万元、已销原材料成本 2 万元、随同商品出售单独计价包装物成本 1 万元，报废固定资产净损失 3 万元。不考虑其他因素，该企业当月利润表“营业成本”项目填列的本期金额为（　　）万元。

A. 10　　B. 16　　C. 12　　D. 13

三、多项选择题

1. 在编制资产负债表时，下列各项中，可以直接根据有关总账科目余额填列的项目有（　　）。

A. 短期借款　　B. 应付职工薪酬
C. 应付票据　　D. 货币资金

2. 下列会计科目中，其余额应在资产负债表“无形资产”项目填列的有（　　）。

A. 研发支出　　B. 累计摊销
C. 无形资产　　D. 无形资产减值准备

3. 下列各项中，属于企业资产负债表所有者权益项目的有（　　）。

A. 库存股　　B. 公允价值变动收益
C. 综合收益总额　　D. 其他综合收益

4. 下列各项中，应列入利润表“营业成本”项目的有（　　）。

A. 随同商品出售单独计价的包装物成本
B. 销售材料的成本
C. 商品流通企业销售外购商品的成本
D. 随同商品出售不单独计价的包装物成本

5. 下列各项中，应列入利润表“资产减值损失”项目的有（　　）。

A. 原材料盘亏损失　　B. 无形资产减值损失
C. 应收账款减值损失　　D. 固定资产减值损失

6. 下列各项中，不影响企业当期营业利润的有（　　）。

A. 无法查明原因的现金短缺　　B. 公益性捐赠支出
C. 固定资产报废净损失　　D. 支付的合同违约金

7. 下列各项中，导致企业利润总额减少的有（　　）。

A. 为销售商品提供的质量保修费　　B. 确认的当期所得税费用
C. 结转已提供劳务的成本　　D. 确认的固定资产减值损失

8. 下列各项中，应列入利润表“营业外收入”项目的有（　　）。

A. 接受社会捐赠收到的款项
B. 固定资产毁损报废净收益
C. 无形资产的租金收入

D. 结转原材料收发计量差错而导致的盘盈金额

9. 下列交易或事项中，会引起现金流量表投资活动产生的现金流量净额发生变化的有（　　）。

A. 购买股票支付的现金　　B. 向投资者派发的现金股利

C. 购建固定资产支付的现金　　D. 收到被投资单位分配的现金股利

10. 下列各项中，属于投资活动产生的现金流量的有（　　）。

A. 支付的业务招待费

B. 转让无形资产所有权收到的现金

C. 支付的现金股利

D. 支付给在建工程人员的职工薪酬

四、不定项选择题

1. 甲公司为增值税一般纳税人，适用的增值税税率为 13%，所得税税率为 25%，2022 年度有关资料如下。

（1）本年度销售商品收入 15 700 万元，发生销售退回 200 万元，出售固定资产净收益 300 万元，出售无形资产净收益 100 万元。

（2）本年度销售商品成本 10 550 万元。

（3）本年度发生税金及附加合计 892 万元，管理费用 320 万元（其中业务招待费 50 万元，根据税法规定税前可以扣除 30 万元），财务费用 200 万元，销售费用 500 万元，资产减值损失 400 万元（根据税法规定，未经核准的准备金支出不得税前扣除），信用减值损失 100 万元（根据税法规定，未经核准的准备金支出不得税前扣除），公允价值变动收益 200 万元（根据税法规定，交易性金融资产持有期间公允价值变动不计入当年应纳税所得额），投资收益 160 万元（其中国债利息收入 60 万元，根据税法规定，国债利息收入免税），其他收益 100 万元，营业外支出 156 万元（其中工商罚款为 56 万元，根据税法规定，行政罚款税前不得扣除）。

（4）递延所得税资产期初余额 25 万元，期末余额 150 万元；递延所得税负债期初余额 10 万元，期末余额 60 万元。

要求：

根据上述资料，不考虑其他因素，分析回答下列问题（答案中金额单位用万元表示）。

1）甲公司 2022 年度利润表中“营业收入”项目应填列的金额为（　　）万元。

A. 15 700　　B. 15 900　　C. 16 100　　D. 15 500

2）甲公司 2022 年度利润表中“营业利润”项目应填列的金额为（　　）万元。

A. 3 398　　B. 2 998　　C. 2 898　　D. 3 498

3）甲公司 2022 年度利润表中“利润总额”项目应填列的金额为（　　）万元。

A. 2 842　　B. 3 242　　C. 3 222　　D. 2 086

4）下列各项中，关于甲公司 2022 年度所得税费用的表述中正确的是（　　）。

A. 所得税费用包括当期应交所得税和递延所得税

B. 当期应交所得税为 889. 5 万元

C. 递延所得税收益为 75 万元

D. 利润表中所得税费用为 814.5 万元

5）下列各项中，关于甲公司 2022 年度净利润的表述中不正确的是（　　）。

A. 甲公司 2022 年度利润表中“净利润”为 2 427.5 万元

B. 甲公司当年实现的净利润一定等于资产负债表“未分配利润”项目年初余额减期末余额的差额

C. 甲公司 2022 年度利润表中“净利润”为 2 252.5 万元

D. 甲公司一定基于当年实现的净利润计提法定盈余公积

2. 甲有限责任公司（以下简称甲公司）为一家从事商品流通的增值税一般纳税人企业，适用的增值税税率为 13%，所得税税率为 25%，按净利润 10% 提取法定盈余公积。2022 年 1 月 1 日所有者权益总额为 5 400 万元，其中实收资本 4 000 万元，资本公积 200 万元，其他综合收益 200 万元，盈余公积 800 万元，未分配利润 200 万元。2022 年度甲公司发生如下经济业务：

（1）经批准，甲公司接受乙公司投入不需要安装的设备一台并交付使用，合同约定的价值为 3 500 万元（与公允价值相符），增值税税额为 455 万元；同时甲公司增加实收资本 2 000 万元，相关法律手续已办妥。

（2）出售一项专利技术，售价 25 万元，款项存入银行，不考虑相关税费。该项专利技术实际成本 50 万元，累计摊销额 38 万元，未计提减值准备。

（3）结转出售固定资产净收益 50 万元。

（4）接受非关联方捐赠现金 31 万元，已存入银行。

（5）除上述经济业务外，甲公司当年实现营业收入 10 500 万元，发生营业成本 4 200 万元、税金及附加 600 万元、销售费用 200 万元、管理费用 300 万元、财务费用 200 万元。

要求：

假定除上述资料外，不考虑其他相关因素，分析回答下列问题（答案中金额单位用万元表示）。

1）根据资料（1），下列各项中说法正确的是（　　）。

A. 甲公司固定资产增加 3 500 万元

B. 甲公司增加实收资本 2 000 万元

C. 甲公司接受投资后的所有者权益总额为 7 400 万元

D. 甲公司增加应交税费 455 万元

2）根据资料（2），下列会计处理正确的是（　　）。

A. 确认资产处置损益 13 万元　　B. 确认其他业务收入 25 万元

C. 确认营业外收入 13 万元　　D. 减少无形资产 50 万元

3）根据上述资料，下列说法正确的是（　　）。

A. 固定资产清理净损益影响企业营业利润

B. 接受非关联方现金捐赠不影响企业损益

C. 甲公司当年的营业利润为 5 013 万元

D. 甲公司当年的营业利润为 5 000 万元

4）根据资料（1）至（5），甲公司 2022 年度的利润总额为（　　）万元。

A. 5 000　　B. 5 081　　C. 5 094　　D. 5 063

5）根据资料（1）至（5），假定甲公司无任何纳税调整事项，则年末未分配利润为（　　）万元。

A. 3 438. 45　　B. 3 820. 5　　C. 4 020. 5　　D. 3 638. 45

五、判断题

1. 我国资产负债表采用账户式结构，按其资产与负债的流动性强弱排列，流动性强的在前面，流动性弱的在后面。（　　）

2. 资产负债表日，应根据“库存现金”“银行存款”和“其他货币资金”三个总账科目的期末余额合计数填列资产负债表“货币资金”项目。（　　）

3. 年末，企业应将于一年内（含一年）摊销的长期待摊费用，列入资产负债表“一年内到期的非流动资产”项目。（　　）

4. 资产负债表中的“应付账款”项目，应按“预付账款”科目所属明细科目期末贷方余额和“应付账款”科目所属明细科目期末贷方余额之和填列。（　　）

5. 企业应交纳的增值税应在利润表的“税金及附加”项目中填列。（　　）

6. 企业因未及时缴纳企业所得税而支付税款滞纳金时，应借记“所得税费用”科目。（　　）

7. 企业利润表中“综合收益总额”项目，反映净利润和其他综合收益扣除所得税影响后的净额相加后的合计金额。（　　）

8. 企业未计入当期利润的利得和损失扣除所得税影响后的净额，应列入其利润表的“其他综合收益的税后净额”项目。（　　）

9. 现金流量表中“销售商品、提供劳务收到的现金”项目，反映本企业自营销售商品或提供劳务收到的现金，不包括委托代销商品收到的现金。（　　）

10. 企业购置的固定资产是其从事生产经营活动的物质基础，因此购置固定资产支付的资金应在现金流量表“经营活动产生的现金流量”项目列示。（　　）

参考文献

[1] 蔡维灿,林克明,巫圣义. 商品流通企业会计实务(第2版)[M]. 北京:清华大学出版社,2022.

[2] 赵建群. 商品流通企业会计实训(第3版)[M]. 北京:电子工业出版社,2022.

[3] 李海波,蒋瑛. 新编商业会计——商品流通企业会计(第9版)[M]. 上海:立信会计出版社,2017.

[4] 张全,陈超. 商品流通企业会计实操技能[M]. 北京:中国人民大学出版社,2021.

[5] 史玉光,孙雯. 新会计准则下商品流通企业会计实务(第7版)[M]. 北京:电子工业出版社,2020.

[6] 卢德湖,陈德洪. 商品流通企业会计实务(第4版)[M]. 大连:东北财经大学出版社,2019.

[7] 王国生. 商品流通企业会计(修订第3版)[M]. 北京:首都经济贸易大学出版社,2017.

[8] 陈玲霞. 商品流通企业会计(第8版)[M]. 北京:中国财政经济出版社,2017.

[9] 财政部会计资格评价中心. 初级会计实务[M]. 北京:经济科学出版社,2019.